ŒUVRES

DE

COQUILLART

Paris. Imprimé par Guiraudet et Jouaust, 338, rue S.-Honoré,
avec les caractères elzeviriens de P. Jannet.

ŒUVRES

DE

COQUILLART

Nouvelle édition, revue et annotée

PAR

M. CHARLES D'HÉRICAULT

Tome II

A PARIS
Chez P. Jannet, Libraire

MDCCCLVII

LE PLAYDOYÉ

D'ENTRE LA SIMPLE ET LA RUSÉE

En matière de Saisine et Nouvelleté

Fait par Coquillart.

LE PLAYDOYÉ

de Coquillart

d'entre la Simple et la Rusée [1].

Le premier advocat, maistre SIMON.

Monseigneur maistre Jehan l'Estoffé,
Qui trenchés là de l'espousée [2],
Oyés le plait [3] fort eschauffé
D'entre la Simple et la Rusée.
Que la cause soit cy traictée,
Affin que on entende le cas.

---

1. Nous avons indiqué, dans notre préface, page c, les divers points de vue sous lesquels pouvoit se présenter cette pièce.

2. Qui vous tenez là, grave, roide et solennel comme une épousée.

3. Débat, procès, plaidoiries.

Le Juge.

Sus donc, qu'elle soit despeschée.
Faictes appeler advocatz.

Maistre SIMON.

Deffault, la Rusée n'y est pas,
A la Simple [1] ?

Le Juge.

Deffault ayés.

Maistre OLIVIER.

Je m'*oppose* quant à cela;
J'ay *procuration*.

Maistre SIMON.

Monstrez.
L'a point partie fait *revocquier*,
Puis le temps qu'elle le passa [2] ?

---

1. Adjugez le bénéfice du défaut à la Simple, la Rusée n'y étant pas.

2. Qu'elle passa cet acte. Nous ne croyons pas devoir traduire pour nos lecteurs tous les mots d'argot légal qui vont se trouver dans cette pièce et dans la suivante. Nous pouvons supposer que chacun d'eux a appris à ses dépens, c'est-à-dire avec quelque attention, la partie la plus ordinaire de ce langage. Nous nous bornerons à expliquer les mots qui regardent plus particulièrement les habitudes légales du XVe siècle, ceux-là aussi qui, mêlés à la trame de l'œuvre, pourroient présenter quelque ambiguïté.

Maistre OLIVIER.

Je cuide que vous vous mocquiés,
Riens du monde [1].

Le JUGE.

Faictes paix là
Acoup [2], que on entende à voz ditz.

Maistre SIMON, *en plaidoiant, dit :*

A la Simple, pour qui je suis,
Demanderesse et *complaignant* [3]
Contre la Rusée par ses *dictz* [4]
Deffenderesse et *opposant*
En cas et matière pourtant [5]

1. Nous disons encore, avec une formule analogue, pas du tout, rien du tout.

2. Nous avons donné le sens de cette locution dans le premier volume : *acoup, acop*, immédiatement, promptement, maintenant.

3. La *complainte* est une action possessoire par laquelle le possesseur d'un droit réel se plaint qu'on le trouble en sa possession, demande à y être maintenu, et que défenses soient faites de l'y troubler dorénavant. On distinguoit dans l'ancien droit deux sortes de *complaintes* : l'une bénéficiale, qui n'a rien à faire ici ; l'autre, complainte en cas de saisine et de nouvelleté, pour laquelle plaidoie notre maistre Simon.

4. Allégations contenues dans les pièces fournies au juge et à la partie adverse avant les plaidoiries.

5. *Pourtant* paroît n'être pas une cheville ; il indique sans doute un bon mot juridique sur la différence que les jurisconsultes établissent entre la *complainte* et l'*oppo-*

De *saisine* et *nouvelleté* [1],
Compète et aussy appartient
Ce que sera cy recité [2].
   Et premier, il est verité
Que la nature feminine
La plus part du temps est encline
A appeter le masculin.
Presupposant ceste doctrine [3],

sition ; notre poète dit : Elle forme opposition, et pourtant il s'agit d'une complainte.

1. *Saisine* veut dire possession, *nouvelleté* signifie une innovation qu'on apporte ou tente d'apporter en la possession ; il est facile d'en conclure, avec les anciens jurisconsultes, que la complainte en cas de saisine et de nouvelleté est celle que nous formons au cas où nous nous croyons troublés dans notre possession.

2. Voici la construction de cette phrase : Ce qui va être établi et demandé *compéte* à la Simple, demanderesse en cas de saisine contre la Rusée, qui, par ses dits, se constitue défenderesse.

3. La phrase qui suit est construite d'une façon compliquée qui imite trop bien ce galimatias propre à l'éloquence du barreau. Il paroît que ce galimatias consistoit, au XVe siècle aussi, en une série de phrases s'emboîtant es unes dans les autres, à l'aide de parenthèses et de constructions incidentes. Notre maistre Simon semble fort expert dans ce système, qui remplace le respect de la syntaxe par une extrême prodigalité de mots, et qui, s'il n'a pour but de faire oublier le fond de l'affaire et la pensée principale, indique au moins un éloignement naturel à en venir trop tôt à une conclusion. C'est donc de la couleur locale que notre poète a voulu faire, et c'est à titre d'éloge pour lui que nous constatons

Car nous tendons à cette fin
Pourquoy ladicte Simple (affin
Qu'elle eust ses desirs assouvis
A toute heure, soir ou matin,
A son plaisir, à son devis)
A elle, selon mon advis,
Tout en son propre et privé nom
Appartient ung amy acquis,
Dit et appellé le Mignon,
Du quel a juste tiltre et bon,
Elle pourroit le *petitoire* [1]

la lourdeur, l'embarras et l'obscurité de certains passages de cette pièce. Voici, autant qu'on peut le présumer, ce qu'a voulu déduire, en plaidoyant, maistre Simon : Cette doctrine admise, car notre but est de prouver qu'à la Simple (dans le but d'assouvir facilement ses désirs), oui, à elle (selon mon advis) appartient la propriété du Mignon (lequel elle a acquis, par un titre naturel, légitime et valable), la Simple pourroit donc intenter une action sur la propriété dudit, mais, etc. On peut encore comprendre : lequel, à bon titre, elle pourroit réclamer à l'aide du pétitoire.

1. L'action possessoire demandoit seulement la reconnoissance de la possession, la constatation qu'un tel ayant joui publiquement et sans violence pendant un an et un jour, devoit être considéré comme possesseur ; l'action petitoire intervenoit alors, alloit au fond de la question, et demandoit à prouver que ce possesseur n'avoit pas la propriété. Maistre Simon dit que la Simple a un titre tellement fort, tellement complet, qu'elle pourroit réclamer la propriété du Mignon, mais elle veut bien se contenter de réclamer la libre jouissance, la possession.

Intenter ; mais riens, nous venons
Tant seulement au *possessoire*.

Et pour bien entendre l'istoire,
Cest amy estoit ung fricquet [1],
Ung gorgias, comme on peut croire,
Hardi, vaillant, loyal, secret.
Quant il trouvoit de nuit le guet,
Ne failloit à frapper ou battre ;
Tousjours en tuoit six ou sept,
Posé qu'ilz ne feussent que quattre.
« Qui esce ? Qui vive ? » Et de combatre [2] ;
Clif, clof, francement, et de hait,
L'ung à la boue, l'aultre au plastre [3].
« Demourés, ribault [4]. — Pas ung pet. »
Tenant ung espée en effect,
Quant on vit qu'il [5] chargoit si bien,
Et vela [6] mon cousin [7] le guet,

---

[1]. Gai, leste, souple, gentil.

[2]. On comprend que c'est le guet qui parle, et que le fricquet répond en se jetant sur la garde municipale.

[3]. Voici l'un par terre, l'autre collé contre la muraille.

[4]. Reprend le guet, qui aime mieux procéder pacifiquement, à l'aide de moyens oratoires.

[5]. Quand on vit qu'il, que lui, tenant une épée, chargeoit, etc.

[6]. Aussitôt voilà.

[7]. Le mot assez joyeux de *mon cousin* appliqué au guet s'explique par la composition de la garde bourgeoise. Chaque maistre de métier devoit, dans le prin-

Tantost de brouer [1] le terrien.
« Qui a ce fait [2] ? — Je n'en sçay riens [3] :
Quelque Lorans, maistre Pierre,
Maistre Olivier, ou maistre Jehan.
— Qu'il soit prins, que on l'envoie querre;
On le labourra comme terre [4]. »
Posé que aultruy l'ait faict ou non,
Foncés [5]. Il en avoit la guerre [6] :
Eschecq à l'huys, c'est fait, c'est mon [7].

cipe, tant de jours de guet par année. Notre cousin le guet, notre cousin qui monte la garde aujourd'hui, pouvoit se rencontrer fréquemment dans les conversations de la bourgeoisie, et notre cousin le gay n'étoit pas un calembour à dédaigner aux jours des bonnes fêtes.

1. Ce mot se retrouve souvent dans le Jargon de Villon (bal. 1, 4, 5). Il semble y avoir le sens de courir sur, mener, fuir, tandis que le mot *en brouer* ou *rembrouer* paroît signifier être arrêté, être saisi. *Brouer le terrien* seroit ici courir sur le terrain, se sauver. Peut-être cette locution signifie-t-elle, dans son sens plus propre, écraser les mottes de terre; le sens de fuir est, en tous cas, vraisemblable.

2. Demande monsieur le bailly.

3. Répond notre cousin.

4. Continue le juge benin. Le poëte, ou plutôt maître Simon, reprend : *posé que*, et quoi que, etc.

5. Payez; ceci s'adresse à maistre Pierre ou maistre Jehan, qui a été saisi et conduit devant monseigneur le bailly, sous prétexte d'avoir battu le guet.

6. Quant à lui (le gorgias, l'*amy*), il avoit profité des résultats de la guerre, des fruits de la victoire : il avoit été tranquillement frapper à la porte de la Simple, etc.

7. Un petit coup frappé à la porte de sa belle et l'af-

Et par ainsi donc ce Mignon
Estoit ung homme hault et ferme
Pour dire franchement : « Hon, hon [1] »
En curialité [2], en gendarme ;
Dire [3] : « Par la foy de mon ame,
Madame, je vous ayme bien ;
Je ne suis Jacobin, ne Carme,
Dieu mercy ! j'ay assés du mien,
Par le ventre bieu [4] ! » Ung maintien [5]
Esveillé comme ung beau levrier !
Il fault dire du bien le bien [6],

faire étoit faite. — Tout ce récit est un modèle de narration singulière par sa vivacité, son allégresse et sa concision.

1. Exclamations de l'homme qui fait l'important, le connoisseur en toutes choses.

2. À la manière des gens de cour.

3. Pour dire.

4. Nous adoptons cette ponctuation, contrairement à l'avis de nos prédécesseurs. Nous sacrifions peut-être un peu les Carmes et les Jacobins, en leur appliquant le *Dieu mercy* ; mais, outre que le reste de la phrase s'explique mieux en attribuant le « ventre bieu » au *Mignon*, avec le caractère duquel il s'accorde très bien, il nous eût semblé peu logique, peu historique, peu charitable d'ailleurs, de mettre sans nécessité le blasphème dans la bouche d'un grave avocat, à une époque où les blasphèmes entraînoient la perte de la langue.

5. Vous le voyez, reprend maistre Simon, dans son admiration pour la désinvolture de ce langage, il avoit un maintien, etc.

6. L'avocat continue sa réflexion en se servant d'une

A parler [1], franc comme ung osier [2] :
Six robes [3] chieulx [4] son cousturier,
Huit ou dix, gris brun, gris changant [5],
Et sept ou huit chieulx le drappier,
Qui ne tiennent que pour l'argent [6].
Qu'il ne feust [7] homme assés plaisant,
Hardi, secret, adventureux,

locution populaire qui signifie : on ne sauroit trop louer son bien dans ses paroles; il faut donc dire franchement qu'il avoit, etc. Peut-être devons-nous comprendre tout simplement : il faut dire ce qu'il y a de mieux encore dans le fait du *Mignon*, c'est-à-dire six robes, etc. La première explication me paroît mieux convenir au langage du XVe siècle, et en particulier de Coquillart.

1. En parlant, en racontant, en énumérant.
2. Franchement. Cette locution : *franc comme un osier*, se retrouve jusqu'au XVIIe siècle; elle indiquoit la droiture bonne, sincère et facile. Elle devoit peut-être son origine à une petite espèce d'osier qu'on nommoit le franc osier.
3. Selon qu'on adoptera l'un des deux sens indiqués plus haut, l'énumération qui commence ici dépend du mot *dire* ou du mot *parler*.
4. Chez.
5. D'un gris brun ou d'un gris changeant, miroitant.
6. On ne s'en tient plus qu'à l'argent; le marchand et le Mignon sont d'accord pour désirer, l'un de vendre, l'autre de posséder; il n'y a plus que ce léger détail, l'achat, pour que ces robes sortent de la boutique du drapier.
7. Locution interrogative et conditionnelle dans la forme, affirmative en réalité, et fort usitée au XVIe siècle; diroit-on, oseroit-on dire qu'il n'étoit pas, etc.

Si estoit, bien propre, et duisant [1],
Et fait pour ung vray amoureux.
Ceste Simple en faisoit ses jeux,
Et le tenoit à pension ;
Et d'icelluy est, se m'aist Dieux [2],
En tresbonne *possession*.

En *possession* et *saisine* [3]
De soy *dire*, *portier* [4], *nommer*,
Vray dame [5], seule et encline
A l'entretenir et aymer.
Seullement [6] qu'elle l'eust mandé,
S'il eust esté oultre la mer,
Il s'en venoit roide [7] et bandé [8],

1. Convenable.
2. Si Dieu m'aide. Nous avons déjà rencontré cette formule dans le premier volume. *Dieux*, *Diex*, *Dex*, forme du sujet singulier, dans la vieille langue du Moyen Age.
3. Maistre Simon reprend et continue, à la manière des *articles*, dans les Mémoires juridiques, dans les assignations de procureur et les considérants de jugements.
4. Vieille forme juridique pour porter, présenter.
5. Suzeraine du fief.
6. Tellement, que l'eût-elle seulement mandé, eût-il été, etc., il s'en fût venu.
7. Toutes les éditions diffèrent ici ; elles donnent *rendre*, *tendre*, *rède*, *ronde*, etc. Nous avons suivi l'édition du XVe siècle, en supposant toutefois qu'une faute d'impression lui a fait mettre un *n* là où doit se trouver un *i*, *ronde* pour *roide*.
8. Promptement et en toute hâte. Le mot *bandé*, ap-

La lance au poing, joyeulx, grant chière [1]
Aultrement il l'eust *amendé* [2]
Et eust payé la *folle enchière* [3].
De [4] soy renommer *droiturière*
Dame, vraye *possesseresse*,
Et, comme de ce *coustumière* [5],
Par droit *juste detenteresse*,
Maistresse, amye singulière;
Par raison *occupateresse*
Comme du sien propre heritaige.
Brief ladicte demanderesse
Le tient pour sien. Vela l'usaige [6].
Il estoit si courtois, si saige,

pliqué à un homme, signifioit un individu décidé, acharné à faire une chose; il appelle ainsi l'esprit sur un arc tendu et amène par jeu de mots la phrase suivante, *la lance au poing*, qui indique d'ailleurs que le Mignon étoit disposé à braver tout péril pour la Simple.

1. Répétez *s'en venoit*, arrivoit allègrement. On se servoit souvent alors de cette forme concise : s'en venir grand erre, de laquelle se rapproche notre *s'en venoit grande chière*.

2. Il eût donné pour cela satisfaction, compensation, il en eût été puni.

3. On connoît ce terme de droit encore usité aujourd'hui, et qui signifie ici : Il eût été puni pour s'être trop fait valoir, pour s'être vanté de ce qu'il ne pouvoit faire.

4. Sous-entendu, selon les us de la pratique, *en possession et saisine*.

5. A cause de l'usage, de la *servitude*.

6. Car tel est l'usage.

Coquillart. — II.

Et avoit voulenté si franche [1]
Que, s'elle eust voulu, pour tout potaige,
Elle l'eust mis dedens sa manche.

 En *possession* et *saisine*
De l'ediffier [2], labourer,
Luy faire prendre medicine
Pour plus amplement pasturer [3];
Plus tost [4] rire, puis soupirer;
Et si la maintient trop farouche [5]
Le faire tourner, et virer,
Et galoper plus dru que mouche [6];
Faire ralias [7], escarmouches [8],
Danser, et cent mille fatras [9];
Luy faire suer grosses souches

---

1. Si claire, si peu ambiguë, en sa faveur.
2. C'étoit en effet un démembrement du droit de propriété que le droit de bâtir; appliqué aux rapports de la Simple avec Mignon, il indique le droit concédé à celle-ci de le corriger, de le redresser, de le gourmander.
3. Pour le maintenir en bon appétit.
4. *Luy faire* tantost rire, etc.
5. S'il la tient trop en chartre privée, loin des fêtes et du monde.
6. Plus gaillard qu'une mouche; drus comme mouches signifie souvent serrés l'un contre l'autre, nombreux quelque part comme les mouches. Coquillart veut peut-être indiquer, dans son Avocat, la manie d'employer les proverbes au hasard et ridiculement.
7. Banqueter.
8. Taquineries, agaceries, coquetteries.
9. Folies, sottises, puérilités.

D'or à vingt-quatre karas [1] ;
L'aller attendre au gallatas,
Craintif, paureux, froit et soullet.
Elle s'en venoit pas à pas :
« Quoy ? qu'esse ? qu'i a il [2] ? » Et de het [3].
Quoy ? comment ? que feusse [4] ? « En effect,
Tout est en Dieu [5] », passe, revien [6] :
« Dictes ! hé ! ne voulés vous riens ;
Faictes tout à vostre appetit. »
Il estoit si fait au deduit
Et si aspre, aussy estoit elle,
Qu'il ne leur failloit nul *respit*,

---

1. On sait, du moins le Dictionnaire de l'Académie l'apprend, que le carat est une mesure de convention et purement nominale, qui sert à désigner le degré de pureté de l'or. Toute pièce d'or est supposée divisée en vingt-quatre parties ou carats, et l'on comprend que *l'or à vingt-quatre karas* c'est l'or absolument pur, sans aucun alliage.

2. Maistre Simon imite l'étonnement pudique de la Simple, trouvant au galetas le Mignon qu'elle y alloit chercher.

3. Et gaîment (se trouvèrent-ils).

4. Quoi, comment, que diable pourroit-il s'y passer ? dit à son tour maistre Simon en caricaturant l'étonnement de la Simple.

5. Reprend la pauvre Simple, en se résignant mélancoliquement à son sort, à la découverte inattendue qu'elle a faite dans ce galetas.

6. Elle (la Simple) passe d'abord devant la porte sans entrer, puis revient.

Delay, grace ne *quinquernelle* [1],
Celluy ne demandoit que celle [2];
Et y en eust il ung millier,
Ung tel ne queroit que une telle;
Vela [3], à tel pot, tel cuillier.
De le faire de nuit veiller
Et estarder [4] par dessus tous,
Il estoit [5] l'amy singulier,
Elle le faisoit à tous coups.

En *possession* et *saisine*
De *prendre, cueillir, percevoir*
Rente, revenue masculine;
Et tout ce qui luy peult eschoir
Exiger, partout recepvoir

---

1. *Quinquenelles, quinquennelles,* lettres de répit et de surséance accordées pour cinq années à un débiteur qui justifioit avoir perdu la plus grande partie de sa fortune.

2. Celui-ci, le Mignon, celle-ci, la Simple.

3. Voilà bien le proverbe, etc.

4. La première édition contient *estrarder,* mot inconnu et qui doit renfermer une faute d'impression. Parmi les textes postérieurs, les uns adoptent *estrader,* courir les chemins ou les fêtes (*prompt aux estrades,* dit Roger de Collerye, édit. elzev., p. 75); les autres offrent *estarder,* sans doute dans le sens de attarder. Nous avons été amené à conserver cette dernière version par Palsgrave, qui, dans son *Esclarcissement de la Langue Françoyse,* imprimé en 1530, cite ces deux vers de Coquillart et donne *estarder.*

5. Comme il estoit.

La *despoulle* [1] : quant on labeure,
Au mains n'en peult on que d'avoir
Ce qui en vient [2], c'est chose seure.
De povoir [3] lever à toute heure
Les *fruictz, prouffis, emolumens*,
(Entre deux vertes une meure [4],
Ainsi que on ferre les jumens [5])
Comme baisiers [6], embrassemens,
Aubades et cent mille bons jours
Et *generalement* tous biens
Qui pevent *eschoir* en amours.
L'aller [7] entretenir tousjours ;
Tous les ans le jour des estraines,
Luy donner coletz de velours,
Saintures, chapperons de migraynes [8],

1. Le produit.
2. Le laboureur, le fermier a bien droit au produit du champ qu'il a labouré.
3. Sous-entendu : *en possession et saisine*.
4. Comme ils se présentent, tantôt bons, tantôt mauvais.
5. Ce vers, ajouté au proverbe précédent pour le besoin de la rime et de l'allusion, paroît signifier : comme il arrive *à la forge*, où on amène au hasard vieilles et jeunes juments. Je ne crois pas que maistre Simon entende qu'on mette une vieille bête entre deux jeunes, pour qu'elle leur donne l'exemple de la docilité.
6. Des *prouffits...*, comme *baisiers*, etc.
7. *En possession... de l'aller*.
8. Voy. notre premier volume, p. 78.

Chausses, et soulliers à poulaines [1];
De prendre telz chatz sans mitaines [2],
Vous sçavés que c'est ung abuz;
Vela le refrain [3]. Au surplus,
Quant elle sentoit le motif [4],
Il failloit qu'il vint sus ou jus [5]
La fournir à son appetit :
Car qui ne fonce, *de quibus?*
Prester l'appetit sensisif [6].

1. Voir, sur cette chaussure, tous les romans de l'Ecole Romantique.

2. Car espérer posséder telles femmes sans argent, etc.

3. Les cadeaux, voilà le dernier mot, le refrain de toutes chansons d'amours.

4. Mot assez joliment amené par *le refrain*, quand elle entendoit le motif de la chanson d'amours dont il vient d'indiquer le refrain, quand elle sentoit le besoin d'aimer, comme disent honnêtement les Coquillarts du XVIIIe siècle.

5. Littéralement en dessus ou en dessous, d'une façon ou d'une autre, soit par les cadeaux dont il vient de parler, soit par les embrassements qu'il a énumérés plus haut.

6. La construction de ces deux vers nous a fort intrigué. *De quibus* a généralement le sens d'argent; nous n'avons pu le lui conserver. Nous supposons qu'il a ici le sens de cette phrase, usitée en droit : *Quid juris, quid ergo?* Celui qui ne *donne* cadeaux, quoi donc, que faut-il qu'il fasse? *Prêter*, simuler la passion. Nous n'avons pas su trouver d'autre construction logique pour ce passage. Nous reconnoissons cependant que Coquillart a pu pousser jusqu'à ses dernières limites la concision, qu'il a indiquée comme le caractère propre de l'éloquence de maistre Simon. Cette éloquence paroît en effet supposer souvent quelque geste qui remplace une transition, un verbe négligés. Le geste

Il se monstroit ardant, hastif,
Serchant par tout comme ung fuiron ;
Et si n'estoit jamais retif,
Farouche, ne dur à l'esperon ;
Et la tenoit en son giron.
Baiser assez [1], tel ty, tel my [2] ;
Il sembloit que le quarteron
Ne leur en coustast que demy [3].
Elle disposoit d'icelluy
Ainsi que de sa propre chose,
Et comme son privé amy
Le tenoit en sa chambre close.
D'aultres prouffis [4], sans longue pose,
En festes, en nopces, en bancquet,
Une violette, une rose,
Une marguerite, ung bouquet,

oratoire remplaceroit ici *il faut, doit;* nous porterions alors la virgule qui suit *fonce* après *quibus* et nous aurions : Car qui ne fournit l'argent ? geste interrogateur, puis geste affirmatif de l'avocat : prester, etc.

1. Toujours même méthode concise : *baiser* ou *baisés,* cela alloit assez, il n'en manquoit pas.

2. Locution encore usitée de nos jours dans la Picardie, en parlant de gens qui s'arrangent, se conviennent fort bien, qui sont faits l'un pour l'autre, tel toi tel moi.

3. Couster que demy signifie généralement payer la moitié de ce que paient les autres, faire avoir à moitié peine ; demy veut peut-être dire ici le demy quarteron. Le sens, en tout cas, est le même.

4. Quant aux autres profits (qu'*elle povoit lever à toute heure*), c'étoit, sans longue pose, en résumé....

Quelque bague, quelque affiquet
Pour dire : « Hon ! vous y pensés » [1].
Estoit ce faict, s'on le piquoit [2].
C'est à dire : « Recommancés. »
Et d'estre ensemble assez, assez [3],
Ilz en estoient tous coustumiers,
Comme deux beaulx coulons [4] ramiers.
De tous biens d'amours singuliers,
Elle en est en *possession*,
Dont je me tairay voulentiers,
Pour plus briefve *expedition*.

En *possession* et *saisine*,
Qu'il n'est *loisible ne ne loist* [5]
A femme, commère ou voisine,
Ou de quelque estat qu'elle soit,
Qu'elle ne *peult* [6], *et si ne doibt*
Donner *trouble* et *empeschement*,
Ne s'efforcer *d'y avoir droit* [7]

[1]. A moi, à mon amour.
[2]. Et quand il avoit fini, si la Simple le piquoit, cela valoit autant que dire : recommencez.
[3]. Equivalent de notre locution tant et plus.
[4]. Pigeons.
[5]. De faire valoir qu'il n'est loisible ni permis.
[6]. *Qu'il n'est loisible* qu'elle ne peut, de pouvoir. On connoît les habitudes dédaigneuses du Droit à l'égard de la syntaxe.
[7]. D'avoir droit, de prétendre quelque droit en cette affaire.

Contre ladicte *complaignant*.
Et n'est loisible aucunement
A homme ou femme, hault ou bas,
De le *tenir secretement*,
N' aussy d'en faire ses choux gras,
Ses grans chières, ses ralias
De gueulle [1], ses *gaudeamus*.
Nous avons pour nous sur ce pas,
Loys, chappitres gros et menus,
La rigle de droit, au surplus,
Qui dist pour resolution
Ce mot : *Qui enim servit onus* [2],
Sentire debet commodum.
Beau sire [3], c'est dommaige don [4],
Ou se sont motz bien feriaulx [5]
Que la Simple batte le buisson
Et ung aultre en ayt les oiseaulx.
Ubi de hoc [6] ? Aulx veaux ! aulx veaux [7]

1. Ses réjouissances de bouche et de gosier, son festin somptueux.
2. Galiot du Pré donne ici : *Quod qui sentit onus.*
3. Monseigneur Jehan l'Estoffé.
4. Donc.
5. Ou c'est une citation bien oiseuse, bien ridicule, bien peu grave.
6. Où, me dira-t-on, où se trouve cette citation et une telle doctrine? — Imbécilles, imbécilles, répond l'avocat à ses interlocuteurs imaginaires, c'est à faire à nyais de poser de telles questions ; ne voyez-vous pas que ce sont, etc.
7. *Aux veaux*, souvenir de l'Université ; c'étoit le cri

Cela! C'est à faire à nyetz!
Ce sont des *paraphes* nouveaulx
Du Droit de la porte Baudet [1].

En *possession* et *saisine*
Que ladicte *deffenderesse*,
Posé qu'elle soit sa voisine,
Ne peult estre *detenteresse*,
Ne aussy *occupateresse*,
Au grief prejudice, dommaige
De ladicte *demanderesse*;
Car pourquoy? ce n'est pas l'usaige.
D'autre costé, si elle saige,
Pour eviter ungz grans despens,
Qu'elle laisse ce tripotaige,
Ou qui ne m'entend je m'entens [2].

En *possession* et *saisine*

des escoliers contre ceux qui faisoient des *lectures* ridicules ou qui soutenoient dans les discussions publiques des arguments absurdes. Ajoutons qu'à Reims on appeloit *vaux*, d'abord sérieusement, et ensuite par plaisanterie, les Religieux du Val des Escoliers.

1. Nous avons indiqué, dans le premier volume, de quelles règles et de quelles honnêtes conclusions devoit se composer ce Code, formé et promulgué dans les bavardages des clercs du Châtelet et des jeunes suppôts de la Bazoche.

2. Ou si mon adversaire ne veut pas entendre à se désister, moi je sais qu'en penser, ce sera tant pis pour lui et pour sa cause.

Que, se ung quidam, je ne sçay qui,
Ou quelque femme, tant feust fine,
Pretendoit droit à cest amy,
Pour *jouyr, user* d'icelluy
Et en recevoir les prouffis,
De le rendre [1] dès au jour d'huy
Piteux [2] comme ung beau [3] crucefis ;
Et s'ilz faisoient aulcuns *poursuys*
De [4] la *troubler*, ou *empescher*,
Contredire [5] aulx drois dessusdictz,
De [6] le faire *reintegrer* [7],
Remettre sus et restaurer
Au premier estat deuement,
Amender tout et reparer
Par justice et aultrement.
Ou se quelq'un, ne sçay comment,
Faisoit plus [8] telle abusion,
Le contraindre souffisamment [9]
De faire *satisfaction*.

1. Qui consisteroient, aboutiroient à le rendre.
2. Pauvre, décharné.
3. Vrai.
4. Pour.
5. Ou contredire.
6. *En possession* de le faire, etc.
7. Réintégrer, rétablir dans une possession dont on a été expulsé.
8. Faisoit de nouveau.
9. Par moyens énergiques.

Et desquelles *possessions*
Et *droictz*, ladicte *complaignant*
A, pour toute conclusion,
Jouy et usé plainement
Par dix, vingt, trente ans franchement;
A fait ce qu'elle en vouloit faire
Par tel temps, et si longuement
Qu'il n'est memoire du contraire [1].
Et mesmement, sans soy distraire [2],
De puis ung an et jour ença,
Ainsy comme il est necessaire [3];
Jusques ad [4] ce que dès pieça [5],
Je ne sçay qui la [6] conseilla,
Mais une, que on dist la Rusée,

1. C'est-à-dire qu'elle a la possession *immémoriale*, qui suffisoit pour acquérir la propriété de toute chose non expressément et absolument imprescriptible.
2. Sans nous laisser distraire par cette question de propriété, elle *a fait ce qu'elle en vouloit faire*, depuis un an et un jour, ce qui suffit à lui attribuer la possession et à lui donner droit de complainte, etc. *Sans soy distraire* peut signifier aussi sans qu'elle ait perdu un instant la volonté, *l'affection* de posséder ces droits.
3. Pour avoir droit à l'action possessoire.
4. Vieille forme de la préposition *à*, qui se trouve seulement dans l'édition que nous attribuons au XVe siècle. Nous pouvons ajouter que cette forme *ad* est déjà bien vieille à la fin du XVe siècle, et qu'elle est extrêmement rare au XVIe.
5. Depuis quelque temps déjà.
6. Elle, cette Rusée dont il va parler.

Print cest amy et l'emmena,
Affin d'en faire sa trainée ¹,
Par voye indeue et diffamée.
C'est ce dont il est question,
Par quoy ² la Simple est empeschée
En sa *bonne possession*.
Et après *inhibition* ³
Et *maintenue* ⁴, sans sejourner ⁵,
Comme appert par relation
Du sergent ⁶, la feist *adjourner*
Par devant vous, pour *proceder*
Contre elle, et, à la verité,
Pour *cause* et *matière intenter*

1. Son train, sa sequelle, dans le sens odieux de compagnie honteuse, ridicule, presque ignoble. Il a encore cette signification dans le patois Boulonnois.

2. Et parquoi.

3. Deffenses de par la loy de *plus oultre proceder* en telle matière.

4. Presque toutes les éditions proposent *maintenant*, qui ne s'accorde ni avec la tournure générale de la phrase, ni avec le vers précédent, ni surtout avec le prétérit *fit*. La première seule donne *maintenue*. Nous l'avons suivie, malgré une légère difficulté qui provient de ce que la maintenue en possession ne peut être que le résultat d'un jugement, et nous voyons qu'on en est encore à l'assignation. Il faut donc comprendre que la Simple a porté devant le juge une demande d'inhibition et de maintenue, en même temps qu'elle faisoit assigner la Rusée.

5. Sans tarder.

6. Sorte d'huissier du XVe siècle.

De *saisine* et *nouvelleté*.
Si concludz qu'il soit adjugé
A la Simple ledict Mignon
Par vous, maistre Jehan l'Estoffé;
Et la maintenés, veulle ou non
La Rusée [1], en *possession*
Et *saisine* dudict amy.
Et vela ma conclusion.

Oultre, se ceste matière cy
Estoit trop longue et ennuieuse,
Qu'elle ayt la *recreance* [2] aussy
De la chose contentieuse.
Et que plus n'en soit curieuse [3],
Sur peine de cent mars [4] d'argent,
Ceste Rusée, ceste baveuse,
De luy donner empeschement [5]
Ne aucun trouble d'oresenavant.

Et si requiers tous *coustz* et *frais*,

---

1. Que la Rusée le veuille ou non.
2. La *recréance* est généralement l'action possessoire par laquelle on demande à être mis, pendant la durée d'un procès, en possession provisoire de la chose en litige. Ici le mot *recréance* paroît être pris pour cette possession provisoire elle-même.
3. Désireuse, empressée de.
4. Sorte de poids qui, appliqué au pesage de l'argent, représentoit à Paris 8 onces.
5. Que cette Rusée ne soit plus curieuse de donner empêchement à la Simple.

Avecques *restablissement*,
Despens, dommaiges et *interestz*
Par moy *mis*, *soustenus*, et *fais*
En ceste cause ; et *protestans*
De toute *aide* [1], pour tous metz [2],
Concludz et demande *despens*.

Le Juge.

Nous avons ouy voz *moyens*
Et voz raisons ; sans faire pause,
Maistre Olivier de Près Prenant,
A coup deffendés vostre cause.

Maistre Olivier.

Ouy son playdoyé, je cause
Chose [3] qui sert à mon office [4].

Le Juge.

Dictes, sans faire longue pause,
Soyés brief ; il est necessaire.

---

1. Sans doute, de droit. Protester, dans les formules juridiques, signifie demander avec insistance ; protestant de toute aide, veut dire réclamant toute aide de droit, avec l'arrière-pensée contenue dans la formule actuelle, sous toutes réserves de droit.

2. Pour toute réclamation.

3. Après avoir ouï son plaidoyer, je cause de choses qui, etc.

4. Tous les textes sont d'accord pour donner *office*, qui rime pauvrement pourtant avec *necessaire*.

Maistre OLIVIER.

Monseigneur, nous avons cy affaire,
Pour la Rusée...

Le JUGE.

Or vous couvrés.

Maistre OLIVIER.

Grant mercy [1]. Je [2] ne m'en puis taire,
Car elle a bon droit. Vous orrés,
Soit en deffendant [3], comme avez
Ouy ce que dit a esté
En la matière que sçavés,
De *saisine* et *nouvelleté*.

Or dige, quoy que ait recité

---

1. Je remarque ce *grant mercy*, qui me paroît bien humble. Cette affaire de toque a toujours été importante entre la magistrature et le barreau. Les avocats prétendent avoir droit de rester couverts en signe de complète indépendance et liberté dans l'exercice de la classique défense de la veuve, etc.; les magistrats affirment que c'est par pure bienveillance qu'ils leur permettent de se couvrir. Nous enregistrons ce *grant mercy* pour valoir ce que de raison dans l'histoire de cette importante querelle.

2. On comprend facilement qu'il reprend sa phrase interrompue par la courtoisie du juge.

3. Les premières éditions semblent indiquer la ponctuation que nous suivons; les éditions subséquentes mettent la virgule après *droit* et le point après *orrés* : comme vous allez l'entendre. Avec notre ponctuation le sens est : Vous écouterez également, même la défense, comme vous avez, etc.

Monseigneur l'advocad qui là est,
Que mon propos est bien fondé,
Et que mon fait est clair et nect.

Et dict la Rusée en effect,
Pour monstrer son *intention* [1],
Que, passé a lonc temps [2], elle est
En tresbonne *possession*
De cest amy, de ce Mignon,
Et que à *certain* et *juste tiltre*
Elle en a l'*acquisition*,
Comme il appert par son registre [3].
Et si fault qu'il y ait behistre [4],
Elle prouvera clerement
Par loy, decretalle [5], ou chappittre,
Qu'elle a bon droit. Premierement
Pour le dire plus briefvement,
Car nous avons d'aultres affaires,

---

1. L'intention, le but de la cause, de mon plaidoyer.
2. Il y a long temps passé.
3. Le registre où, marchande d'elle-même, elle a inscrit les profits et pertes de sa marchandise.
4. Littéralement tempête; de là bruit, querelle, lutte sérieuse.
5. Les Décrétales constituent la seconde partie du Droit canon. Elles sont composées des lettres des Papes portant décision sur les sujets, sur les difficultés à eux proposées. Les Décrétales comprennent le décret de Gratien, le Sexte, les Clémentines, les Extravagantes.

Elle pose [1] totalement
Possessions toutes contraires
Aulx *possessions frustratoires*
De la Simple *demanderesse;*
Car elles [2] sont bien *solutoires* [3]
A [4] ladicte *deffenderesse :*
Qu'elle n'en soit dame et maistresse,
Si est ; vela son *intendit* [5].

Mais, pour respondre ad ce que dit
La Simple, qu'elle est seulle amie,
Elle est trop simple [6] ; oncques on ne vist,
Se me semble, plus grant folie [7].

1. Elle appose ou pose des conclusions de possession, etc. Dans l'art oratoire du Moyen-Age la thèse s'appeloit *position,* et l'antithèse *opposition.*
2. Ces possessions, ces conclusions posées par la Rusée.
3. Coupant court à la difficulté, au procès.
4. En faveur de.
5. On se rappelle ce que nous avons dit de l'*intentio* dans le précédent volume. C'est la seconde partie de la *formule,* celle dans laquelle se trouve résumé l'objet du procès. L'*intendit* a la même signification.
6. De dire pareille chose.
7. Tout le passage qui suit offre à l'intelligence des difficultés presque insurmontables, et, autant qu'on peut le présumer, il n'a pas été compris jusqu'ici. Les premières éditions, en effet, présentent des variantes inconciliables ; les textes suivants donnent chacun une ponctuation différente ; ils sont d'accord en ceci seulement que, avec une telle ponctuation, ils ne présentent aucun sens ni les uns

Est elle bien si estourdie
Que de cuidier, ou de penser
La chair d'ung homme estre assouvie
D'une femme, et de s'en passer [1];
Quant [2] de baiser et d'embrasser,
Voise à Dieu passer sa fortune !

ni les autres. L'éditeur Rémois s'est consciencieusement efforcé de donner une explication. Le roman de fantaisie qu'il a bâti sur ce passage nous a paru obscur, c'est à peu près la seule ressemblance qu'il ait avec le texte de Coquillart. Nous n'osons pas dire, comme M. Tarbé : Voici ce que ces vers signifient; nous nous sommes efforcé de suivre le texte d'aussi près que possible, et nous ne pouvons promettre que le sens général, mais un sens suivi et vraisemblable.

1. Et puis, et après cela de s'en priver.

2. Ici il faut, à cause du mot *voise,* subjonctif, supposer la répétition de : *est-elle bien si estourdie que de penser.* Cette sorte de concision, du reste, est bien, comme on a pu déjà s'en convaincre, dans la méthode ordinaire des avocats de Coquillart. Nous avons donc : Est-elle donc si étourdie de penser que, quant à ce qui est de baiser et d'embrasser, il aille à Dieu passer sa fortune, négliger une bonne fortune pour l'amour de Dieu. — Il est, du reste, certain pour moi qu'il y a en cet endroit, dans le texte primitif, le meilleur pourtant, quelques fautes d'impression. L'idée que devoit présenter le manuscrit de notre poète pouvoit être analogue à celle que nous indiquons, mais il me paroît difficile de croire qu'elle ne fût pas plus naturellement rendue. La phrase est en effet si singulièrement construite que, quoique la pensée soit claire, on est forcé d'hésiter entre diverses nuances de cette pensée qui se présentent à l'esprit, à chaque fois qu'on essaie

Assés ! assés ! trop d'avancer
Pour ung coup à demy pecune [1].
Mais [2], ainsy qu'il [3] vient sur la brune
En quelque coing, ou quelque bout [4],
Vela, s'on rencontre quelq'une [5],
Le sanc bieu ! c'est pour gaster tout [6];

quelque changement de ponctuation. Ainsi on peut comprendre, en mettant le point et virgule après *embrasser* : Croit-elle qu'on puisse se contenter d'embrasser ; ou bien encore : Se passer d'embrasser ; qu'elle aille donc en un cloître, etc.

1. Ici nous rentrons complétement dans la méthode *plaidoyante*, dans la concision extravagante, dans l'emploi des brocards et des dictons, dans le genre d'éloquence abondant en gestes, dont maistre Simon nous a donné de si pénibles exemples. Assez, dit l'avocat, je ne puis pas parler plus longtemps d'une telle opinion, c'est trop d'avancer son argent pour une médiocre besogne, c'est trop pour un homme de chercher laborieusement une fidélité impossible. C'est trop pour un avocat comme moi de m'arrêter à discuter de pareilles théories. Il faut peut-être mettre *assés*, etc., à titre d'objection, et l'expliquer ainsi : Assez, assez, me dira-t-on, c'est trop absurde pour un homme d'avancer de l'argent pour une besogne aussi mauvaise que l'est une infidélité.

2. *Mais..... vela*, mais voilà comme l'affaire se passe.

3. Lorsqu'il (l'homme, l'amant, un amant quelconque).

4. Pour trouver au rendez-vous son amante. On peut aussi comprendre, sans changer le sens, si on rencontre en quelque coin, ainsi que cela arrive sur la brune, etc.

5. Si on rencontre quelque femme sur son chemin.

6. C'est pour envoyer au diable tout projet de fidélité.

PLAIDOYER. 37

Ung [1] lingeret [2] tendre du brout [3]
Tendre la broche enharnechée [4] !
On tend le becq [5], s'il vient à goust [6] :
« Où esce qu'elle est acouchée ? » [7]
Puis on vient [8] : « Ung tel vous demande [9]. »
Patic, patac [10] ; à la sachée [11],

1. Répétez, *c'est pour*.
2. Un porteur de linge, un jeune homme oisif, à la mode.
3. Délicat en fait de manger, coureur de festins, un peu parasite.
4. Bardée, garnie de volailles ou de gibier. C'est, dit le poëte, la même chose que de présenter à un de nos fainéants parasites une broche bien garnie.
5. On parle, on interroge. Il ne faut pas oublier que l'avocat a encore dans l'esprit ce *lingeret* qui tend le bec à l'aspect de la broche.
6. Si la tentation l'emporte.
7. Où y a-t-il moyen de faire fête, fête d'amour, ou banquet ? Car, ainsi qu'on a pu le remarquer, Coquillart conduit longtemps de front la pensée qu'il exprime et celle qu'il indique à l'esprit de ses lecteurs : ici il montre la double pensée de l'homme rencontrant une femme de bonne volonté, et du parasite trouvant une occasion de festin. On comprend qu'en somme ce vers représente la question faite pour savoir où loge la fille rencontrée.
8. A la demeure indiquée.
9. On fait savoir à la fille : un tel vous demande.
10. Expression figurative, qui répond à notre pan, pan, et qui me paroît pouvoir être rendue fort brutalement par le *Et allez donc!* du gamin de Paris.
11. Promptement, à la hâte ; par secousses, par saccades. *A la sachée* offre aussi l'allusion commandée par

S'on se trouve en place marchande [1].
Il n'est homme qui ne se bende [2]
Pour repaistre l'humanité ;
Et n'y a celuy qui ne tende
A suivir la mundanité ;
Vela le cas. D'aultre costé
On a beau tenir piet à boulle [3],
Car il n'est celle en verité
Qui ne veulle prester le moulle ;

le mot *place marchande*, vite au sac, au contenu du sac, à la vente.

1. En place convenable, en place de commerce ; ici, en un lieu de prostitution. A partir de ce vers le passage dont nous avons signalé plus haut les difficultés devient un peu plus clair. On a pu voir qu'il s'agit aussi bien de la fidélité conjugale que de la fidélité des gens qui sont dans la position du Mignon et de la Simple. Nous avions même songé à voir dans ces vingt vers les tentations qui peuvent survenir à un mari dans les temps où il est privé de sa femme par les incommodités physiques de celle-ci, comme l'accouchement, etc. Quelques vers se prêtoient à cette explication ; il auroit fallu supposer trop de fautes d'impression dans les autres. Nous avons préféré le commentaire qu'on a vu : il présente un sens logique et suivi, explique toutes les nuances du texte et convient complétement à ce qui précède, à ce qui suit, ainsi qu'au génie de Coquillart, au genre d'éloquence qu'il a voulu montrer dans ses Avocats.

2. Qui ne s'empresse, qui ne travaille pour, etc.

3. S'efforcer d'être fidèle, ou surveiller attentivement sa femme.

On est vaincu à tour de roulle [1].
Esce fait [2] ? tournés vostre main [3] !
Aussy tost que la beste est saoule,
On y pert la paille et le grain [4] ;
Et n'y a plus riens incertain [5] :
Au jourd'huy, vous estes d'accord [6] ;
Mais quoy ! retournés y demain,
Par le corps bieu ! vous avés tort.

Tout le monde tend ad ce port [7] ;
Parquoy, quoy que la Simple ayt dit
Pour vouloir monstrer, par effort [8],
Qu'elle est vraye dame, seulle amie,
Par mon sacrement [9] je luy nie;

1. Tour à tour, tantôt par soi, tantôt par la femme, dans ses promesses ou ses théories de fidélité.
2. Est-ce fini?
3. N'y pensez plus, car aussitôt, etc.
4. Proverbe souvent employé pour signifier qu'une bête repue n'a pas de reconnaissance, et, par extension, qu'on ne gagne rien à l'amitié d'un sot, d'un coquin, d'un parasite, d'une femme (le choix est large), en les comblant de bienfaits, et qu'il ne faut pas compter sur les protestations qui accompagnent une demande de service.
5. Il n'y a rien plus incertain, et il n'y a pas plus incertaine chose.
6. Avec une femme.
7. D'infidélité par suite de hasard, de rencontre, de nécessités que je viens d'indiquer.
8. Par exagération.
9. Par le serment que j'ai prêté pour être avocat.

Car je cuide que ce Mignon
A fait souventesfois folye
Comme ung aultre; et pourquoy non!
Ainsy donc, c'est abusion
De s'en dire, comme je croy,
Estre en *bonne possession*.
Autant en dige quant à moy [1];
Et allègue raison pour quoy :
J'en ay *usé*, j'en ay *jouy*,
Je ne scés [2] qui, je ne scés quoy [3],
Par ung, deux, trois, quatre ans; ouy [4].

D'aultre part, vecy que je dis :
Prenés qu'elle l'eust *possidé*,
Combien que je crois que nenny,
Toutesfois, ce presuposé,
Il me semble que s'a esté
Secrettement, par *voye oblicque*;

---

1. J'en dis autant pour moi, c'est-à-dire que je ne le possède pas, Moi, selon l'usage des avocats, qui se mettent facilement au lieu et place des inculpés pour lesquels ils plaident; *moi*, c'est la Rusée.

2. Mais je, etc.

3. Je ne me suis pas inquiété des détails, je n'ai pas traité cette affaire avec solennité.

4. Pendant plus ou moins de temps, c'est possible. La Rusée explique qu'elle n'a pas fait attention au temps, n'ayant jamais eu l'intention d'établir une possession ni une propriété.

Et est [1], selon bonne équité,
Possession non juridique.
Nous avons en droit et practique
Pour nous [2], au mains [3] touchant ces ditz,
  Et mesmement [4] la voye unique [5],
Codice, Ubi possidetis [6],
Et la loy tierce, *Digestis,*
Qui dit, *eodem titulo :*
Que à bien posséder est requis [7],
Non vim, clari nec preclaro [8].

---

1. Et une telle possession n'a pas de valeur légale. Il va expliquer pourquoi dans les vers suivants.

2. Locution de plaideur : *Nous avons en droit pour nous.* Nous avons pour nous le droit et la pratique.

3. Au moins dans le cas présent.

4. Et surtout, etc. Je suppose que, dans les quelques vers qui suivent, Coquillart a voulu se moquer soit des lecteurs, soit de l'avocat maistre Olivier, en donnant les citations à tort et à travers, de façon pourtant à bien laisser comprendre la suite du raisonnement. Nous suivrons donc les premiers textes, et nous n'imiterons pas les éditeurs postérieurs, qui, ne songeant pas à cette plaisanterie, se sont efforcés de redresser les citations.

5. La voie unique de posséder qui est indiquée, etc. Les éditions postérieures donnent *loy.*

6. Il n'y a pas au Code ni au Digeste de titre portant cet intitulé.

7. Pour bien posséder il faut les conditions suivantes.

8. Coquillart trouve gai de caricaturer ainsi la règle du Droit romain, qui dit : Pour acquérir la possession par la prescription, il faut posséder *non vi, nec clam, nec precario,* sans violence, ouvertement, à titre non précaire.

De la Simple, je dis, *primò,*
De sa *possession* et *saisine*
N'est [1] pas faicte *tali modo,*
Comme le *droit* le determine ;
Mais est secrette et claudestine,
Recellée de nuit et de jour ;
Et comme sur crime et rapine [2],
La recelloit en son sejour,
Sans faire virade ne tour,
Cheminer, ne aller dehors.
Je ne sçay se c'estoit de paour
Qu'el [3] ne feist folie de son corps ;
Combien qu'elle [4] s'abusoit, fors
Qu'on [5] ne la [6] laissast point aller [7] ;
Non pourtant [8], alors comme alors,

L'avocat trouble le texte et dit que pour posséder tranquillement il faut prendre garde de s'attaquer aux puissants.

1. Quant à la Simple, je dis de sa possession qu'elle n'est pas, etc.

2. Comme une possession fondée sur la rapine, elle receloit, cachoit, cette possession, ce Mignon.

3. Elle, cette chose possédée, ce Mignon.

4. Quoique en cela, elle (la Simple) s'abusoit de croire qu'il ne feroit pas folie, etc.

5. A moins que.

6. Toujours cette chose possédée, ce Mignon.

7. Sortir absolument.

8. L'avocat se reprend : pourtant, pas même de ce cas on n'arriveroit à le retenir, car alors aux grands maux les grands remèdes.

Avecq les folz il faut foller.
De prendre quelq'un, et le bouter
En sa tutelle, en sa baillie ¹,
Affin de non point heriter ²,
Par le corps bieu, c'est grant folie ;
Car s'il devoit perdre la vie,
Rompre barreaulx, crier et braire ³,
Saillir en bas par l'estampie ⁴,
Sy est il force de le faire ⁵.
Car pourquoy ? Il est necessaire
Et besoing à la creature,
Aucunesfois de soy forfaire ⁶
Et trouver bestail et pasture.

Sy ⁷ aucun quiert son adventure ;

1. En sa garde.
2. Je pense que cela doit signifier : afin de ne pas en être privé, de ne pas le voir passer à autrui.
3. Pleurer, se plaindre, hurler.
4. L'*estampie* est, autant qu'on peut le voir, ce qu'on appelle *corbeau* en architecture, des espéces de grosses pierres qui doivent soutenir les poutres. Il sautera en bas par quelque trou, même par ceux qui se trouvent au haut de la maison.
5. Il est entraîné à le faire.
6. De manquer à sa promesse, à son devoir.
7. La conclusion, et presque l'explication du passage suivant, se trouve dans le vers qui vient plus bas : *Dont on le fait*, etc. Maistre Olivier montre comment on est amené à l'amour, à l'infidélité, sans que personne s'en

Et une femme le deduit ;
Cela ce n'est que nourriture [1] ;
En fault il faire tant de bruit !
Quant ces mignons si sont en ruit,
Et qu'elles le font à plaisance [2],
Le monde n'en est point destruit [3] ;
Pourquoy ? Ce n'est que accoustumance [4].
D'aultre part, se ung homme s'avance
De vouloir trouver quelque bien [5],
Quel mal esce ! comme je pense,
On ne luy en demande rien [6].
Dont on le fait, comme je tiens,
Souvent qu'on [7] ne s'en doubte pas.

doute, et même après avoir expliqué ses relations avec une femme par toutes sortes de prétextes innocents en apparence.

1. Ce ne sont que des relations ordinaires, nécessaires, dans le monde, diront l'homme et la femme qui se recherchent, ou quelque honnête niais, le bon Jehannin Turelurette, qui prendra benignement leur défense.

2. Et que les femmes les traitent gracieusement.

3. Dit toujours le défenseur officieux.

4. Relation d'amitié.

5. Quelque bonheur.

6. La femme ne l'en avoit pas prié, dira en fin de compte le défenseur officieux ; et cela ne lui coûte pas bien cher, dit de son côté maistre Olivier.

7. Cet *on*, dans le sens sérieux, s'applique au monde, à la Simple ; dans le sens ironique, à cet homme et à cette femme dont il vient de parler, et qui sont arrivés à l'amour sans s'en apercevoir.

Et pource, à mon point je revien,
Et veul contredire ce pas [1],
Que la Simple, pour tous debas,
Se veulle seule amye tenir
De ce Mignon. Vela le cas.
Ad ce je veul contrevenir,
Et le contraire maintenir :
C'est que la Rusée, sans blasme,
S'en peult dire maistresse et dame,
Joyssant sans quelque diffame.
Vela sa resolution,
Et prouvera, par haulte game,
Qu'elle en a l'*acquisition*;
Et oultre plus [2], de ce Mignon,
Soy maintenir et franc et nect,
En meilleure *possession*,
Cent fois plus que la Simple n'est [3].

Et pource concludz en effect
Qu'elle soit par vous *maintenue*
En son bon droict cler et parfait,
Bien gardée et *entretenue*,
Et comme *vraye dame tenue*,
Et de cestuy bien heritée [4].

---

1. Ce point.
2. Et en outre elle prouvera qu'elle se maintient en meilleure possession de ce Mignon.
3. Que la Simple n'est en possession.
4. Et qu'elle a à bon droit hérité de celui-ci.

A tort a esté *convenue* [1]
Pour la chose bien conquestée.
Oultre, la *complainte* intentée
Par la Simple soit non *vaillable*,
Par vous *gettée et deboutée*
Comme faulse, non raisonnable,
Torchonnière [2] *et desraisonnable,*
Mal sceue, mal veue, mal prouvée,
Par ce non *prejudiciable*
Au fait de ladicte Rusée,
Non obstant chose proposée.
Affin d'avoir *conclusion,*
Par elle dicte [3], ou alleguée
Pour fonder son *intention* [4],
Elle fait *protestation*
Et si requiert tous *coustz et frais,*
Pour toute *resolution,*
Despens, dommaiges et interestz.

Le Juge.

Nous avons oy tous voz plaitz;
Maistre Simon, sus, desgueullés [5].

1. Appeler en justice.
2. Jeu de mots sur *torsionnière*, injuste.
3. Qu'elle vient de dire, d'énoncer. On peut attribuer *elle* à la Simple et comprendre : nonobstant encore les choses alléguées par la Simple; elle (la Rusée) fait protestation.
4. Pour assurer sa requête.
5. La gravité de messire Jehan l'Estoffé nous porte à

Maistre SIMON.

Quant au regard de ses cacquetz [1],
Nous en sommes pieça saoulés.

Maistre OLIVIER.

Sà, monseigneur l'advocat, parlés,
Replicquez, et on vous orra.

Maistre SIMON.

Vous dictes ce que vous voulés [2],
Il vous en croira qui vouldra.

Le JUGE.

Sus, faictes le court.

Maistre SIMON.

Or ça, ça,
Je dis que mon *intention*
Est bien fondée de pieça
Touchant ceste *possession*,
Et respons [3], par conclusion,
Aulx fais que dist partie adverse.
Bailler une solution [4]!

---

supposer que ce mot n'étoit pas encore pris dans le mauvais sens ; il signifioit ouvrez les lèvres.

1. De ses théories légères, de ses bavardages, qui n'ont rien de compendieux, etc.

2. Vous ne produisez que de simples allégations.

3. Je dis et je réponds pour conclusion contre les faits, etc., que mon intention, etc.

4. Réponse prompte et péremptoire.

Je ne scés moy où il se verse [1];
Il a dit chose bien diverse,
Et semble qu'il vuelle ruer [2]
Sur nous, pour toute controverse.
Monseigneur, qu'il se face advouer [3] !

Maistre OLIVIER.

Riens.

Maistre SIMON.

Je requiers.

Maistre OLIVIER.

Tant harceller [4] !

Maistre SIMON.

C'est raison.

Le JUGE.

Sus, au demourant.

Maistre SIMON.

Ad ce qu'il a premièrement

---

1. Ce mot est peut-être une traduction du mot latin *versari*, où il se tient, où il demeure, où il est; peut-être faut-il comprendre où il se jette, où il s'embourbe, et voir là une traduction parlementaire de notre expression patauger.

2. Donner un coup, jeter des pierres; par extension, injurier.

3. Je pense que maistre Simon veut gagner du temps, et demande que son confrère fasse reconnoître par sa cliente si c'est vraiment ainsi qu'elle entend être défendue.

4. Tarder, se faire tirer l'oreille, disons-nous encore, avec une autre image.

Voulu dire, soy guermenter [1]
Que ung homme ne peult tant ne quant [2]
D'une femme se contenter ;
Et que chascun [3] veult appeter
Nouveaulx amis, nouveaulx challans [4],
Tant que on enrage de habiter,
Ainsy que dit [5] nouvelles gens.
Monseigneur, se tous ses moyens
Estoient vrais, creés [6] que on verroit
Venir des inconveniens
Bien grans. Car, quoy ! il s'ensuiveroit
Que ung meschant homme se porroit
Prendre aux plus succrées [7] et drues [8] ;
Et par ce semble qu'il ne fauldroit
Qu'abbatre femmes en my [9] les rues.

1. Se plaindre, se désoler, constater une douleur. Il paroît y avoir là une pointe d'ironie dirigée contre la gaillardise de maistre Olivier.
2. En aucune façon.
3. Plutôt *chascune*, chaque femme.
4. Habitués, galants, gens qui font la cour.
5. Nous conservons à ce verbe le nombre que lui donnent les deux premières éditions ; peut-être le poète a-t-il pris *nouvelles gens* dans le sens d'une classe, d'un nombre déterminé d'individus, et lui a-t-il fait ainsi gouverner le singulier.
6. Croyez.
7. Réservées, pudiques, vertueuses.
8. Aux plus riches, aux plus élevées, aux plus puissantes.
9. *Emmy*, parmi.

Sy telles manières indeues
Couroient, tout seroit aboli ;
Povres filles seroient perdues,
Et le mestier trop avilli.
Par quoy il n'y auroit celluy
Qui ne gouvernast [1] damoiselles,
Et qu'il ne voulsist [2] au jourd'huy,
Sans foncer, avoir des plus belles
Et des plus gorgiases, s'elles
S'i [3] vouloient habandonner,
Comme il dist. Qu'elles feussent telles [4],
Dieu me le veulle pardonner [5],
Il ne fouldroit [6] donc plus donner
Rubbis, diamans ne turquoises,
Mais dire franc : « Sans sejourner,
Allons, faisons, ne vous desplaise. »
Chascun en feroit à son aise
Sans avoir langaige [7] ou effroy [8].
La coustume en seroit maulvaise ;
Pource, ce qu'il dit n'est pas vray.

    D'aultre part, je luy responderay

1. Qui ne fût maître, tyran.
2. Qui ne voulût.
3. S'y.
4. Si elles étoient telles.
5. De répéter une telle supposition.
6. Faudroit.
7. Contre soi le langage du monde.
8. La crainte de l'opinion publique.

Se je puis, soubz correction,
Affin qu'il soit mis à l'essay [1]
D'impugner ma *possession*.
Et dit [2], pour *resolution* [3],
Qu'elle est *secrette* et *claudestine* [4],
Contre la disposition
Du *Droit* qui de ce determine.
Or, dige [5] pour toute doctrine,
Bonne [6] *prescripte et raisonnable*,
Bien observée [7], *non muable*,
Honneste, *juste et auctentique*,
Gardée par tout [8], *non variable*.
Et de quoy l'en use en practicque [9],
Il n'est requis, quoy que on replicque,
En amours, en touchant ce dit,
Possession si trespublicque
Et si *notoire* comme il a dit.

1. Au défi d'attaquer, de combattre, de détruire, etc.
2. On reconnoît là une tournure juridique, une formule de pratique.
3. Pour toute réponse, pour tout argument.
4. On a déjà rencontré et reconnu ce mot pour notre mot clandestine. Au XVe siècle, il est, comme on voit, plus rapproché du mot *claudere;* dans sa forme actuelle, il touche de plus près au mot *clam.*
5. Répliquai-je.
6. Qu'elle est, cette possession, bonne, etc.
7. Bien gardée, bien conservée.
8. Probablement bien défendue, bien close.
9. Je crois qu'il faut comprendre : et quel que soit l'usage de la practique du droit, de la procedure.

Mais, pour intenter l'*interdit* [1],
C'est assés que on ait *possedé*
Secrettement ; cela souffit.
Et aussy il est practiqué [2].
Il fauldroit donc, se j'ay habité
Avecques Jehennette ou Jaquette,
Que incontinent soit publié
A son de trompe, à la sonnette [3] ;
Ou se quelque fille secrette [4]
A presté ung peu l'instrument,
Que on ne le scet [5], s'on en caquette,
Qu'elle [6] perde son droit [7] ; pourtant [8]
Se seroit dommaige trop grant.
Il est mainte femme succrée [9],
Mainte bourgoise, tant ne quant [10],

1. C'est l'action possessoire. Il s'agit ici de l'interdit prohibitoire, autrement appelé complainte, et en droit romain interdit *Uti possidetis*.

2. C'est d'ailleurs ainsi qu'on pratique une telle besogne.

3. La sonnette du crieur public.

4. Secrètement ; ou une fille non publique.

5. De telle sorte que personne ne le sait.

6. Si on est tenu d'en caqueter, il faut donc qu'elle, etc.

7. Sans doute le droit de passer pour fille et de pouvoir se marier en cette qualité.

8. Donc, conséquemment.

9. Nous avons vu ce mot tout à l'heure dans le sens sérieux ; il est pris ici dans le sens ironique : qui fait la prude.

10. *Qui n'en a bien tant ne quant*, qui n'en a nullement le bonheur dans le courant d'une année, excepté si.

Qui n'en a bien toute l'année,
Fors qu'elle le fait à l'emblée [1],
Cincq ou six fois ; et, se m'aist Dieux,
S'on le scet, elle est diffamée
Et s'en mocque l'en, qui vault mieulx [2].
Se droit là est trop rigoreux.
Se maistre Olivier se boffume [3],
Ou s'il veut faire le vereux [4],
Il y impose [5] ceste coustume :
Se bonne est pour luy, si la hume [6].

Quant est de la *possession*
Qu'il allegue [7], dit et resume
Que la Rusée de ce Mignon
En a eu l'*acquisition*,
Il eust plus gaigné de s'en taire ;
Monseigneur [8], car, soubz correction,

---

[1]. Par hasard, furtivement, à la dérobée.

[2]. Et l'on se moque d'elle, ce qui est bien plus cruel.

[3]. M. Tarbé voit dans ce mot, — et avec raison, je crois, — un composé de *bouffer* et de *fumer* : s'emporter, se mettre en fureur. Le sens est donc : Dût maistre Olivier se fâcher, dût-il, etc., etc.

[4]. Homme en colère.

[5]. Je dirai néanmoins que cette coutume est de son invention.

[6]. Proverbe : S'il trouve ce vin à sa convenance, qu'il le boive, sans l'imposer à autrui.

[7]. A propos de laquelle il allègue.

[8]. Nous avons déjà pu remarquer, nous en trouvons d'autres preuves dans les auteurs contemporains, dans la

Je vous monstreray le contraire.
Ceste Rusée par soy distraire [1],
Par tant d'allées et de venues,
Par trop penser [2], par soy forfaire [3],
Les mordans parolles agues [4],
Nouvelletés, choses indeues,
Brocquars, dissimulations,
Lardons, cautelles incongneues,
Prières, persuasions,
Par faintises, derisions,
Par motz dorés [5], par joncheries [6],
Sornettes, adulations,
Malices, façons rencheries [7],
Langaige affaictié, railleries,
Blason de Court [8], par voyes indeues,

Farce de Gringore, par exemple, que *monseigneur* compte dans le vers comme s'il y avoit *monsieur*.

1. Pratiquer diverses ruses.
2. Extrême préoccupation.
3. Tenir une conduite déshonorante.
4. Par les mordantes et vives paroles. Sous-entendez : *par* devant chacun des membres de phrases qui suivent.
5. Paroles gracieusement affectées.
6. Mensonges.
7. Coquetteries faussement dédaigneuses. Les deux premiers textes donnent *tencheries*, qui nous a semblé une faute d'impression. Le substantif de *tenser* ou *tancer* seroit *tencerie*. L'emploi du *ch* pour *c* n'est pas du dialecte champenois. *Tencerie* n'auroit pas d'ailleurs un sens bien clair à cet endroit de l'exposition des manéges d'une coquette au XVe siècle.
8. Compliments faits du bout des lèvres.

Par desordonnées fringueries
Et par manières dissolues,
Par telles faulsetés a eues [1]
Ses *droictz*, ses *acquisitions;*
Parquoy sont de nulles values
Toutes telles *possessions* [2],
Blandices [3], *subornations*,
Par robbes fendues, sains ouvers,
Menteries, seditions [4]
Par mines, tetins descouvers,
Machinations [5], motz couvers,
Faulx entresains [6] et controuvez,
Et par aultres moyens divers
Qui sont indeuz et reprouvez.

---

1. *A ses acquisitions eues.* Voy. ce que nous avons dit dans notre premier volume de cette règle de la grammaire du Moyen Age.

2. Acquises par tels moyens.

3. Toutes caresses émouvantes, entraînantes.

4. Révoltes contre la fidélité conjugale, excitées par des grimaces hypocrites.

5. Par machinations.

6. M. Tarbé pense qu'il faut comprendre par ce mot une pièce d'étoffe faite pour couvrir le sein, et ici pour le faire paroître plus rebondi qu'il n'est. Peut-être a-t-il raison. J'avoue cependant que je connois ce mot seulement avec le sens de parole méchante, leste, cynique. Il est possible d'ailleurs que, selon son usage, Coquillart ait joué sur le double sens.

Exemple : comme vous sçavés [1],
En ung bancquet la creature
Se venoit assoir à ses piez,
Pour luy eschauffer la nature ;
Et luy disoit plus tost [2] injure,
Plus tost l'appeloit son amy.
« Que vous en semble il d'icelluy ?
C'est il, c'est mon [3]. » Cela, cecy ;
Et pource, au trou de la cheville [4].
« Estes vous bien ? » Oil, nenny,
Il respondoit à coup la quille [5].
Elle sautelle, elle fretille,
Pour cuider rompre la regnette [6],
Comme ung cheval doulz à l'estrille [7]
A qui on serre la grommette [8].
Elle estoit si rusée et faicte [9]

1. Sans doute, comme vous savez que le font ces sortes de créatures.

2. Tantôt.

3. On comprend que c'est la Rusée qui parle : « Que vous semble de ceci ? Est-ce votre avis ? C'est le mien aussi. »

4. Et ainsi se mettoit-elle en ses bonnes grâces.

5. Il répondoit oui ou non, *à coup la quille*, selon que le coup lancé sur la quille tomboit, c'est-à-dire suivant l'occurrence, selon qu'il se trouvoit bien ou mal.

6. Petites rennes, la bride. Espérant lui faire rompre la glace, lui faire perdre tout frein.

7. Délicat, sensible à l'étrille.

8. Et qui regimbe parcequ'il a la bouche fine.

9. Habile.

Qu'elle luy disoit franchement :
« Je vous songe [1], je vous souhaite,
Je pense à vous incessaument [2]. »
Par telle mine et tel semblant,
Et par tel langaige trouvé,
L'a faulsement, maulvaisement,
Seduit et aussy suborné,
Et de fait [3], par prinse de corps,
Ou de [4] bon emprisonnement.

Puis qu'elle fait telz griefz et tors,
Telz griefz [5] effors et telz tourmens
Telz crimes, telz abusions,
Telz delictz, riens ne vallent [6] au fors [7]
Toutes ses *acquisitions*
N'aussi toutes *possessions*.
Dont ladicte Simple, au surplus,

1. Je rêve de vous.
2. Le dialecte dont se sert Coquillart, et qui n'est, du reste, respecté que dans l'édition du XVe siècle, ce dialecte, comme on a déjà pu le remarquer, remplace volontiers, les nasales par les diphthongues ouvertes, *an* par *au*.
3. Et en fait; ce n'est pas seulement par mine, mais aussi par prise de corps, qu'elle l'a, etc.
4. Ou par.
5. On voit aisément que *griefz*, pris dans le vers précédent comme substantif, est employé ici comme adjectif.
6. Toutes ses acquisitions ne valent.
7. L's est mis ici pour la rime; il faut comprendre *au fort*, au plus, au fond enfin, par dessus tout.

Persiste en ses *ententions*;
Et sy concludz comme dessus.

Maistre OLIVIER.
Pour respondre à ces poins.....

Le JUGE.
Or sus,
C'est trop plaidoié.

Maistre OLIVIER.
Encores ung mot,
Monseigneur, s'il vous plaist.

Le JUGE.
Mettés sus[1].

Maistre OLIVIER.
Grant mercis. J'auray fait tantost.
J'ay bien ouy tout son tripot
Et ses baves; elle[2] prouvera
Tous ses fais; parlons par escot[3].

Maistre SIMON.
C'est à tort.

Maistre OLIVIER.
Bien! bien! on verra.

Maistre SIMON.
Je proteste.

---

1. Allez donc.
2. La Rusée, mais qui la représente.
3. A chacun son tour, avec ordre.

Le Juge.

Faictes paix là!
Injures sont cy interdittes.

Maistre Olivier.

Or ça, elle vous monstrera
S'elle est telle comme vous dittes.
Par droictz et par raisons escriptes,
J'ay mes ententions cy meues [1],
Monseigneur, qui ne sont pas petites.
Maistre Simon les a solues [2],
En allegant choses menues.
Je ne sçay moy où c'est qu'il preuve
Des consequences si cornues,
Ne où, tous les deables, il les trouve.
Benedicite! [3] je prouve
Tout au lonc mon *intention*;
Mais sa consequence et sa prouve
Ne tiennent à chaulx ne à sablon [4].
Se seroit une abusion
De le reciter [5]; je m'en tays,
Pour plus briefve *expedition*.

Oultre, au second point où je metz

---

1. J'ai développé ici mes arguments à l'aide du droit et de la raison.
2. Combattues.
3. Que Dieu me bénisse; grâce à Dieu, moi, je, etc.
4. Ne sont guère solides.
5. De le prouver de nouveau.

Et si maintiens à tousjours mais [1]
Sa *possession* et *saisine*
Ne valoir riens, et, pour tous metz,
Estre secrette et claudestine,
Il respond et si determine [2]
A [3] une coustume notable,
Comme il dit ; mais il adevine [4],
Car elle est faulse et variable,
Et au droit prejudiciable.
Mais, affin qu'on ne se perturbe [5],
Chascun, pour le plus veritable,
Produira ses tesmoingz en turbe [6],

1. *A tousjours mais*, éternellement, avec une persévérance invincible.
2. Et ainsi *determine*, conclut, résout, tranche la difficulté.
3. Avec, à l'aide de.
4. Il est sorcier, il invente que cette coustume est notable. *Adeviner, adviner,* deviner, encore usité dans les diverses familles du patois picard.
5. Afin que rien ne soit obscur pour personne.
6. On appeloit *enquestes par turbe* des informations prises par une Cour souveraine, lorsque la difficulté d'un procès tomboit sur une interprétation ambiguë, difficile, et à propos de laquelle il falloit consulter à fond la coutume et l'usage des lieux. La Cour envoyoit un conseiller, qui assembloit tous les praticiens du bailliage du lieu dont on venoit ainsi constater la coutume. Au milieu de cette sorte de conseil il faisoit comparoître le député de chaque *turbe*, qui venoit lui apporter l'avis de la turbe sur la difficulté présente, sur la manière dont tel usage, tel contrat, telle obligation, telle clause, étoient interprétés

Et, que l'ung l'autre ne desturbe [1] ;
Et les enquestes acomplies,
Affin qu'il n'y ait point destourbe [2],
On fera lors droit aulx parties.

Touchant le tiers point, j'ay oyes [3]
Ung tas d'excès et de folies
Et d'aultres persuasions [4] ;
Et dit en [5] *acquisitions*
Avoir esté par ce point là [6]
Faictes ; se sont abusions,
Le contraire se trouvera.

Ainsi doncques par ses vertus,

dans le pays. Chaque turbe se composoit de dix personnes, qui ne comptoient que pour un seul témoin et étoient, comme je viens de le dire, représentées par un seul député. Il falloit au moins deux turbes pour composer une enquête. Ces enquêtes ont été abolies par le titre 13 de l'Ordonnance de 1667, et remplacées par des actes de notoriété, par l'étude des jugements rendus sur faits semblables.

1. Et que l'un ne trouble pas l'autre, ne cherche pas à organiser ces brigues, qui étoient, du reste, communes dans les enquêtes par turbe, et qui furent la plus importante cause de leur abolition.

2. *Destourbe, destourbement*, trouble, querelles, injustices.

3. J'ai entendu citer.

4. Et des inventions analogues.

5. Dit-on, on dit, il avance.

6. Par ces excès et folies.

Peine, labeur et industrie,
Et non pas par moyens indeuz,
Comme motz couvers [1], jousteries [2],
Elle acquesta la seignourie
Et renommée [3] de cest amy,
A quoy que la Simple *varie* [4],
Et en use, et en jouyt ;
Et demeure, touchant cecy,
Ferme en son propos *partinent* [5],
Offre, *aprouve*, conclut aussy
En la forme comme devant.

Maistre SYMON.

Monseigneur.....

Le JUGE.

C'est assés.

Maistre SYMON.

Seulement
Ung mot !

---

1. Nous avons plusieurs fois déjà rencontré ce mot avec le sens de faux, hypocrites.

2. Ces escarmouches de coquetterie, d'amour, dont maistre Simon a tracé un si énergique et complet tableau.

3. La renommée de posséder cet ami, la possession publique et évidente.

4. Et quelles que soient les choses contradictoires qu'il plaise à la Simple d'inventer.

5. Pertinent, logique.

Le Juge.

Il est tart.

Maistre Symon.

Audience !

Maistre Olivier.

Rien ! rien !

Maistre Symon.

J'auray dit maintenant [1], Monseigneur.

Maistre Olivier.

Imposés luy silence.

Le Juge.

Parlés bas [2] !

Maistre Olivier.

Monseigneur, que on s'avance [3].

Le Juge.

Despeschés vous, il en est temps.

Maistre Symon.

Je demande la *recreance* [4] ;

---

1. Immédiatement, en un clin d'œil.
2. Ceci me paroît s'adresser à maistre Olivier, que le juge, — quoiqu'il incline visiblement pour la Rusée, — trouve sans doute impertinent d'oser lui donner des conseils.
3. Qu'on se hâte.
4. On se rappelle que la recréance est l'attribution pro-

Je m'en rapporte aulx assistens [1].

Le Juge.

Paix! Sà messeigneurs cy presens,
Monseigneur maistre Pierre Hapart [2],
Vous estes bien garny de sens
Et estes ung saige cocquart [3],
Vostre oppinion?

Happart.

Monsieur,

visoire à l'une des parties et jusqu'à sentence définitive de la possession qui fait l'objet du procès.

1. Aux assesseurs que le juge va interroger. Ces assesseurs, par leur manière de parler, à laquelle Coquillart donne une apparence exagérément lourde, stupide, un peu timide, ces assesseurs semblent n'être pas les gradués, les juges institués auxquels l'on donnoit ordinairement ce nom, mais plutôt de notables personnes, des prud'hommes, de respectables voisins que le juge a requis et rassemblés, pour lui servir de conseil.

2. On comprend facilement le sens grotesque de ce nom. Maistre Hapart nous semble un proche parent de maistre Olivier de Près-Prenant que nous venons de voir, et il nous paroît digne d'entrer un jour dans la famille de maistre Oudart de Main-Garnie, dont nous allons bientôt faire connoissance.

2. Il paroît difficile de supposer que le juge dise à maistre Pierre: Vous qui êtes un oison bridé, un lourdaud notable. Il faut donc rabattre un peu du sens de sottise présomptueuse qu'indique généralement ce mot *Coquart*, et comprendre: Vous qui avez l'esprit vif et hardi.

Veu ce qu'ilz disent à l'esquart.....¹

Le JUGE.

Couvrés vous.

HAPPART.

Ha! saulve vostre honneur ².

Le JUGE.

Sus! de par Dieu! sus! quel couleur
Auraige de donner sentence ³?

HAPPART.

On doibt bailler pour le plus seur
A la Simple la *recreance*,
Car elle a plus belle apparence ⁴
Que la Rusée, quoy que on en die;
Et les declarés par sentence
Contraire ⁵ en ceste partie.

1. En dehors de cette enceinte, sans doute où ils mentent moins où ils se moquent, ces avocats, des conclusions qu'ils viennent ici soutenir.

2. Je n'en ferai rien, par respect.

3. Faut-il comprendre : Couvrez-vous ; comment voulez-vous que je me couvre moi-même, en donnant sentence, si vous, mon égal, juge comme moi, vous n'en faites rien? Ou bien : Répondez donc promptement ; comment voulez-vous que je prenne une décision sans consulter mes assesseurs? Ce dernier sens nous paroît plus vraisemblable, sans nous satisfaire complétement.

4. De droit, sa position paroît meilleure.

5. Toutes les premières éditions donnent ce singulier, quoique la mesure du vers et le sens paroissent s'arranger

Le JUGE.

Sa, maistre Oudard de Main Garnie;
Que vous en semble ? dictes en.

Maistre OUDARD.

J'ay son oppinion ouye,
Par ma foy, monseigneur, il dit bien.

Le JUGE.

Deliberés sur ce moyen,
Maistre Guillaume l'Abbateur [1].

L'ABBATEUR.

Quant à moy, tousjours je me tiens
A l'oppinion du meilleur.

Le JUGE.

Oppinés qui a le meilleur;

---

mieux du pluriel *contraires*. Ce singulier seroit donc pris dans le sens adverbial : déclarer qu'il y a contrariété entre les parties. La contrariété, allégation de faits opposés, donnoit droit aux parties d'en faire la preuve, sur un appointement à informer accordé par le juge.

1. Dans cette galerie de respectables coquins et de rusés badauds, parmi lesquels Coquillart a paru vouloir choisir un tribunal digne de passer à la postérité, maistre Guillaume *l'Abatteur* représente l'important, l'homme à tout faire, habile et expert en toute besogne; aussi n'a-t-il pas l'air de savoir de quoi il s'agit. Il ne répond qu'un mot; il est vrai que c'est un mot notable et de telle vertu que la science politique ne paroît pas avoir progressé depuis le XVe siècle.

Sus, maistre Jacques l'Affaictié [1],
Que vous en semble? dictes en.

L'Affaictié.

Par sainct Jacques, ilz ont trop bien
Dit [2]. Faictes en le traictié [3],
Comme ilz ont dit formellement ;
Et qu'il n'y ait aucun blecé [4] ;
Vous ferés bien et justement.

Le Juge.

Or ça donc, pour abregement,
Oyes [5] vos raisons trespropices,
Vous aurés ung *appointement* [6].
Mais il fault payer les *espices* [7] :

---

1. Le raffiné, le prétentieux, le mignart ; aussi paroît-il dépasser tous les autres en niaiserie.

2. Ce dit s'applique aux assesseurs, je crois, non aux deux avocats.

3. Arrangez l'affaire comme les assesseurs vous l'ont conseillé. Le mot *formellement*, mis en présence des réponses précédentes, est assez joli.

4. Et qu'à leur tour les avocats et les parties soient satisfaits.

5. Ouies, après avoir entendu.

6. L'appointement est un jugement préparatoire par lequel, les parties étant contraires, le juge ordonne qu'elles diront, écriront et produiront à nouveau sur quelques points qui devront être fixés dans le jugement.

7. On connoît assez communément l'origine et la valeur de ce mot. Disons que ces épices n'étoient pas dues pour les procès jugés en audience, mais uniquement dans

Se sont les droictz de noz offices ;
Et puis on vous appointera.

Maistre SIMON.

Monseigneur, nous ne sommes pas nices [1],
Ne vous chaille [2]; on y pensera.

Le JUGE.

Le Juge *appointié* vous a
En telle façon et substance [3] :
Et dit que celle Simple aura
De cest amy la *recreance*,
Despens reservés en sentence
Diffinitive. Sans doubter [4],
Ouy de chascune l'alegance [5]
Contraire, vous veult [6] *appointier*.
Et viendrés voz fais apporter
Par escript, samedi au soir,

---

les procès jugés sur écrits. Ce seroit donc pour la partie du procès qui résultera de l'appointement que monseigneur Jehan l'Estoffé demande, et fort à l'avance, ses *espices*. Elles étoient exigibles seulement avant l'expédition du procès.

1. Des nigauds; nous savons ce que parler veut dire, et nous ne sommes pas assez niais ponr ne pas vous acheter.

2. Qu'il ne vous importe, ne vous en préoccupez pas.

3. Qui va suivre.

4. Sans hésitation.

5. Allégation.

6. Il, lui, le juge vous veut, etc.

Comme à ceste heure [1], après souper,
S'il vous plaist, vous y viendrés voir.

L'Acteur [2].

Par ce l'en peult appercevoir
Souvent en mainte plaidoirie,
Ung homme, affin de recepvoir,
Estre ensemble juge et partie ;
Aussi [3] l'advocad qui plaidie
Les *causes, raisons* et *moyens,*
Pourveu qu'il ait la main garnie,
Estre pour les deux abayans [4].
Mais toutesfois je n'en dis riens.
Et, vous en vuelle souvenir [5],

---

1. A la même heure que maintenant.
2. L'auteur, le poète, qui vient, selon l'usage, tirer une conclusion morale de son œuvre. La conclusion, ici, est en effet fort morale et fort sage, mais elle nous paroît être du genre de celles qu'on appelle en rhétorique conclusions éloignées, et ce n'est à coup sûr ni la plus curieuse, ni la plus importante chose qui ressorte de cette œuvre hardie. Avec cette conclusion creuse, lourde, d'une bonhomie presque niaise, Coquillart nous rappelle le mendiant de Lesage, qui demandoit la charité d'un ton piteux et nazillard après l'exhibition de son escopette.
3. Aussi, encore peut-on apercevoir.
4. Aboyant. Cette image, appliquée à l'éloquence du barreau, est devenue d'une attribution quotidienne. Je crois que nous pouvons saluer dans Coquillart son inventeur.
5. De la prière que je vais vous faire.

Pardonnés à mon simple sens;
A Dieu, jusques au revenir.

EXPLICIT

LE PLAIDOIÉ COCQUILLART
Touchant la Simple et la Rusée.

L'ENQUESTE

DE COCQUILLART

TOUCHANT LE DEBAT

D'ENTRE LA SIMPLE ET LA RUSÉE.

L'ENQUESTE

D'ENTRE LA SIMPLE ET LA RUSÉE

FAICTE PAR COCQUILLART[1].

Or ça, maistre Jehan l'Estoffé,
Qui jadis feustes eschauffé [2]
Touchant mainte menue pensée,
Vous sçavés que dès l'an passé
Y eust ung procès commencé

1. Cette pièce est la suite, la conséquence du Plaidoyer, avant lequel elle se trouve cependant placée par le premier éditeur. Il faut peut-être en conclure que cette enquête fut composée la première. Quelques menues observations, tirées de l'étude de la pièce, tendroient encore à le prouver. Nous avons indiqué dans notre préface comment, sous ce prétexte d'enquête, Coquillart fait défiler devant les yeux du lecteur une série de personnages destinés à représenter et à peindre beaucoup des vices, des ridicules, des infamies d'une ville riche et marchande du XVe siècle. Il l'a fait avec cette vigueur, cette finesse, cette hardiesse brutale, dont nous avons déjà eu de nombreux exemples dans les œuvres précédentes.

2. Coquillart veut indiquer tout simplement, je pense :

Entre la Simple et la Rusée,
Dont la cause a esté *plaidée*
Et aussy *liticontestée* [1]
Par devant vous, comme est notoire.
Et, pour estre plus abregée,
Fut la *recreance* adjugée
A la Simple, et le *possessoire* [2].
Et au regard du *petitoire* [3],
Fut *appointié* par vous encore
Qu'el prouveroit ses *ententions*.
Et pour cela, vous debvés croire
Qu'elle bailla tout par *memoire*,
Articles et *possessions* [4]

qui eûtes à vous préoccuper des menus détails du procès. Il me semble qu'il ne peut pas vouloir dire : Vous qui fûtes jadis un gaillard, etc.

1. L'affaire a été sérieusement entamée. On se rappelle ce que nous avons dit de la litiscontestation dans notre premier volume.

2. Nous avons bien vu adjuger la recréance, mais non le possessoire, qui paroissoit être, dans le Plaidoyer, la seule question pendante. Quant au pétitoire, il n'en fut pas traité ; maistre Simon assura seulement qu'il ne vouloit pas aborder cette matière. Ce manque de suite entre l'Enquête et le Plaidoyer tendroit à prouver, selon nous, qu'ils n'ont pas été composés dans leur ordre logique, et, comme nous le disions plus haut, que l'invention de l'Enquête a pu précéder celle du Plaidoyer.

3. C'est-à-dire, comme on sait, non plus seulement de la question de possession, mais au regard de la question de pleine propriété.

4. La première édition donne *possessions*; toutes les au-

Lesquelles faisoient mentions
De battures, seditions,
D'excez, de partialité,
De contractz et de pactions [1],
Et aussy de drois et raisons
Qui touchent la *propriété*
Du Mignon. Et en verité,
Cela fut par vous appointé.
Et furent donnés commissaires [2],
Ausquelz la Rusée a porté,
Ainsi comme il est d'equité,
Ses *poins* et *interrogatoires*;
Et ladicte Rusée encores,
Aux *possessions* et *memoires*,
Respondit tout pour le meilleur;
Du surplus, vecy *paremptoires* [3],

tres *positions*. C'est ainsi, nous l'avons dit, que l'on appeloit les thèses et les points de thèses soutenus dans les écoles. Nous avons cru devoir garder *possessions*, qui est encore répété plus loin, et le comprendre avec le sens de preuves de possession.

1. Nous allons voir expliquer et développer, dans l'enquête qui suit, le sens de ces divers mots.

2. Ce mot de *commissaire* s'appliquoit, dans l'ancien droit, à un fort grand nombre de personnages. Ici il désigne ceux qu'on appeloit *commissaires nommés par juges*, et qui étoient des juges eux-mêmes délégués pour quelque point concernant l'instruction d'un procès.

3. Sous-entendu sans doute *exceptions*; exceptions *péremptoires*, décisives, et non plus seulement dilatoires. Je ne crois pas, en effet, que péremptoire, dans le langage

Lesquelz tantost seront notoires,
Et dont vous orrés la teneur.
Or, soubz correction, monseigneur,
Il semble qu'il y ait erreur [1]
Bien grant, en cest appointement;
C'est assavoir, que ung *possesseur*
Soit en la cause *demandeur* [2],
Et qu'il preuve totallement
Ses fais [3]. Je ne scés pas comment [4],
Car nous avons communement,
Et *de jure notissimo*,

---

juridique, se soit jamais employé autrement que comme adjectif, ni qu'il ait jamais existé des *péremptoires*. Le premier texte donne *veu sy paremptoires*, que nous n'avons pas admis, quoique la phrase puisse s'expliquer péniblement en rattachant *péremptoires* à *mémoires*.

1. Erreur en ceci que cet appointement tend à forcer la partie qui a obtenu reconnoissance de sa possession à prouver qu'elle a légitimement la propriété, tandis que, selon toutes les règles, c'est à la partie contre laquelle a décidé le jugement sur le fait de la possession, c'est à elle d'intenter l'action petitoire, de prouver sa propriété, de devenir demanderesse, et de démontrer que l'adversaire détient ce qui ne lui appartient pas.

2. Tandis que, légalement, il a droit à la position du défendeur, c'est-à-dire de celui contre qui on doit prouver qu'il se prétend à tort propriétaire; jusque-là la loi protége le possesseur, et, jusqu'à preuve contraire, par le seul fait de sa possession, le regarde comme propriétaire.

3. Tandis que c'est à la partie adverse à prouver d'abord les siens.

4. Cela peut se faire, peut être exigé.

Contre vous ung fort argument :
Quod possidenti, seurement,
Nulla competit actio[1],
Justi. In.[2] *ff.*[3]
Istè verò et verò ;
De ce aussy
Le plus souvent *invenio*
In jure : Quod probatio
Semper incombit actori[4].

1. Le possesseur n'a besoin d'intenter aucune action.
2. Sans doute *Justiniani Institutis*.
3. Ce signe *ff*, chez les vieux commentateurs, indique que la citation qui précède se trouve uniquement ou également aussi au Digeste.
4. A celui qui a l'action, par conséquent pas au possesseur.

Nous avons suivi, pour l'établissement de ce texte, les cinq premières éditions, qui sont d'accord. Voici les variantes introduites par Galiot du Pré et les éditeurs de Lyon, qui n'ont jamais pu comprendre que Coquillart pût traiter ironiquement des textes de droit romain :

> *Instituta et ff*
> Aussi vrai que je le dis,
> Au Pa.: *Cum vero de acquirendo dominio.*

Urbain Coustelier perfectionne encore cette variante :

> *Instituta et Digestis*
> Aussi vray que je le dis
> Au paragraphe : *Cum vero*
> *De acquirendo dominio.*

Nous n'avons pas besoin de dire que M. Tarbé a suiv fidèlement l'édition du XVIIIe siècle.

Et doncques pour cela je di,
Quant est [1] de ceste Simple cy
La quelle a eu la *recreance*
Et *possession* de l'amy,
S'il fault qu'elle preuve cecy,
Se semble mauvaise sentence.
Mais se la Rusée, en substance,
Veult obtenir la joyssance
De ce Mignon, elle debveroit,
S'elle cuyde avoir sans doubtance
Sur le *petitoire* apparence [2],
Prouver et poursuivir son droit.
Au regard de ce [3], on pourroit
Respondre en ce point [4], qu'il vouldroit [5],
Qu'il est bien vray s'ung *demandeur* [6]

1. Quant à ce qui est.
2. Apparence de droit, de gain du procès.
3. C'est un argument que celui qui parle, le commissaire, qui a été chargé de diriger l'enquête, c'est un argument qu'il oppose à ceux qui soutiennent que l'appointement est mauvais et qu'on a fait à la Simple une trop dure position. Vous auriez raison dans vos arguments, dit-il, vous qui attaquez l'appointement par les raisons que je viens d'émettre, si les deux causes, les deux actions au possessoire et au pétitoire étoient séparées; mais, etc.
4. A cet argument.
5. Qu'il vouldroit, celui qui voudroit, le premier venu, tant la réponse est claire et juste.
6. Nous suivons ici Galiot du Pré. La suite des éditions, le sens et le rhythme semblent s'accorder pour donner

Sur le *possessoire intentoit*
Seulement, et il obtenoit [1],
Et par ce qu'il feust [2] *detenteur*
De la chose, le *deffendeur*,
Qui se veult dire vray seigneur [3]
Et qui la noise renouvelle
Ou *petitoire*, soyés seur
Qu'il se doibt tenir assailleur;
Pourquoy? c'est une aultre querelle.
Mais quant ensemble on interpelle [4]
Les deux causes en ung *libelle* [5]

raison à son texte. L'édition du XVe siècle offre *s'on demandoit*; les éditions suivantes, comprenant qu'il y avoit là une faute de rime et une difficulté de sens, ont mis *son demandeur*. Le sens, en conservant comme je fais le reste du texte du XVe siècle et en prenant cette variante à Galiot du Pré, le sens devient clair et suivi : on pourroit répondre qu'il est bien vrai que si un demandeur bornoit sa demande au possessoire et obtenoit gain de cause, dans ce cas le défendeur vaincu et qui voudroit recommencer la querelle au pétitoire, soyez sûr que celui-là devroit à son tour avoir la position et les difficultés d'un demandeur; mais.....

1. Et si *il obtenoit* un jugement favorable.
2. Et que par cela il devînt.
3. Propriétaire.
4. On poursuit les deux causes, les deux actions au possessoire et au pétitoire, dans un même acte, dans une même demande.
5. Explication brève des moyens sur lesquels on fonde sa demande et des conclusions qu'on en tire.

Le *demandeur* en l'une, sans ce
Que on die [1] que c'est aultre querelle
Doibt l'autre prouver toute telle [2],
Car ce n'est que une mesme instance;
Et de l'une et l'autre allegance [3]
Ensemble doit estre traitié;
Et le cas des deux, sans doubtance,
Soubz ung mesme juge intenté :
Nam continentia cause [4]
Unquam non debet dividi,
Comme nous avons *Codice*
De Judiciis, la loy *Nulli* [5].
Doncques que [6] ceste Simple cy
A les deux causes intentées
Tout ensemble par elle aussy
Les deux doivent estre prouvées;
Car ses *demandes* sont fourmées
En tous *cas* et à toutes *fins* [7],
Dont les escriptures baillées,
Les registres et parchemins

1. Il faut comprendre, je pense, « sans qu'on puisse dire », et non pas « à moins que l'on dise ».
2. Egalement, de même que l'autre.
3. Des deux allégations.
4. L'æ latin s'écrivoit e au Moyen Age.
5. Cette autorité est citée exactement. Voy. au Code, liv. 3, tit. 1, loi 10.
6. Puisque.
7. Aussi bien quant à la propriété que quant à la possession.

Feront foy; non pas ces badins
Qui corrumpent le plaidoyé [1],
Ces vendeurs [2], ces forges latins [3].
Je n'ay point leur fait advoué [4];
S'ilz ont lourdement coppié [5]
Et mis en une faulse voye,
S'ilz ont erré ou desvoié,
Ce n'est pas ce que je queroie [6].

Or, contre ce que je disoye [7],
J'argue, car de rayson escript
On trouve qui n'est pas petit [8] :
Quod causa possessionis
Et causa proprietatis,
Nil habent in se commune;
Sed differunt quo ad omne,
Comme il est mis *formaliter*
En la loy *Naturaliter*

---

1. Ces avocats légers qui plaident sans conscience.
2. Sans doute ces gens qui vendent leurs paroles.
3. Ces inventeurs de textes, d'autorités.
4. Reconnu, loué, approuvé, considéré leur méthode, leurs assertions comme infaillibles.
5. Sans doute leurs citations, mal présenté leurs prétentions, etc.
6. Ce n'est pas là-dessus que j'ai basé mon enquête.
7. Je vais proposer de nouvelles objections à la proposition que je défends.
8. Car on trouve une citation juridique, sage, qui n'est pas sans importance.

FF[1] *de Acquirendâ*
Possessione. Et y a
Cela [2] noté, et non pas mal [3],
Dessus le chappitre final,
En *De Judiciis extrà,*
In glosâ ordinariâ [4].
Puis que c'est chose si contraire [5],
Je cuide qu'il soit fort à faire
Que on les puisse intenter ensemble ;
Et pour cecy fait [6], se me semble,
Une loy *Incerti juris,*
Codice, de Interdictis [7],

1. La citation est à peu près exacte. Voy., en effet, Digeste, liv. 41, tit. 2, loi 12 : *Nil commune habet proprietas cum possessione.*

2. Cette observation sur la distinction de la possession et de la propriété.

3. Et non sans raison.

4. Nous ne savons si Coquillart fait allusion aux titres *De Judiciis* ou à quelque partie de la Glose ordinaire traitant des juges qui outrepassent leurs pouvoirs. Nous penchons vers cette dernière supposition : nous avons cherché, dans les titres *De Judiciis*, au Code et au Digeste, et dans le titre des *Extraordinariis cognitionibus,* que par excès de conscience nous avons interrogé ; nous n'avons rien trouvé qui pût faire supposer une glose sur le texte précédent. Il est vrai que les Gloses sont pleines de fantaisies.

5. Que la possession et la propriété.

6. Et pour ceci travaille, pour cette opinion importe, conclut, etc.

7. Voy. en effet Code, liv. 8, tit. 1, loi 3. Nous de-

ENQUÊTE. 83

Qui dit que on les doibt intenter
L'ung après l'aultre, sans doubter,
Non point ensemble. Y a aussy
Une loy *Ordinarii*,
Laquelle est mise, *Codice*,
De Revendicatione[1]
Qui baille ses[2] enseignemens.
Se semblent tresfors argumens.

Mais vecy les solutions :
Il y a des oppinions
Bien diverses, dessus ce cas,
De procureurs et d'advocatz,
De docteurs et de gros mache sens[3],
Et aussy d'aultres saiges gens.
Et brief, *Martinus et Baldus*
Aussy *Johannes Antitus*
Glosator juris civilis,
Stabant legibus predictis[4],

vons ajouter que c'est peut-être à la fin de cette loi que fait allusion l'un des vers précédents, qui parle de *Judiciis extrà*.

1. Code, liv. 3, tit. 32, loi 13.
2. Ces.
3. Les professeurs d'humanités conseillent encore à leurs élèves de bien digérer les matières de leur enseignement. On comprend facilement l'office que remplissent, dans cet ordre de figures de rhétorique, ces docteurs mâchesens, et l'on voit qu'ils préparent paternellement pour leurs élèves une digestion plus facile.
4. Il faut conserver à cette citation sa tournure ironique, et ne pas changer Antitus en Accursius, comme

Soustenans que on ne pourroit pas
Intenter ainsi les deux cas,
C'est assavoir le *petitoire*
Quant et quant [1] et le *possessoire*.

ricus est indamné Galiot du Pré, sous le prétexte qu'An-
qu'Antitus est le plus connu de tous les glossateurs. Martinus existe, aussi Baldus; Johannes Antitus, dans la
pensée de Coquillart, fait mieux que d'exister : il est le
symbole du Commentaire. Martinus est un jurisconsulte
du XIIe siecle (Voy. Du Cange); mais c'est surtout
Martin l'Ane que notre poëte a en vue. Baldus est un jurisconsulte du XIVe siècle (Voy. les biographies), mais
il est aussi le baudet. Quant à Johannes Antitus, le glos-
sateur par excellence, il représente la troisième et dernière incarnation du pédantisme classique : il est l'âne
têtu. Notre Johannes Antitus est reçu au livre 2, chap. 11,
du Pantagruel, licentié en toute lourderie. Le Duchat,
dans une note sur ce passage de Rabelais, semble per-
sonnellement tout heureux de ce grade auquel arrive
maistre Antitus; il met son style à la hauteur de la circonstance, et prouve magistralement que Rabelais a inventé ce nom, Antitus. Il ne cache pas, du reste, que ce
mot désigne quelque vieil âne également *têtu* et *entêté*,
malheureux non moins qu'infortuné, comme diroit le docteur Mathanasius. Nous aurions été plus réjoui cependant
d'apprendre que ce mot signifioit également *têtu* et *non
entêté*. Ce maistre Antitus, qui a fourni une si notable
découverte au savant huguenot, se retrouve un siècle
avant Rabelais, dans le Mystère de Vengeance de Nostre
Seigneur, en compagnie de deux autres médecins de To-
lède, dom Pultus et maistre Odo, fort empêché de guérir
Vespasien de sa lèpre.

1. En même temps que.

Mais *quasi ceteri omnes*
Tenentes sacros Canones,
Referunt in oppositum,
Scilicet, quod est licitum,
Nam est una instantiā.
Et dicunt quod sententia
Lata de possessorio,
In continenti posteà,
Fertur de petitorio;
Vel sic quod pronunciato
Petitorio expressè,
Possessorium sub illo
Pronunciatur tacitè [1].

[1]. On a pu remarquer que nous nous sommes abstenu jusqu'ici de traduire les passages latins de notre poète; nous avons pensé que cette édition s'adressoit à des gens qui n'avoient pas besoin de notre aide pour cela. Ce passage est dans un langage si technique, il a été d'ailleurs si torturé, si mal ponctué, si mal expliqué par tous nos prédécesseurs, depuis la veuve Trepperel, qu'on nous pardonnera sans doute une traduction : « Mais presque tous les autres, s'en référant au droit canon, concluent le contraire (c'est-à-dire que cela est permis), car il s'agit d'une seule et unique instance ; et ils disent que la sentence portée au possessoire est immédiatement après étendue au pétitoire, ou, autrement, que, le jugement sur l'action pétitoire étant prononcé expressément, il emporte tacitement avec lui le même jugement quant au possessoire. » Il y a là une subtilité de la part du Commissaire. Cette opinion est fausse en droit civil, quoique vraie en droit canon. Dans les matières bénéficiales, en effet, le pétitoire suivoit le possessoire, ou plutôt le possessoire

Comme il est cotté et notté,
Et trouvé *per argumentum*
In L. [1] *primâ, Codice,*
De Ordine cognitionum [2].
Et de fait, ceste opinion
Est bien certaine, se me semble,
Que on les peult *intenter* ensemble,
La quelle je veul approuver [3]
Pour nostre *appointement* saulver.
Car pour elle fait [4], sans abus
Le chappitre *Cum dilectus,*
Qui est *extrà,* se m'est advis,
De causâ possessionis ;

tenoit lieu du pétitoire ; le juge prononçoit sur la pleine-maintenue après examen du titre des parties, et l'on comprend qu'il n'y eût pas d'autre question à vider. Il n'en est pas de même, on le sait, quand il s'agit de tout autre bien. L'argument du Commissaire est donc subtil sans être absolument faux ou nul, puisqu'il prouve, d'autre part, que le possessoire et le pétitoire ne sont pas aussi distincts que les glossateurs le prétendent. Nous sentons ici encore le besoin de nous excuser vis-à-vis de nos lecteurs pour toute cette science, et nous nous arrêtons.

1. Abréviation ordinaire du mot *lege*.
2. Code, liv. 7, tit. 19, loi 1. L'argument qu'on peut tirer de cette discussion d'état est plus subtil encore que le précédent ; nous en abandonnons la recherche, à titre d'énigme, à ceux de nos lecteurs qui voudront l'étudier au passage du Code que nous venons d'indiquer.
3. Laquelle opinion je veux admettre.
4. Nous avons rencontré ce mot avec le même sens plus haut : travaille, importe, conclut, etc.

Et de la matière parle on
Quasi per totum titulum,
C'est ainsi comme je l'entens [1].
Et affin que les escoutans
Ne cuident qu'il y ait erreur,
J'ay dit, selon mon povre sens,
Ce qui m'a semblé le meilleur.

Laissons cela ; sà, monseigneur
Vecy nostre Enqueste sellée,
Et close, sans quelque faveur [2].
Pour Dieu, qu'elle soit publiée
Devant chascun à gueule bée [3] ;
Faictes la prononcer et lire.

Le Juge.

Vostre requeste bien m'agrée,
Je le veul. Voulés vous riens dire [4] ?

L'Advocad *de la* Rusée.

Je proteste de contredire,
Et de ses tesmoings reproucher.

---

1. Nous avouons que nous ne l'entendons pas comme monseigneur le Commissaire, et que ce titre, auquel il fait d'ailleurs allusion, nous ne le connoissons pas dans le *Corpus juris*.
2. Et terminée sans injustice ou partialité.
3. A voix haute.
4. On comprend qu'il s'adresse aux avocats des parties.

*L'*Advocad *de la* Simple.

Et se on veut riens sur eulx mesdire,
Je proteste de les saulver.

Le Juge.

Escripvés, monseigneur le greffier,
Leur protestation honneste;
Et vous desbauchés [1] hault et clair,
A coup, et lisés ceste Enqueste.

Le Greffier, *en lisant l'Enqueste, dit :*

Tesmoingz produis à la requeste
De notable femme et honneste
La Simple, en tout bien renommée,
Sur la demande qu'elle a faicte,
Comme il est à tous manifeste,
A l'encontre de la Rusée,
Examinez de plaine entrée
Par nous, Jeffroy Chasse marée [2],
Regnault Prenstout, Massé Mauduit [3]

1. Les premières éditions donnent ce mot, qui me paroît une faute d'impression, pour *desbouchés*, ouvrez la bouche, etc.

2. Voy. t. 1, p. 104, l'explication que nous avons donnée de ce mot. Ce maistre Jeffroy occupe donc dans la magistrature la place de débauché, coureur de filles.

3. Marc le Rustre. Ce brutal, ce grossier personnage, ce lourdaud, me paroît vouloir représenter l'honnêteté de la magistrature du XVe siècle, ses deux collègues, le paillard et le voleur, ayant évidemment trop peu de droits à jouer ce rôle.

ENQUÊTE.

Commissaires d'aprèsdisnée[1],
Licentiez soubz la cheminée[2],
Ouvriers pour enfermer pain cuit[3].
De quoy[4] premierement s'ensuit[5]
Le narré d'ung tesmoing produit,
Ouy, de couraige joyeulx[6],
Le jour Saint Martin[7], l'an que on dit
Mil. CCCC. LXXVIII;
Dont vous orrés ung mot ou deux.

1. C'est-à-dire pendant le temps où l'on ne siége point.
2. Docteurs en fait de ripaille, grands orateurs de cuisine, gens dont la science est bonne au coin du feu, où ils ont acquis leurs grades.
3. Gens propres à faire la plus ridicule et la plus inutile chose du monde, à rendre ferme, à travailler le pain quand il est cuit. Il y a là aussi la double arrière-pensée de juges capables d'enfermer ce qui doit être tenu dehors, l'innocent, et de gens propres à manger le pain quand il est cuit, propres à faire et à s'attribuer la besogne quand elle est achevée. Les cinq premières éditions donnent, comme nous, *enfermer*; Galiot du Pré, *enformer*; François Juste, *enforner*; l'édition du XVIIIe siècle et M. Tarbé, *enfourner*, ce qui ôte toute difficulté au texte de Coquillart en le rendant aisé à comprendre comme un texte du XVIIIe siècle.
4. On comprend que les douze vers que vient de lire le greffier représentent le titre de l'Enqueste.
5. A la suite duquel examen nous donnons d'abord.
6. Avec grande bienveillance.
7. Ce jour étoit un jour joyeux au Moyen Age; c'est alors que les proverbes conseillent aux gentils buveurs de commencer à boire le vin de l'année.

Primus testis.

Noble homme, hault, puissant et preux
Messire Enguerrant l'Oultrageux [1],
Seigneur sur poulain entravé [2],
En petis fais advantageulx [3],
Cappitaine de plusieurs lieux [4],
Et chevalier sur le pavé [5]
Pour servir de gibier à pié [6];
Garde d'ung passaige estoupé [7],
Aspre et cruel après la gouge [8],

1. Le Farouche.
2. Cavalier sur un cheval qui ne peut marcher.
3. Fat, important, plein de morgue.
4. Ce qui lui permet, le jour où l'un de ces lieux est attaqué, d'aller prendre la défense d'un autre lieu.
5. Personnage placé, dans la hiérarchie des cavaliers, à un degré au dessous de celui qui est monté sur un poulain qui ne peut marcher.
6. Sans doute une véritable bête à pieds humains, qu'on chasse, qu'on raille, digne d'être poursuivie de moqueries. Je pense qu'il devroit y avoir ici: *pour suivir le gibier à pié*, phrase qui rentreroit parfaitement dans la plaisanterie des précédents vers. Reconnoissons d'ailleurs que la première édition seule donne *gibier;* toutes les autres proposent *gibet*. Avec ce dernier mot, la phrase signifieroit un véritable gibet ambulant, et Coquillart feroit allusion aux fourches patibulaires, aux prétendus droits de Haute justice de ce pauvre sire, lesquels courent le monde, dit le poëte, et battent la campagne.
7. Bouché.
8. Non contre les ennemis, mais à la poursuite des filles de joie.

Fermier de l'estanc desrivé [1],
Grenettier [2] sur tous apprové [3]
Du sel qui croit en la mer Rouge [4],
Aagé d'ans une plaine bouge [5],

1. Qui a affermé le poisson d'un étang desséché.
2. Le grenier à sel étoit un dépôt public renfermant le sel de gabelle, et où chaque chef de famille étoit tenu de venir prendre chaque année une certaine quantité de sel. Les greneriers étoient les officiers de gabelle chargés de s'assurer de la bonté du sel et de la quantité qui devoit en être distribuée à chaque paroisse, où les contrôleurs, à leur tour, le répartissoient entre les divers *feux*. A partir de 1398, ces greneriers devinrent des officiers de judicature chargés d'informer des excès, rebellions sur le fait du sel. Il y avoit, au temps de Coquillart, des conflits d'autorité entre les divers officiers préposés à la perception de cet impôt. C'est à cela, sans doute, que notre auteur fait allusion dans le membre de phrase qui suit.
3. Etabli au dessus des autres.
4. Notre poète trouvoit assez grotesque l'idée de faire recueillir du sel *blanc* dans la mer Rouge; puis envoyer la gabelle officier si loin, c'étoit l'envoyer au diable par une voie détournée, la seule voie qui restât ouverte depuis le mauvais succès du Micmaque.
5. Agé d'une pleine bourse d'années. Nos prédécesseurs ont écrit *dans* et ont fait de cela une préposition. M. Tarbé, dans son texte ainsi que dans ses notes, écrit ce mot comme eux, et arrive cependant au vrai sens. Comment a-t-il pu comprendre que « un homme âgé dedans un sac plein » signifioit un homme très vieux ? C'est ce que je n'ai pu deviner. Nous devons lui rendre cette justice que cela étoit plus difficile à trouver que l'apostrophe entre le *d* et l'*a*.

Assermenté dessus ung crible [1],
Respondit, — que homme ne bouge,
Vous orrés une droicte bible — [2],
Et deposa chose impossible,
Comme vous orrés par escript,
Toutesfois, elle est bien possible,
S'il est ainsi comme il le dit [3].

Examiné, s'oncques il vist
Les personnes, respond que ouil;
Qu'il congnut dès qu'il fut petit
La Simple et la Rusée aussy.
Et jura qu'il estoit ainsy [4].

Examiné à sçavoir mon,
S'il congnoit point, touchant cecy,
Ung que on appelle le Mignon,
Dont il est present question,
Respond qui [5] le congnoit vraiement

1. Sur une chose peu sérieuse, dans laquelle rien ne *reste*, c'est-à-dire l'opposé d'un reliquaire.

2. Que personne ne bouge! vous allez entendre une vraie vérité. Nous regardons comme une interpellation du greffier ce passage, que nous avons mis entre tirets; mais on peut, à la rigueur, le considérer comme la réponse de messire Enguerrand l'Oultrageux.

3. Ces quatre vers ne sont pas aussi mystérieux qu'ils le voudroient paroître; ils rentrent tout simplement dans le genre littéraire qui a créé la chanson de M. de La Palisse.

4. Qu'il venoit de dire la vérité.

5. *Qui* pour *qu'il*, fréquent à cette époque.

Et qu'il a esté compaignon
Maintesfois dudict deposant;
Que ensemble il ont hanté souvent
Avecques maintes bourgoisettes,
Comme font marchant à marchant [1]
Touchant leurs petites chosettes [2];
Et ont fait maintes besongnettes,
Maintz petis bancquetz, mains fatras,
Et maintes assemblées secrettes
De quoy ilz ne se vantent pas;
Et faisoient les deux gorgias,
Entretenant ce monopolle [3]
Ensemble, par tout leur pourchas [4],
Pour besongner en terre molle [5];
Et du temps qu'ilz hantoient l'escolle,
Toute leur resolution
N'estoit jamais d'aultre parolle
Que du fait d'abitation.

 Examiné assavoir mon,
S'il scet point, sur ce contenu,
Que aucunesfois ledict Mignon
Ait à la Simple appartenu?
Respond qui l'a entretenu,

---

1. C'est-à-dire familièrement.
2. Touchant le fait de leur commerce.
3. Confédération, association injuste, séditieuse ou libertine. La 1re édit. donne *mourpole*.
4. Par tous leurs efforts.
5. Pour mener une vie oisive.

Et lui souvient bien qu'il veoit [1]
Que le Mignon, comme tenu [2]
A elle, souvent en parloit;
Et que ycelluy la souhaitoit
En tout, et par tout, et tousjours,
Sa seulle dame par amours;
Avec ce, disoit tous les jours
Audict depposant que la dicte
Sur toutes aultres avoit cours [3]
Pour estre propre, gente et mixte [4],
Combien qu'elle feust fort petite;
Et que, touchant la courtoisie,
Une drasme prinse à l'eslite [5]
En valoit bien livre et demie.

Oultre, examiné de la vie
Dudict Mignon, s'il peult sçavoir
Que il ait point quelque aultre amye,
Dit qu'il ne le peult concepvoir
Que une aultre l'eust peu decepvoir;
Et que par aucune manière
Il soit ainsi; et croit pour voir [6]
Que la Simple estoit singulière [7].

1. Qu'il voyoit.
2. Reconnoissant, attaché, lié.
3. Avoit renommée, devoit être renommée.
4. Sans doute pour *miste*, jolie, mignonne, gracieuse.
5. Une dragme prise au choix.
6. Et tient pour vrai.
7. Seule amie.

ENQUÊTE.

En oultre, sur ceste matière
Examiné, pour quel raison
La Simple estoit familière
Et maistresse dudict Mignon,
Se c'estoit par *venation*,
Ou par *contract*, ou par *abuz*,
S'il en scet riens? Respond que non.
Ces motz furent par luy concludz.

Interrogué, quant au surplus,
Sur le fait de ceste assemblée,
Jure et respond qu'il n'en scet plus,
Au mains qui touche la meslée [1].

Et lendemain ladicte aymée [2]
Fut ouye, ceste deposante [3],
Et par nous comme souffisante [4],
Bien et deuement examinée.

SECUNDUS TESTIS.

Noble dame, haulte atournée [5],

---

1. Au moins en ce qui touche la mêlée, la querelle dont il va être bientôt question.
2. Ladite déposante bien venue, bien accueillie par nous. Tous les textes sont d'accord pour donner *aymée*. M. Tarbé annonce que, ce vers n'ayant point de sens, il a dû le changer, et il donne *annéé*.
3. Dont on va parler.
4. Utile à la cause.
5. Richement habillée, ou coiffée de ces *hennins* ou

Dame Flourence [1] l'Escornée [2],
A longue eschine et plate fourcelle [3],
Allant de nuit [4] sur la vesprée,
Princesse de basse contrée,
Et preste à chevaucher sans selle ;
Dame quant elle a son escuelle [5],
Refaicte [6] comme une groselle,
Gorgée comme ung oyseau de proye [7],
Façonnée comme une chandelle,
Durette comme une prunelle
Et cordée comme une lamproye [8],

merveilleuses cornes contre lesquelles on fit tant de sermons au XVe siècle.

1. On voit que ce nom Florence (fleur) est une ironie adressée à la beauté de la dame, comme l'Enguerrant (guerre) de plus haut étoit une raillerie lancée contre le couard capitaine de plusieurs lieux.

2. Nous avons déjà rencontré cet adjectif dans le sens de usé, déshonoré, misérablement vieux.

3. Mamelle, gorge, poitrine.

4. Aller de nuit avoit particulièrement le sens de chercher les aventures de nuit, ce qui explique comment Coquillart, sans grand pléonasme, ajoute : *sur la vesprée.*

5. Propriétaire de quelque chose, quand elle a, etc.

6. Grasse, en bon point.

7. C'est-à-dire toujours affamée.

8. C'est-à-dire hors de saison, flétrie, passée, et, au physique, roide, sèche, osseuse. On dit des lamproies qu'elles sont cordées quand, hors de la saison, elles portent depuis la tête jusqu'à la queue une sorte de cartilage qui a quelque ressemblance avec une corde.

ENQUÊTE.

Aagée comme une vielle oye,
Ouye comme dessus est dit,
Interroguée la droicte voye [1],
Depposa tout ce qu'il s'ensuit.

Et de prime face nous dit
Qu'elle avoit aultresfois esté
Cointe, mignongne, aiant le bruit [2]
Touchant toute joyeuseté,
Mais que son temps estoit passé ;
Toutesfois qu'elle valloit bien
Les gages d'ung archer cassé [3],
Pour trouver quelque bon moyen [4] ;
Du seurplus ne servoit à rien,
Fors à boire comme une cane ;
La raison ? car son cordouan [5]
Estoit jà devenu basanne.

Examiné, raison moyenne [6],
S'elle congnoit point la Rusée,
Respond qu'elle est Parisienne,

---

1. Selon les us et coutumes.
2. Fort à la mode pour tout ce qui étoit fête, etc.
3. C'est-à-dire rien. Nous avons déjà rappelé comment Louis XI, en 1480, fit casser et abattre tous les francs-archers du royaume de France.
4. A cause de sa nature industrieuse.
5. Son cuir ; *cordouan* étoit plus particulièrement le bon cuir de chevreau.
6. Avec toute apparence de raison pour le faire, pour examiner ; ou bien, selon, moyennant la raison.

Grosse, courte, bien entassée,
Tousjours une fesse troussée [1],
Le becq ouvert, l'ueil enraillé [2],
Pour bien chasser à la pipée
Et prendre quelq'un au caillé [3],
Petit musequin esveillé,
Preste à donner l'eschantillon [4]
A quelque grobis esmaillé [5],
Contrefaisant l'esmerillon [6].
Et puis quant on a l'esguillon
Et que on se sent de l'estincelle [7],
On fait comme le papillon
Qui se brusle à la chandelle.
Et pensés que qui n'a bonne helle [8]

1. Les hanches relevées, ou bien toujours le pied levé... pour chasser, etc. Le premier nous semble préférable.

2. Ecarquillé, grand ouvert; au figuré, vif, actif, voyant tout. Beaucoup d'éditeurs, depuis Jehan Jannot, donnent *entaillé*.

3. Veuve Trepperel donne *au laz caillé*, qui ne laisse pas de doute sur le sens du mot *caillé*.

4. Prête à donner en l'embrassant un échantillon de son amour, les arrhes de son métier, etc.

5. Nous avons vu le *grobis*; *esmaillé* signifieroit bien brillant, pimpant, chargé de ferrets, d'aiguillettes, d'ornements émaillés.

6. Petit oiseau de proie dont il est fréquemment question au Moyen Age. Le Dictionnaire de l'Académie en parle.

7. Qu'a lancé cet œil *enraillé*.

8. Aile. Il s'écrit plus fréquemment *aesle, aelle*; nous

Pour soy contregarder du chault[1],
On est mis en la kyrielle[2]
Avec le passe temps Michault[3].

Au surplus, deposa tout hault
Qu'elle congnoissoit le Mignon,

l'avons rencontré *helles*, comme ici, dans les premières versions parisiennes de l'Internelle Consolacion. (Cf. édit. elzevirienne, Paris, 1856, liv. 1, ch. 4.) Nous appuyons sur cette observation, qui peut servir à constater au moins la nationalité de l'imprimeur inconnu, premier éditeur des poésies de Coquillart.

1. De cette chandelle ; au figuré, des extravagances et excès de l'amour.

2. Au nombre de ceux qui, ruinés et malades, chantent le *Kyrie*, se lamentent toute la journée : Seigneur, ayez pitié de moi.

3. Sans autre consolation que cette raillerie des voisins, ce conseil des médecins : Passe t'en, Michault; prive t'en maintenant. Il est vraisemblable d'ailleurs que le « Passe tems Michault » étoit quelque chanson, ballade ou refrain, quelque petite pièce morale ou satirique, ou peut-être encore quelque herbe médicinale, quelque médication. Coquillart, selon son habitude ordinaire, nous offre ainsi, à l'aide d'un mot pris dans diverses acceptions, une série de sens, tous possibles, qui tous flottoient à la fois dans son joyeux esprit et étoient tous saisis par ses auditeurs. C'est là, comme nous l'avons déjà fait remarquer, le côté rare et puissant du talent de ce poète. Nous avons donc, outre le jeu de mots indiqué : « On est rangé parmi les pauvres imbéciles dans la satire du Passetemps de Michault »; on n'a plus, en fait d'amour, « que la morale du Passetemps Michault, quelque calendrier du Bon Laboureur, etc., etc. »

Et que c'estoit un beau ribault,
Franc, fraiz, frazé [1] comme un oignon,
La daguette sur le rongnon [2]
Troussée comme une belle poche [3],
Floury comme ung eschampeignon [4],
Verdelet comme une espinoche [5];
Le quel a mis mains motz en coche [6]
Et mainte parolle glosée,
Et fait sourde [7] mainte reproche
Entre la Simple et la Rusée.
Comme il advint, l'année passée,
Qu'en ung bancquet où il estoit,

1. Nous avons déjà, dans le premier volume, expliqué ce mot. Ajoutons qu'on l'emploie encore dans le patois Normand pour indiquer une mine franche, une figure de bonne santé.
2. Sur le rein, sur la hanche.
3. Troussée sur la hanche, en guise, en place de la poche qu'il eût dû porter là selon l'usage et selon sa condition.
4. Bien venu comme un champignon. Peut-être aussi faut-il voir là un sens ironique et comprendre : Livide comme un champignon.
5. Espinoche s'applique également à épinard, ou à un petit poisson fort vif dont le dos est hérissé d'arêtes. Nous pouvons donc traduire : vert comme l'épinard, ou vif comme l'épinoche.
6. On nommoit ainsi l'entaille faite entre la crosse et le *canon* de l'arbalète, pour y arrêter la corde et tendre l'instrument. Mettre mots en coche, c'est aiguiser, préparer des railleries pour être tout prêt à les *décocher*.
7. Sourdre, soulever.

Après une danse dansée
Avec la Simple qu'il menoit,
La Rusée s'en despitoit
Et commença fort à palir ;
Et de fait, comme on s'en venoit [1],
Elle vint la Simple assaillir
Et luy mist au becq, sans faillir,
Ung tas de menues tricquedondaines [2],
Qui la firent bien tressaillir.
L'une dit : « Vos fièvres quartaines [3] ! »
Et l'autre : « Vous perdés voz paines. »
L'une dit : « Va. » L'autre dit : « Vien. »
L'une dit [4] ung tas de fredaines,
Et l'autre qu'il n'en estoit rien.
La Simple disoit : « Il est mien. »
L'aultre dit : « Vous ne l'arés pas. »
L'une disoit : « Je l'entretiens. »

1. Comme on s'en revenoit.
2. *Tricquedondaines* signifie ces babioles, ces futilités, ces colifichets, que les femmes aiment à porter et à acheter. La phrase signifieroit donc que la Rusée jette à la tête de sa rivale ses nippes, les menus objets de sa toilette. Il est vraisemblable que, dès cette époque, tricquedondaines vouloit aussi dire les reproches, les mots hargneux, les taquineries, par lesquels les femmes exhalent leurs jalousies. La phrase se comprendroit donc ainsi : Elle s'attira de la part de la Simple mille railleries, mille injures.
3. Malédiction fort usitée : Que vos fièvres quartaines vous emportent !
4. Dit par reproches, accuse l'autre d'un tas, etc.

L'autre : « Je le tiens en mes las. »
Puis sept [1] ; puis dix ; puis hault, puis bas [2],
Ung grant ha hy, ung grant ha ha [3] !
« Tost, tard [4], je l'auray. — Non aras [5].
— C'est toy [6] ? — Mais moy [7]. — Non a.
Ung grant haria caria [9],   [— Sy a [8]. »

1. Puis on entendit sept, puis dix, c'est-à-dire la querelle continue. Il y a là allusion sans doute aux horloges qu'on écoute sonnant l'heure. Il faut y voir aussi le jeu de mots : Puis *c'est* ceci, puis on *dit* cela.

2. Puis on parla haut, puis bas.

3. Il s'éleva un cri de défi, puis en réponse un cri de dédain moqueur. Les quatre éditions du commencement du XVIe siècle offrent : *Un grant hahay, un grant hola*, une grande querelle, et beaucoup de bruit pour l'arrêter. Depuis Galiot du Pré, les éditeurs, persuadés que Coquillart avoit jeté les interjections au hasard, donnent : *un grant ha! ha! un grant hola*, ce qui signifie tout ce qu'on veut. Nous faisons une exception pour l'éditeur Rémois, qui en ceci n'a pas suivi Coustelier.

4. Tôt ou tard, dit la Rusée, etc.

5. Répond la Simple.

6. Qui a fait ceci ? demande l'une. M.. Tarbé indique ici avec raison le point d'interrogation.

7. Mais certainement c'est moi.

8. Ce n'est pas. — Cela est.

9. Il se fit alors un grand tumulte. On prend encore, dans les diverses branches du patois Picard et dans le patois Normand, *arias* dans le sens de bruit, physiquement ou moralement, tumulte ou prétention. Il vient peut-être du verbe *harier*, agacer, tourmenter. Quant au mot *caria*, il semble être amené par onomatopée.

Ung plet, ung debat, ung procès :
« J'ay fait. — Je feray. — On verra.
— Je fonce. — Je dis [1]. — Bruit je metz [2].
— Je luy viens à gré. — Je luy plaitz.
— Je fais tout. — Je fais deablerie.
— Je suis plus belle que tu n'ez.
— Mais moy [3], par la Vierge Marie. »

Brief, à ouyr leur resverie,
Comment l'une l'autre guermente [4],
C'estoit une droicte faerie,
Comme dist celle deposante,
La quelle y fut tousjours presente.
Et s'elle n'eust deffaict la meslée,
Elle croit de vray et se vante
Que l'une eust esté affollée [5].
Car comme elle dit, la Rusée
Ne tachoit sinon à pigner [6],
Et de lascher quelque bauffrée [7],
A mordre, ou à esgratigner.

---

1. Je commande.
2. Je dirige tout.
3. C'est moi, au contraire.
4. Irrite, agace, pique.
5. Blessée ; encore usité dans le patois Picard.
6. Arracher les cheveux, battre. Nous avons encore la locution populaire : donner une peignée.
7. On disoit *bauffre* pour bouche pleine ; une *bauffrée* seroit ici une bouche pleine d'injures. *Bauffrée* se rencontre quelquefois comme synonyme de *buffe*, soufflet.

Quant le Mignon vit rechigner [1]
En ce point, sans plus enquerir,
De paour que on ne le vint enpongner,
Il fut saige; et luy d'escarrir [2].
La Rusée se print à marrir [3]
De plus en plus, et se troubler;
Et jura, s'elle debvoit mourir [4],
La nuit qu'elle l'iroit ribler [5].

S'elle scet personne assembler [6]

1. Qu'il y avoit là des figures animées par la colère, des querelles, des paroles âpres.

2. *Escarir, escharir*, a généralement le sens de formuler, dicter, enseigner. Dans le patois Provençal on le trouve avec le sens qu'il semble avoir ici, délaisser, abandonner, comme on le voit dans ce passage de Gérard de Rossillon :

> Peitavi e Breto s'en so partit,
> Et per o no remas tant *escarit*,
> No sian xxx. M. vassal eslit.
> (Voy. Gérard de Rossillon, édit. de la Bibl. elzevirienne, p. 159.)

3. A être triste.
4. Quand elle devroit mourir.
5. Voler.
6. On peut comprendre cette phrase comme un article nouveau de l'interrogatoire de dame l'Escornée : Interrogée si elle sait que maintes personnes aient été assemblées. Nos prédécesseurs ont suivi ce sens. Le plus intelligent d'entre eux, Galiot du Pré, a senti cependant que la phrase ne s'y prêtoit pas bien, et il a remplacé *assembler* par *assemblé*. L'unanimité des premières éditions ne permet pas ce changement, et j'incline pour un autre sens : si elle,

Sur ce cas, par aucun moyen,
Pour soy preparer d'y aller;
La deposante n'en scet rien.

Examiné s'elle scet bien
A qui appartient ce Mignon :
A la Simple ? Quoy ? et combien¹ ?
A la Rusée ? Dit² que non;
Autre chose n'en scet, si non
Qu'elle croit mieulx qu'il fut à l'une
Que à l'autre; car le compaignon
I passoit souvent sa fortune³

Mais du surplus de la rancune⁴,
Ne trois, ne deux, ne six, ne sept,
Soit sur quelq'un, ou sur quelq'une,
Elle jure que plus n'en scet.

---

la Rusée, s'efforça d'assembler, songea à assembler. Cet infinitif et le mot *pour soy* semblent en effet prouver que *si elle* s'applique à la Rusée. Nous comprenons encore d'une façon analogue le mot *savoir* : elle ne sut pas rassembler.

1. Pourquoi et jusqu'à quel point.
2. Ce vers, que nous empruntons aux deux premiers textes, ne se retrouve dans aucune édition depuis la veuve Trepperel. Il s'explique ainsi : Ne seroit-ce pas plutôt à la Rusée ? Elle dit que non ; mais d'ailleurs elle n'en sait rien autre chose, sinon, etc.
3. Son bon temps, le meilleur de son temps.
4. De la querelle.

TERCIUS TESTIS.

Et cedict jour d'huy, mesmes trait [1],
Le soir, au son de une flutte,
Fut ouy ce tesmoing de fait
Qui de tout le cas nous dispute [2],
Venerable personne et juste,
Maistre Bidault [3] de Cullebute,
Chappellain d'Emmanee faucille [4],
Grant abbateur de prime huche [5],
Chanoine de longue barbutte [6],
Et curé de saincte Bazille,

---

1. Les éditions suivantes offrent : *d'ung mesme trait.* Le sens est le même dans les deux cas : tout d'une traite.

2. Qui, en effet, de toute l'histoire argumente. *Dispute*, développe, par allusion à la manière magistrale et pédantesque dont maistre Bidault, pour faire honneur à sa *Clergie*, débite son témoignage.

3. On nommoit bidaux les vagabonds, les rôdeurs de toutes sortes qui suivent une armée. Bidault étoit aussi pris pour bidet.

4. Nous avons déjà vu dans quel sens Coquillart prend le mot *faulx*. *Emmancher faucille*, c'est donc aiguiser des bons mots, préparer, diriger une conversation railleuse.

5. Homme prêt à tout faire au premier appel. Les éditions postérieures donnent *prime lutte*. Il est apparent que Coquillart a voulu faire un jeu de mots sur abbé, *abbas*, *abbatus* et abbateur.

6. *Barbutte*, visière d'un heaume, chaperon fermé pour se garantir du froid, bouchon. Jeu de mots sur barbe.

Hospitallier [1] de maincte fille,
Doyen de pas [2] la Belle drille [3],
Archeprestre d'Escaille noix [4],
Archediacre de Trousse quille [5],
En l'Esglise saincte Cheville
Sur le païs de Masconnois [6],
Aagé d'ans quelque XXIII.

Assermenté de la meslée [7],
Nous declara à haulte voix,
Qu'il en diroit sa ratellée [8];

1. Hospitalier ou chevalier de Saint-Jean de Jérusalem.

2. Les deux premières éditions et Galiot du Pré donnent *pas*, que nous avons gardé en lui supposant le sens de passage. Jehan Jannot et ses deux successeurs, Alain Lotrian et Jehan Trepperel II, donnent *par*.

3. Du passage appelé Belle drille. Drille avoit beaucoup de sens : haillons, soldat vagabond, drôle vigoureux, chêne à gros glands ; *driller* signifioit briller, puis courir.

4. C'est-à-dire archiprêtre peu solennellement, au moins peu sérieusement occupé.

5. On emploie encore vulgairement cette locution dans un des sens qu'elle peut avoir ici : trousser ses quilles, se préparer à partir ; un archidiacre coureur, peu partisan de la résidence.

6. Cette Cheville et ce Mâconnois nous indiquent que c'est après l'oracle de la dive bouteille que court cette vénérable personne.

7. Sur le sujet de la mêlée, de la querelle dont il vient d'être question.

8. Qu'il diroit sur ce sujet son opinion, ce qu'il avoit préparé, ce sur quoi il avoit réfléchi, ruminé.

Et fist serment de plaine entrée,
Qu'il congnoissoit les personnaiges,
Tant la Simple que la Rusée,
Lesquelles ne sont gares saiges.

Dit plus, qu'il a faict mains voyages,
Porté lettres puis ça, puis là,
Et fait en amour mains messaiges
Dont il a eu les biens qu'il a [1];
Et que de cest art se mesla
Jadis, tout par tout, en maint lieu;
Et a esté duit [2] à cela
Feust en grec, latin, ou ebrieu.
Et pour ce cas, soubz cest adveu [3]
Servit et feust tresfamilier
De tresreverend Père en Dieu [4]
L'evesque de Pince dadier [5],
Le quel estoit fort coustumier,
En chambre natée, loing de rue,
En lieu d'autour et de lanier [6],

1. C'est-à-dire tous les sales bénéfices dont l'énumération vient d'être faite.
2. Instruit à exercer ce métier.
3. Avec un tel office.
4. Titre qu'on donnoit aux évêques et à certains abbés.
5. Nous ne connoissons pas le mot *dadier*, et il nous est fort difficile de deviner quel défaut particulier le poète a voulu symboliser par *Pince dadier*; peut-être cela veut-il dire fou, maniaque, fantasque, qui pince, qui garde des dadées, des manies d'enfant ou de fou.
6. L'autour et le lanier sont deux oiseaux de proie

De tenir des garces en mue.
C'estoit tousjours sa revenue [1];
Et failloit ung grant gibacier [2]
Plain de rouelles [3] de letton,
Le quel son maistre fauconnier
Attachoit au bout d'ung baston;
Quant les nimphes oyoient le son,
Tant feussent il [4] vollées loing,
Elles acouroient de grant randon [5]
Eulx rendre, à deux coups [6], sur le poing [7].
Le deposant avoit le soing [8];
Et à cause de son office,
Pource qu'elle faisoit besoing [9],
En a eu maint bon benefice.

qu'on dresse à la chasse au vol. Voy. les fort intéressants articles que leur consacre le Dictionnaire de Trévoux.

1. Ce mot peut se comprendre de diverses façons : c'étoit là sa rente, son idée fixe; ou bien, cette chambre natée étoit la *revenue*, le lieu de repaire, de retour, pour ces bêtes qu'il élevoit. C'est ce dernier sens que rend probable la phrase qui vient ensuite et qui fait allusion aux moyens employés pour rappeler au perchoir les oiseaux de chasse envolés trop loin.

2. Sans doute gibecière, sac.
3. Ronds, anneaux, monnoie.
4. Si loin fussent-elles.
5. En grande hâte.
6. En deux coups d'ailes.
7. Comme les faucons rappelés par le fauconnier.
8. De cette ménagerie.
9. Parceque cet office étoit utile, agréable à son maître.

Or fut la matière propice [1]
Dont il est present question ;
Interrogué, sans aucun vice,
S'yl scet à qui est ce Mignon,
Ledict depposant dit que non,
Et qu'il ne scet à qui il est,
Ne à qui il appartient, si non
Au premier qui la main y mect ;
Et dit que le *droit* le permet :
Nam in Jure reperitur,
Quod nullus in bonis est,
Occupanti conceditur [2].
Se ce Mignon, *ut dicitur*,
N'apartient à homme vivant,
Il fault dire, pour le plus seur
Qu'il soit au premier *occupant*,
Hoc est, au premier qui le prent ;
Sans quelque difficulté [3] ;

1. Après quoi on arriva à la matière.
2. Les précédents éditeurs ont pris soin de changer *nullus* en *nullius* pour se rapprocher de l'axiome de droit. Là encore ils n'ont pas compris la méthode que Coquillart emploie presque constamment vis-à-vis des brocards juridiques. Voici d'abord le dicton : *Quod autem nullius est naturali ratione occupanti conceditur.* (Dig. XLI, 1, 3.) En remplaçant *nullius* par *nullus*, le poète dit gaîment et avec à propos que aucun homme n'est la propriété d'une femme, il devient la possession de celle qui l'occupe, qui le saisit.
3. Et cela sans qu'il y ait matière à quelque difficulté, à moins toutefois qu'il......

Supposé qu'il ne soit pourtant
In alienâ protestate,
Mais qu'il ayt franche voulenté
Et franc arbitre en tous usaiges [1],
Et qu'il puisse, yver et esté,
Courir par buissons et boccaiges,
Comme font les bestes saulvaiges.
Et nous dit [2], *si hoc sit verum* [3],
Qu'il tient des natures ramaiges [4]
D'*apium et gallinarum*;

1. En tout usage de lui-même, en toutes les manières d'user de soi-même.

2. Le passage suivant se compose de citations massacrées par le digne maistre Bidault; pour le comprendre, il faut s'en référer au liv. 41, tit. 1, § 5, du Digeste. Gaïus dit que les bêtes sauvages, qui sont au premier occupant, comme les bêtes sauvages qu'on chasse, les cerfs, etc., etc., comme les paons, les colombes, les poules, les oies, les abeilles. Gaïus dit que ces bêtes recouvrent leur liberté, retombent dans leur premier état et sont aptes de nouveau à appartenir au premier occupant, *cum oculos nostros effugerint*. Il conclut ainsi : *Talis regula comprobata est, ut eousque nostra esse intelligantur donec revortendi animum habeant, quod si desierint revertendi animum habere, desinant nostra esse, et fiant occupantium*. Le passage qui vient après est l'exposition, l'application grotesque et macaronique, de cette théorie de Gaïus.

3. Moi, je n'en garantis rien, dit le greffier, ou plutôt le commissaire.

4. Des bêtes qui vivent dans les rameaux, dans les branches, il tient de la nature sauvage des abeilles, etc.

Si aufferit conspectum [1],
Quelz pars [2], dit ledict depposant,
Si non haberit amicum
Plus revertenti [3], qui s'entend
Encores au premier occupant.

 D'elles, la Simple et la Rusée [4]?
Sur ceste demande formée,
Dit que celle qui peult coucher
Avecques luy quelque nuitée
Pour le faire bien esmoucher,
Devant que l'autre y puist toucher,

1. Au lieu de *cum conspectum effugerit*, mais avec l'arrière-pensée d'indiquer, si on le perd de vue ce galant.

2. Sans doute, quelque part; ou bien qu'en adviendra-t-il, etc.

3. Il n'y aura plus d'amant au retour; mais le sens légal que veut indiquer le déposant, qui a mis jovialement *amicum* au lieu d'*animum*, est celui-ci : c'est qu'elle n'aura plus, cette bête *ramage*, l'envie de revenir; cela s'entend, qu'elle appartient de nouveau au premier occupant.

4. Interrogé s'il sait quelque chose d'elles, la Simple, etc. On peut encore comprendre la phrase autrement en rattachant ce vers, *D'elles*, etc., aux vers précédents, et en mettant un point après *conspectum*. On auroit ce sens : quelle part reviendroit à la Simple et à la Rusée, quelle position leur seroit faite, qui seroit lésé dans le cas où il quitteroit son premier possesseur? Enfin, il est encore possible de mettre un point après *revertenti*; et on auroit ainsi : à qui d'entre elles deux s'applique le mot de premier occupant? La première explication m'a paru plus satisfaisante.

Celle là, selon droit, s'entend
Qu'elle doibt estre [1], sans reproucher,
Tenue la première occupant;
Et s'elle avoit peu faire tant,
Que le Mignon soir ou matin
La veult veoir ordinairement
Et luy bailler le picotin,
Et il ayt eu [2] quelque advertin
Par quoy il ayt laissé cela,
Dit que de rechef est enclin
D'estre au premier qui le prendra.

Et combien *quod hec omnia*
Si sint dicta et non facti [3],
Et qu'en noz Enquestes on n'a
Que faire de y bouter cecy,
Toutesfois depposa ainsy
Ledict tesmoing, et de la sorte,

---

1. Celle-là, selon le droit, il est juste qu'elle.
2. Et si, malgré cela, il y a eu quelque fantaisie qui l'a engagé à quitter cette habitude, maistre Bidault pense que ledit Mignon redevient chose *nullius*, c'est-à-dire, etc.
3. Sont des théories, et non des choses de fait, lesquelles dernières choses sont les seules dont notre enquête ait à s'occuper. Galiot du Pré et tous ses successeurs donnent : *sunt jura et non facta*, ce qui offre le double avantage de n'avoir pas grand sens et de faire rimer *facta* avec *cecy*.

Par telle forme, et par tel sy [1],
Comme l'escripture le porte.

Du surplus, comme il se comporte [2],
Jure sa foy qu'il n'en scet riens,
Et du tout en tout s'en rapporte
Aulx aultres qui le scevent bien.

Quartus Testis.

Et le lendemain, oudict an,
Par nous, en faisant bonne chière [3]
La veille de saint Godegran [4],

---

1. Nous avons déjà rencontré cette expression : *par tel si*, de telle façon.

2. Comment se comporte ce surplus, ce qu'il en est du reste.

3. Par nous faisant bonne mine, accueillant avec bonté le témoin. On saisit facilement aussi le rapprochement entre bonne chère et godet grand.

4. Saint Chrodegand fut un des plus illustres personnages du VIIIe siècle. Il fut successivement chancelier de Charles Martel, évêque de Metz, ambassadeur auprès du pape Etienne. En 755 il composa la règle des Chanoines réguliers, et mourut en 766. Son nom, Franc et peu facile à prononcer, se changea bientôt en Godegranc. Ce saint et illustre évêque fut dès lors destiné à devenir le jouet des gens d'esprit du Moyen Age. Son nom offroit un double calembour (grande godde, grand godet) ; et les derniers jongleurs, Coquillart et Rabelais, ne pouvoient manquer de faire de ce vénérable compagnon de Charles Martel le patron des paillards et des ivrognes.

Fut ouye ceste mesnagère [1],
Dame de bonté singulière,
Valentine l'Irregulière [2],
Religieuse de Froivaulx [3],
Abbesse de Haulte culière [4],
Prieuse de Longue braière [5],
Ou diocese de Bordeaulx,

[1]. Par ironie, cette femme économe, respectable et rangée.

[2]. L'usage qu'on avoit au Moyen Age de choisir son Valentin et sa Valentine est assez connu, ne fût-ce que par les romans de Walter Scott. Mais les Valentins et les Valentines ne furent point toujours dignes de l'âge d'or, et Valentin désigna un amoureux, mais non pas dans le sens platonique du mot. Valentine l'Irrégulière c'est donc, ou, comme le dit ingénieusement M. Tarbé, la fiancée qui ouvre son cœur à plusieurs amis, ou la prostituée qui court le monde. La suite des titres de la Dame de bonté singulière semble indiquer ce dernier sens. Irrégulière est amené par le mot religieuse qui suit, et peut-être par la pensée que saint Chrodegand fut fondateur de l'ordre des Chanoines réguliers.

[3]. *Froivaulx, Frevaulx.* Ce nom paroît le bienvenu dans les pièces joyeuses du XVe siècle. Il présentoit de nombreuses équivoques, parmi lesquelles nous nous contenterons de citer *Frais veaux,* verts galants. Gringore, dans sa Sottie, cite l'abbé de Frevaulx.

[4]. La culière étoit la croupière d'un cheval.

[5]. Braière, filandière. Outre les rapports qu'une telle femme doit avoir avec les *braies* des hommes, *longue braière* indiqueroit aussi les commérages des femmes assemblées pour filer.

Ausmenière [1] de vielz naveaulx,
Gardienne de vieulx drapeaulx,
Le dos esgu comme une hotte [2],
Chevauchant à quattre chevaulx
Sans estrivières ne houseaulx [3],
Et ridée comme une marmote,
Aagée comme ma vielle cotte,
Jurée sur ung gras chappon cuit [4],
Demy saige et demy bigotte,
Depposa tout ce qui s'ensuit :

    Et de prime face nous dit
Qu'il est vray que l'année passée
Il y eut ung terrible bruit
Entre la Simple et la Rusée,
Pour la cause que a deposée
Noble dame haulte atournée
Dame Flourence l'Escornée,
La quelle a narré tout cela ;
Tant que [5] la Rusée se reviva [6],
Et pour ce Mignon accabler

---

1. Aumônière, de même que plus bas *gardienne*, appellent l'esprit sur l'aumônier et le gardien des couvents.
2. Bossue.
3. Sans étrier et sans bottes.
4. Après avoir prêté un serment ridicule, ou plutôt maîtresse jurée en fait de goinfrerie.
5. Si bien que, de telle sorte que.
6. Se raviva, se releva de son échec, se remua. Les éditions postérieures donnent *raviva*.

ENQUÊTE.

Une nuytée delibera
Qu'elle mesmes l'iroit ribler;
Et fist des filles assembler
Environ quarante ou cinquante.
Et de fait pria d'y aller
Avecques ceste deposante [1],
La quelle y fut tousjours presente
Avecques d'aultres ung grant tas,
C'est assavoir : Margot la Gente,
Jaqueline de Carpentras,
Olive de Gatte fatras [2],
Hugueline Doulce crottée,
Oudette de Traine poitras [3],
Et Julienne l'Esgarée,
Cristine la Descoulourée,
Egiptienne la Pompeuse,
Augustine la Mauparée,
Bertheline la Rioteuse,
Sansonnette Lourde grimache [4],
Henriette la Marmiteuse [5],
Guillemette Porte cuirache [6],
Ragonde Michelon beccasse,

1. Pria celle qui dépose d'aller avec les autres.
2. *Gaste fatras* signifieroit bien qui attrape les imbéciles, les lourdauds.
3. On dit encore *poitras*, en dialecte picard, pour poitrine, sein, gorge.
4. A la figure bête.
5. Qui se plaint toujours.
6. A grosse peau.

Regnauldine la Rondelette,
Laurence la grant Chicheface [1]
Demourant à la Pourcellette [2],
Jaquette la Blonde et Flourette [3],
Thienon, sa cousine Yolent,
Eudeline Pisse collette
Maistresse de la Truye vollant,
Freminette de Mal talent,
Geffrine Petit fretillon,
Raoullequine de l'Esguillon,
Josseline de Becquillon [4],
Dame Beatrix, demourant
En la rue du Carrillon,
A l'image du Cormorant,
Toutes filles d'ung père grant [5];
Lesquelles de fait et pensée [6],

1. Nous avons expliqué, dans le premier volume, comment ce nom indiquoit une rare maigreur.

2. Demeurant à l'enseigne de la Truie. M. Tarbé dit que c'étoit l'enseigne d'une auberge célèbre à Reims, où descendoit le bailli de Vermandois quand il venoit tenir les assises.

3. Galiot du Pré donne « la blanche fleurette ».

4. Petit bec.

5. Coquillart veut uniquement dire, je pense, qu'elles appartiennent toutes à la même famille, qui est nombreuse.

6. Avec préméditation. Les éditions postérieures donnent *de fait à pensée*; M. Tarbé propose *de fait apensée*, sans remarquer qu'il faudroit au moins *de fait apensé*, de guet

Ayans leur olivier courant [1],
Acompaignèrent la Rusée
Et vindrent avec la deposant [2],
Contrefaisant tresgrosse armée,
Affin d'avoir ceste despoulle [3],
Dont chacune avoit son espée,
Ou à tout le mains sa quenoulle.
L'une crye et l'autre fatroulle [4],
L'une avoit ung escouvillon
De four; l'une crye et l'autre broulle [5];
Et l'autre portoit ung pillon.
Et vindrent toutes, se dit l'on,
A la Simple par bonne sorte,
En criant : « Se nous la trouvons,
On peult bien dire qu'elle est morte! »

apensé, comme nous le voyons souvent dans Martial d'Auvergne.

1. Avoir son *olivier courant*, locution populaire qui signifioit avoir la bride sur le cou. L'exemple de notre prédécesseur nous empêche de donner notre opinion sur l'origine de cette phrase. Voy., Œuvres de Coquillart, Reims, 1847, t. 2, p. 173, un douloureux exemple des difficultés de la science étymologique.

2. Nous suivons l'édition veuve Trepperel; l'édition du XVe siècle offre : *et firent bider avec moy*, qui ne rime à rien.

3. Afin d'arriver à dépouiller l'ennemi.

4. Lancer de sottes et grossières plaisanteries; murmurer, *bougonner*.

5. L'autre jette des clameurs confuses. Galiot du Pré: *l'une l'autre brouille*.

Et de fait par puissance forte,
A tout [1] ung gros cheveron [2] de bois
Vous vindrent acculer la porte,
Et frapper des coups deux ou trois.
Mais de leur malheur [3] toutesfois,
Elles ouyrent quelq'un venir,
Qui d'une vessie plaine de pois
Les en fit toutes enfouir;
Et de bider [4] et de courir,
Et la Rusée toute première.
Brief, on les vit si bien escarrir,
Que ame ne demoura derrière,
Si non une vielle tripière
Qui avoit une jambe enflée,
La quelle couroit la dernière,
Après toute ceste assemblée.
L'une crioit : « Je suis bleçée. »
L'autre : « J'ay laissé ma massue. »
Et l'autre : « Je suis affolée,
Hellas ! m'amie, je suis perdue ! »
Et vous couroient par my les rues,
Gettant ung si terrible cry,
Tant que la ville en fust esmue

1. Avec.
2. Barre.
3. Pour leur malheur.
4. Je ne connois pas ce mot, mais il me paroît devoir signifier courir comme un bidet. La veuve Trepperel et les éditeurs suivants donnent *vuider*.

Et le commun ¹ tout esbahy.

 Examinée après cecy,
Se quelq'une fut point fourbie,
Respond et jure que nenny;
Qu'il n'y eust aultre batterie.
Mais, si n'eust esté la vessie
Qui en ce point les espoventa,
Il y eust eu grande tuerie,
Avant que on feust parti de là.

 Examiné cahy, caha ²,
A qui appartient ce Mignon,
Dist qu'elle ne scet riens de cela;
Mais selon bon droit et raison,
Se quelque bourgoise a le nom
D'avoir amy, se une aultre fame
L'usurpe par ambition,
Elle est reputée pour infame.
Toute envie et toute diffame,
Tout mal, toute sedition,
Toute mal veullanté, tout blasme
S'engendrent par corruption ³ :
Aussy, comme elle dit, voit on
Des plus succrées et plus parées,

1. Le commun peuple, le populaire, la masse des habitants.
2. Ainsi que cela se présente, en suivant, bien ou mal, à la grâce de Dieu.
3. Sans doute par corruption de *bon droit et de raison*.

Par faulse subornation
Bien piteusement desolées;
Et les plus esmerillonnées [1]
Ont entre elles inimitié,
Et font de mauvaises trainées [2];
Dont c'est une grande pitié.
Et dit que, selon l'equité,
Celle là qui est trouvée telle,
Doibt estre pour sa maulvaistié
Pugnie de paine corporelle.

Du demourant de la querelle
Examiné, respond et dit
Qu'elle n'en scet aultre nouvelle,
A tout le mains touchant ce bruit.

Quintus Testis.

Et cedict jour, heure de nuit,
Sans tenir Digeste ne Code,
Fut ouy cestuy qui s'ensuit,
Par nous derrière une custode [3]:

---

1. Les plus vives, les plus hardies, celles qui ne se laissent pas, comme les *succrées*, désoler, tromper, sans essayer de tirer vengeance.

2. Brigues, intrigues, complots.

3. Garde; courtine de lit. Coquillart veut sans doute indiquer qu'à cette heure de nuit les juges commissaires étoient, non plus par hasard, à la volée, mais sérieusement et complétement endormis; ou bien encore que ce sacripant étoit tellement dangereux que les commissaires

ENQUÊTE.

Godeffroy de Rachace brode [1],
Escuier à la vielle mode [2],
Homme d'armes par toutes voyes [3],
Aagé comme une vielle gode [4],
Fort et puissant comme ung Herode [5]
Pour esgosiller [6] grosses oyes,
Grant general de mortes payes [7],
Tenant à ferme vielles brayes [8],
Residant au hault et au loing [9],
Concierge de buissons et de hayes,

ne vouloient l'interroger que protégés par la présence d'une forte garde.

1. *Rachacer*, terme emprunté au jeu de paume; *brode*, sale prostituée; *rachasse brode*, poursuiveur de filles.

2. Ironiquement, brave et loyal; ou bien pillard comme les capitaines d'aventures du temps passé, du temps de la guerre civile.

3. Toujours en fuite, ou voleur de grand chemin.

4. Nous avons rencontré ce mot dans Roger de Collerye, avec un sens difficile à préciser; nous l'avons trouvé aussi dans de plus anciens textes avec la signification de vieille brebis; peut-être veut-il dire ici quelque chose d'analogue.

5. Souvenir des Mystères, et en particulier du Mystère de la Vengeance de Nostre-Seigneur, où Hérode joue un grand rôle.

6. Tordre le cou.

7. Invalides, ou bien routiers, soldats licenciés et pillards.

8. Chargé de recueillir l'impôt des vieilles culottes.

9. C'est-à-dire ne résidant nulle part, sauf, comme l'indique le vers suivant, dans les bois.

Et maistre des faulses monnoies [1]
Qui sont forgées à double coing [2],
Produit et oy pour tesmoing,
Cessant toute suspition [3],
Juré, comme il estoit besoing,
Nous dit sa deposition.

Et premierement que environ
Dix ans a [4], ledict deposant
Cognoit la Simple et le Mignon,

1. On appela maistres des monnoies d'abord les officiers chargés de l'administration, de la surveillance, dans cette partie; plus tard on les connut surtout sous le nom de généraux; et quand la Cour des Monnoies fut organisée, on ne donna plus le nom de maîtres qu'aux fermiers des monnoies.

2. Notre peu de connoissance sur le fait des monnoies ne nous a pas permis de trouver une explication claire pour le sens littéral de ce vers. Quant au sens allusif, le lecteur le moins versé dans la littérature du XVe siècle sait dans quel sens le mot *coin* est pris par les conteurs de ce temps, et il comprendra facilement comment Coquillart désigne ici un entremetteur. La *custode*, la protection derrière laquelle les juges ont jugé à propos de se mettre pour interroger ce pendard, de plus les diverses qualités de gentilhomme de grand chemin qui lui sont reconnues plus haut, cela peut nous engager à voir dans cette monnoie forgée à double coin, celle qu'on vole aux passants qu'on assomme dans les endroits déserts. C'est bien de la monnoie forgée à double coup.

3. Qu'indiquoit cette *custode* et que conseilloient les vertus publiques dudit déposant.

4. Et d'abord nous dit que depuis dix ans environ.

Et la Rusée semblablement.
Et, jamais ne fut si enfant
Qu'il n'ouit racompter tousjours
Que la Rusée principalment
Se mesloit d'aimer par amours,
Et qu'elle sçavoit tant de tours,
Tant de ruses, tant de blason [1],
Qu'elle entretenoit les plus gours
Et leur faisoit bien leur raison [2].

Examiné se ce Mignon
Est à la Simple; et, se ainsi est,
Qu'il nous declare assavoir mon
S'il vient de *propre* [3] ou de *conquest* [4],

---

1. Observations, remarques, narrations souvent louangeuses, mais parfois aussi satiriques.
2. Et étoit capable de bien leur répondre.
3. On appeloit *propres* les biens qui nous venoient par succession, en ligne directe ou collatérale, ou par donation en ligne directe. On n'en pouvoit disposer que d'une certaine partie, le *quint;* et ils retournoient, non au plus proche héritier, mais au plus proche héritier dans la ligne d'où ils étoient sortis, suivant la règle, *paterna paternis, materna maternis.* On distinguoit le *propre* ancien et le *propre* naissant. Le premier étoit celui qui venoit au moins de notre aïeul; le propre naissant n'avoit pour ainsi dire qu'un quartier de noblesse : c'étoit un *acquest* de notre père.
4. Les *conquests* étoient les immeubles acquis pendant le mariage, par les deux conjoints ensemble, c'est-à-dire pendant leur communauté, et qui, par conséquent, leur appartiennent à tous deux.

S'il vient de *naissant*[1] ou d'*acquest*[2],
S'il vient d'*apport*[3] ou de *douaire*,
Comme[4] elle l'a eu, et que[5] c'est,
Et que tout ce cas nous declaire,
Respond qu'il y a grant mistère,
Et que la Simple, se dit on,
Avoit jadis une commère
Appellée la grant Alison,
La quelle tenoit ce Mignon
Et l'entretint lonc temps, et l'eust,
Comme on dit, par succession,
De sa feue tante qui morut;
De la quelle tante elle fust
Heritière, comme est notoire,
Et, comme de puis on congnut,

1. Tous les textes, sauf celui du XVe siècle, donnent *naissance*, peut-être dans la persuasion que *naissant* ne pouvoit être qu'une faute d'impression. Nous avons expliqué ce qu'on entendoit par *naissant*, *propre naissant*.

2. L'*acquêt* vis-à-vis d'un *propre*, c'étoit le bien acquis par soi-même, et dont on pouvoit disposer; vis-à-vis des *conquêts*, c'étoit l'immeuble acquis par l'un des conjoints, et qui ne tomboit pas dans la communauté.

3. L'*apport* avoit dans la coutume de Reims un sens plus étendu que dans les autres coutumes; il signifioit tout ce que la femme apportoit en mariage à son mari, tout ce qui lui échéoit par succession pendant le mariage, tout ce que le mari ou les parents d'icelui avoient donné à la future épouse avant la célébration du mariage.

4. Comment.

5. Ce que.

Par benefice d'inventoire [1].
Et tous les biens mis par memoire [2],
Deducto alieno hore [3],
On trouve que de reste encore
Ce Mignon luy est demouré,
Et qu'elle l'a long temps aymé,
Et fait [4] maintes bonnes chosettes,
Entretenu, bavé [5], gallé [6],
Avec plusieurs euvres secrettes,
Et en faisant ses besongnettes,
Ainsy que on ne s'en [7] doubte pas.
Après toutes aultres sornettes
Elle alla de vie à trespas
Et laissa des biens ung grant tas [8]
Sans hoirs, heritiers, ou parens.

1. Héritière ayant accepté depuis sous bénéfice d'inventaire.
2. L'inventaire fait.
3. Veuve Trepperel et tous les autres éditeurs depuis elle donnent *jure*; la véritable formule est *deducto ære alieno*. Coquillart a trouvé plus joyeux de changer *ære* en *hore*; l'or, l'heur, etc.
4. A lui, avec lui.
5. Qu'elle s'est avec lui livrée à des conversations légères, joyeuses.
6. Qu'elle s'est amusée avec lui.
7. Afin que, de sorte qu'on ne s'en, etc.
8. L'édition du XVe siècle est la seule qui donne ce vers, sans lequel pourtant il est impossible de comprendre la suite, la position du Mignon. On seroit, en effet, forcé d'en faire un parent; c'est ainsi que nécessairement

Entre lesquelz [1] ce gorgias
Demoura, tout seul sur les rens [2];
Et fut doncques, par ces moyens,
Sans y mettre aulcuns contredictz,
Comme les aultres *biens vacans* [3],
In bonis hereditariis.
Et pourtant [4] *non dubitetis,*
Quod quecunque acquirebat,
Ante adventum heredis,
Hereditati querebat;
Et sic illud concernebat
Heredes posteà factos [5].

l'ont compris nos prédécesseurs; je veux croire cependant qu'ils se sont étonnés de voir ce parent passer sans efforts, et comme conséquence logique du droit du XVe siècle, de l'état de parent à l'état de meuble. Il n'étoit point facile d'expliquer non plus comment ce Mignon, resté seul parent et héritier d'une succession qui passe au roi parcequ'il n'y a ni parent ni héritier, devient à son tour, entre les mains du roi, le plus bel ornement de cette succession. Nous n'avons donc pas hésité à admettre ce vers, malgré l'unanimité des autres éditeurs. Nous avions été frappé d'ailleurs du défaut que l'absence de ce vers apportoit au rhythme de Coquillart.

1. Lesquels biens.
2. C'est-à-dire solitaire, privé de sa maîtresse.
3. De la succession vacante.
4. Et donc, c'est pourquoi.
5. C'est une allusion au droit romain, qui déclaroit que tout ce que gagnoient les esclaves, par exemple, dans la succession vacante ou disputée, ils le gagnoient pour l'héritier qui seroit reconnu, etc.

Au fort, laissons tout ce debat,
Et venons à nostre propos :
Ledict deposant en briefz motz
Nous dit que le Roy succeda
A ces biens vacans, tous en gros [1];
Et ledict Mignon posseda.
Toutesfois depuis il laissa
Toute ceste succession
A Tenneguy de Baillera [2],
Qui estoit son grant essanson [3].
Peu de temps après le Mignon
Impetra d'icelluy seigneur
Lettres de *manumission* [4],
Soubz umbre de ce et couleur [5]
Qu'il estoit ung bon serviteur ;
Ce [6] fut, par bien jouer du plat [7],

1. A tous ces biens en masse.
2. Quelque courtisan quêteur et qui demande toujours au roi de lui *bailler* quelque chose.
3. Echanson. Coquillart, en faisant de ce messire Tu Bailleras le grand échanson, nous paroît vouloir indiquer que ce sont de tels mendiants qui tiennent l'oreille du roy, etc.
4. C'est-à-dire, pour ne point entrer dans de longues explications sur la manumission en droit romain, qu'il demanda et obtint la liberté.
5. Sous ombre et couleur de cela qu'il, etc.
6. Cela, cette affaire, cette position du Mignon, c'est-à-dire le Mignon lui-même, fut remis en son premier état de liberté par bien jouer, etc.
7. Pour avoir bien joué vis-à-vis de son maître un rôle de flatteur, de plat valet.

Par ses lettres et la teneur [1]
Remis en son premier estat.
Et estoient les lettres d'ung dat [2]
Dattées, en fourme d'escroue [3],
Escript dessus ung grant *fiat* [4],
Signé maistre Jehan Torte moe [5],
Present Olivier Paste d'oe [6],
Yvonnet d'Empoigne clicaille [7],

1. Par ces lettres de manumission et la teneur desdites lettres.

2. Sans doute date, datées d'une date.

3. Lettres, papiers, registre d'*escrou*, étoient usités n beaucoup de cas. On appeloit entre autres *lettres d'escrou* un acte délivré par les receveurs des finances aux collecteurs, et qui contenoit exemption d'impôts, de tailles, de corvées, en faveur de quelqu'un. C'est à cela particulièrement que notre jurisconsulte semble faire allusion. Il veut indiquer que le Mignon a été libéré de ses corvées.

4. Formule exécutoire.

5. Bouche contrefaite, laide grimace.

6. Patte d'oie.

7. Clicaille, monnoie. M. Tarbé pense que notre poète fait ici allusion à Yvonnet Vincent, qui tenoit la ville d'Epernay pour les Bourguignons, et qui la rendit aux gens de Reims en 1435, moyennant deux mille pièces d'or qui furent payées par le clergé et la bourgeoisie de cette dernière ville. M. Tarbé loue Coquillart d'avoir rappelé « la turpitude de l'homme qui eut besoin d'un sac d'or pour se souvenir qu'il étoit François ». Il est naturel, en effet, de penser que les Rémois n'ont pas donné de fort bonne grâce ces deux mille pièces d'or à Yvonnet, et j'avoue que c'étoit le moins qu'ils pussent faire que de l'appeler

Maistre Hervé de Crocque poe[1],
Secrettaire de basse taille ;
Et lesdictes lettres, sans faille [2],
Bien et deuement interinées

empoigne-clicaille. La somme étoit assez ronde pour que le souvenir en restât longtemps. Mais il est possible aussi que Coquillart, là comme ailleurs, ait eu simplement recours à son imagination pour composer ce nom, et je suis sûr, en tout cas, qu'il seroit fort étonné du solennel compliment que lui fait M. Tarbé. Les gens de Reims n'accusoient pas beaucoup de turpitude un capitaine d'aventures qui pilloit leurs marchands ; ils l'accusoient de faire du tort à leur commerce ; ils attaquoient sa forteresse, et l'exterminoient, s'ils pouvoient, sinon ils le payoient pour s'en débarrasser, en pensant sans doute péniblement au sac d'or qu'ils lui donnoient, mais en s'inquiétant peu de savoir s'il étoit bon Anglois, bon Bourguignon ou bon Armagnac. Nous insistons là-dessus, car Coquillart ne sauroit être jugé qu'avec les idées de son temps ; il faut voir en lui un joyeux et hardi satiriste du XVe siècle, et non quelque patriote éloquent de la Convention nationale.

1. *Poe, poue*, mot technique employé par les vignerons pour désigner une partie du vignoble, ne paroît pas pouvoir s'appliquer ici. Nous croirions volontiers qu'il faut entendre *pois*, *croquepois*, et la qualification qui suit que cet Hervé est un secrétaire de *basse taille*, viendroit confirmer notre supposition. Ce secrétaire qui chante dans le bas se ressentiroit des inconvénients de sa nourriture. On peut comprendre aussi *croquepoux*, ainsi nommé parcequ'il torture les pauvres diables et ne recueille guère que cette vermine en sa qualité de secrétaire de la taille des pauvres.

2. Sans erreur.

Par monseigneur Vaille que vaille [1],
Juge de grasses matinées [2].
Or laissons toutes ces trainées.

Examiné après comment
La Simple, par quelz destinées,
Peult avoir le gouvernement
Du Mignon, deppose briefvement
Que, après qu'il fut *sui juris* [3],

1. On comprend suffisamment la valeur que peuvent avoir des lettres de faveur entérinées par un tel seigneur. Nous remarquerons ici, à propos de cette habitude qu'a notre poëte de faire des noms de ses personnages autant d'images, nous remarquerons que les noms Champenois étoient généralement expressifs. On comprend d'ailleurs qu'il dut en être ainsi dans tout le Moyen Age, où ce que nous appelons aujourd'hui le nom n'étoit qu'un surnom, remplacé souvent à chaque génération, et donné, par suite de quelque qualité distinctive, à titre de sobriquet, de raillerie ou de compliment. Les archives de Reims, curieuses sous ce rapport, expliquent l'amour de Coquillart pour les appellations significatives. Je ne parlerai pas des La Barbe, des Grammaire, des Cauchon, des Bongarson, qui sont des personnages considérables, dont l'action se fait sentir dans chacune des circonstances de l'histoire de Reims, mais parmi les contemporains même de Coquillart nous rencontrons fréquemment des noms comme ceux-ci: Pierre le Folmariez, Person Quenoche, Jehan Bonbœuf, Thomasset Triquedon, Person Testelette, Raoulin Toucul, Coquebert, Lescommelart, Errard le Subtil, Ysabel aux rouges yeux, etc.

2. Qui juge dans son lit, en ronflant.

3. Maître de lui.

Comme dit a esté devant,
Il alla gaudir[1] à Paris
Et hanta tous legiers esperiz,
Gorgias[2], enfant de plaisance,
Et eust par telz charivaris[3]
De la Simple grant congnoissance.
Or par vertu de l'accointance
Et de sa gorgiaseté,
Une secrette intelligence
Les mist en grande privaulté.
Et depuis, par amours hanté[4]
Souvent l'ung l'autre, ilz se trouvèrent
Deux corps en une voulenté.
Velà comment ilz s'entre aymèrent;
Et tousjours si bien s'accordèrent
Sans couroucher, ne rechigner,
Que je cuide qu'ilz besongnèrent
Ainsy qu'il falloit besongner.
Et ce Mignon, pour abreger,
Pour la remuneration
Des biens fais, se veult obliger
Et mettre en la subjection
De ceste Simple, se dit on.
Et depuis fut habandonné
A elle : ainsi *fuit pactum*

1. Se réjouir.
2. Lui gorgias et enfant, etc.
3. Intrigues, manière de vivre désordonnée.
4. Ayant hanté.

Vestitum traditione,
Item usurpatione [1] ;
Elle en acquit la seignourie,
Car elle a *jouy* et *usé*
Dudict Mignon toute sa vie.

Au regard de la batterie,
Et aussy sur les aultres poins,
Deppose de la broullerie
Comme ont fait les aultres tesmoingz,
Et en dit tout, ne plus ne mains.

SEXTUS TESTIS.

Et ce mesme jour, sur la brune,
Fut oy, sans aller plus loingz,
Quelq'un qui nous en bailla d'une,
Maistre Mathieu de Hoche prune [2],
Recepveur de rifle pecune [3],
Refformateur de tous cocquus [4]
Grant cousin de Happe la lune [5],

---

1. Ainsi fut le pacte corroboré par la tradition, par la remise qu'il fit de lui et par la manière dont elle s'en empara.

2. Qui court après les bons morceaux.

3. D'argent volé.

4. La réforme, portée jusque là, constate énergiquement le besoin de changement qui agitoit les esprits à la fin du XVe siècle.

5. Ce Happe la Lune nous semble être de la famille de ceux qui, selon le proverbe, prennent la lune avec les

Espicier de dragée commune [1],
Et marchant de moules à cus,
Seelleur de hanaps esmoulus [2],
Greffier sur le fait des esleuz [3],
Escripvant en lettres de fourme [4],
Patron des enfans dissolus,
Notaire en parchemin double [5],

dents, c'est-à-dire qui désirent les choses impossibles ; celui-ci, comme son cousin Mathieu Hoche-prune, est à la poursuite de toutes les bonnes places.

1. Qui vend la dragée commune pour de la fine.

2. Littéralement, qui scelle des coupes aiguisées. Je ne comprends pas bien ce que Coquillart entend par là. Veut-il dire : qui fait une besogne d'ivrogne ? qui marque comme bonnes de vieilles coupes usées propres à déchirer les lèvres des buveurs ?

3. Chargé d'inscrire les votes, et supprimant ceux qui ne lui plaisoient pas. Peut-être vaut-il mieux, quoique la tournure de la phrase s'y prête mal, admettre l'explication de M. Tarbé : Comme on plaidoit devant les Elus sans avocat ni écriture, les parties étoient à la disposition du rapporteur et du greffier, qui abusoient de cette absence de contrôle.

4. Coquillart veut peut-être indiquer que ce personnage fait de fausses lettres de forme ; qu'il invente des actes portant la formule obligatoire, comme s'il étoit un véritable notaire ; peut-être fait-il allusion au mot *fourme*, filet, et indique-t-il des lettres, des actes faits pour attraper les gens trop confiants.

5. Qui fait de faux actes et délivre de fausses expéditions.

Et grant advocat dessoubz l'ourme [1],
Juré sans rigle ne sans norme [2],
Aagé de je ne sçay combien,
Interrogué sans ce qu'il dorme,
Nous en dit tout le *tu autem* [3].

Et tout premierement, que l'an
Mil c. c. c. c. lxx.
La propre veille de saint Jehan [4],
En la sepmaine à deux jeudis,
Par ses parolles et ses ditz
Dont n'est jà besoing de soy taire [5],
Avecques d'aultres estourdis
Il fut fait et creé notaire
Ou bailliage de Mincequaire [6],
Present maistre Lucas Pillette,
Aussi monseigneur le commissaire

---

1. Avocat sans cause, qui donne des consultations sur le grand chemin, parfois peut-être la dague à la main,

> Maintenant chascun vous appelle
> Partout l'avocat dessoubz l'orme,

dit Guillemette à Pathelin.

2. *Norma*, règle.

3. La fin, le fond de l'affaire. Les leçons des offices finissent par : *Tu autem*, Domine, miserere nostri.

4. C'est-à-dire, sans doute, un jour de fête chômée.

5. Il nous dit, par ses paroles, etc.; puisque ce sont ses propres paroles, nous devons les répéter.

6. De pauvre mine, de piteux état.

Maistre Artus de Tourne molette [1],
Messire Dreux Barbe follette,
Maistre Adam de Tire lambeau,
Maistre Gringenault [2] Chevillette [3],
Grant conseiller des generaulx,
Maistre Ponce Arrache boyaulx,
Maistre Gracien Taste mistre [4],
Audiancier de fais nouveaulx [5],
Et contreroulleur de bellittre [6],
Maistre Marpault [7] de Chante epistre,
Maistre Flourentin Teste molle,
Crachant tousjours loy ou chappitre
Et resolus comme Bertholle [8],

1. Le poltron, ou qui pressure le populaire.

2. *Gringuenoter* signifioit fredonner, gazouiller; *gringuenaudes*, ordures.

3. Ceci s'explique par l'espèce particulière d'ordure qu'on nommoit *gringuenaudes*.

4. Qui frise la potence, comme le dit fort bien M. Tarbé. Les gens condamnés à l'exposition publique avoient en effet la tête ornée d'une mitre sur laquelle étoit inscrite la désignation de leur crime.

5. Audienciers, officiers rapporteurs de la chancellerie; par *faits nouveaux*, notre poëte entend peut-être ceux qu'ils ajoutent dans leurs rapports, contre la vérité et pour plaire aux parties.

6. Chargé de recueillir les impôts des mendiants.

7. Sale et galeux coquin.

8. Résolus, résolvant une question savamment, selon le sens de Bartole. Le populaire, trompé par le mot résolu, fit de ce Bartole un personnage hardi et appliqua le proverbe, d'abord purement juridique, aux gens braves. Voy.,

Clers quant il [1] ont leur prothocole [2];
Racheteur de rentes fondues [3],
Et, touchant le fait de l'escolle,
Advocad des causes perdues,
Ce deposant, en plaines veues [4],

sur l'homme et le proverbe, les Recherches de Pasquier, liv. VIII, chap. 14.

1. Nous trouvons plusieurs fois dans les premières éditions : *il ont* pour *ilz ont*; cette forme est encore usitée dans le patois Boulonnois.

2. Savants avec le livre, le formulaire sous les yeux.

3. Racheter une rente, c'étoit rembourser un capital emprunté. La sévérité du droit canon sur l'usure, la rigueur de la doctrine catholique, qui, au nom de la charité, considéroit comme usuraire le prêt à intérêt, ces deux considérations avoient engagé les jurisconsultes à trouver un biais pour le rendre possible. Ils avoient supposé que le prêteur constituoit une rente sur la propriété de l'emprunteur, et le taux de cette rente représentoit le taux de l'argent prêté. On comprend comment par là racheter une rente ou se racheter d'une rente, c'étoit rembourser de l'argent prêté. Ces rentes constituées, qui devinrent par la suite essentiellement rachetables, ne le furent pas bien constamment au XVe siècle. *Rentes fondues* sont les rentes disparues, éteintes, ou les rentes qui font corps avec le fonds, qui ne peuvent plus être rachetées ; c'est, en tout cas, ainsi que le veut indiquer Coquillart, un métier grotesque et nul que de racheter de telles rentes. Le texte du XVe siècle, que la rime nous a empêché de suivre, donne rentes *fondées*, c'est-à-dire fondées à perpétuité pour œuvres pies ; par conséquent aussi peu rachetables que possible.

4. Dans les plaines les plus ouvertes, ou de prime abord.

Fut fait notaire; et par exprès
Passa des lettres bien cornues [1],
Comme vous orrés cy après;
Et eut en cest office accez,
Et en fut vestu et saisy,
Par le trespas et le decez
De feu Michelet Mauchoisy [2],
Le quel, pour passer ung *nisy* [3]
Et faire une *monition* [4]
En viel parchemin tout moisy,
Estoit ung ouvrier de renon.
Or dit après que le Mignon
Et la Simple vindrent à luy,
Pour passer l'*obligation*
Sur le fait de ce dict amy [5];
Et brief, qui la passa aussy [6],
Et y avoit, se luy sembloit,

---

1. Acte cornu ou *biscornu* se dit encore vulgairement pour un acte mal rédigé, qui n'a pas le sens commun.

2. Un galant mal choisi.

3. On appeloit *peine de nisi* l'excommunication; un *nisi* c'est, entre autres, un acte qui a pour sanction l'excommunication.

4. *Monition, monitoire.* C'étoit un avertissement que l'Eglise donnoit aux fidèles à fin de venir, sous peine d'excommunication, révéler ce qu'ils savoient sur certains crimes spécifiés. Il étoit donné, sur l'ordonnance du juge laïque, par mandement de l'official adressé au curé. Il étoit lu, par trois dimanches consécutifs, au prône des paroisses.

5. Le Mignon.

6. Et il dit en résumé que cet acte fut aussi passé.

Que ledict Mignon par tel sy [1]
A cette Simple s'obligoit,
Et en ses mains luy premettoit
Par ses mains [2], corporellement
Pour se donner, la serviroit [3]
Ladicte Simple *complaignant*,
Et luy presteroit franchement
Son corps, s'elle en avoit à faire [4],
De bon gré, voluntairement,
Sans jamais venir au contraire,
Sans se *emanciper* ou *retraire*
Ailleurs [5], sans faire, en luy nuisant,
Chose qui luy doibve desplaire;
Mais tousjours luy seroit duisant;
Et en l'accolant et baisant [6]

1. De cette façon s'obligeoit envers la Simple.
2. Lui promettoit, par ses mains dans ses mains mises en signe qu'il se donnoit corporellement. C'étoit ainsi, en effet, et avec cette cérémonie symbolique, que les vassaux faisoient au suzerain foi et hommage de leur corps.
3. Promettoit qu'il la serviroit, elle ladite, etc.
4. Nouveau souvenir des engagements du vassal envers son seigneur.
5. Sans quitter son domaine pour aller chercher fortune sous un autre seigneur.
6. La langue du Moyen Age, est-il dit dans une note des Nouvelles Françoises du XIIIe siècle (Bibl. elzev., 1856, p. 61), conservoit soigneusement la distinction entre les mots *embrasser* et *baiser*, que nous avons rendus à peu près synonymes : le premier signifioit uniquement l'étreinte des bras, et le second seulement le rapprochement

Feroit ses operations;
Et *renonça*, en ce faisant,
En toutes ¹ fraudes, *actions*,
Tromperies, *exceptions*,
Respis ², *lettres* ³ et *instrumens* ⁴,
Quinquernelles ⁵, *dillations*,
Previleges et aultrement,
Et à tout ce generalment
Contraire à ceste *paction*,
Mesmement au droit reprouvant ⁶
Toute *renonciation*.

des lèvres. *Accoler* indique, on le comprend facilement, l'étreinte des bras autour du col.

1. L'énumération qui suit contient une partie des moyens que fournissoit l'arsenal du droit pour ne pas remplir ses engagements. Nous en avons déjà expliqué les plus importants dans le courant de ces notes.

2. Lettres de respit étoient des lettres obtenues du pouvoir souverain qui empêchoient l'emprisonnement d'un débiteur ayant fait des pertes considérables, et lui constituoient un délai pour s'acquitter.

3. On appeloit lettres, dans le langage juridique, un acte donnant un droit ou appuyant une prétention. Quelques unes de ces *lettres*, émanées du pouvoir souverain, contenoient des priviléges, défenses, exceptions favorables et contraires aux conventions tacites ou formulées. Ainsi étoient les lettres de maîtrise, de bénéfice d'âge, d'amortissement, etc.

4. Instrument a le même sens que nous venons de donner à *lettre*, mais plus généralisé.

5. Nous avons déjà indiqué que c'étoient des lettres de répit pour cinq années.

6. Renonçant même à profiter des exceptions dont le

Et par sa depposition
Dist ledict tesmoing qu'il *passa*
Avec [1] ceste *obligation*,
Et que le Mignon *confessa*,
Encores et *ratiffia*
Tout ce qui auroit esté fait [2].
Et velà comment il s'en va [3].
Et dit qu'aultre chose n'en scet.

Oultre examiné en secret
Touchant les abus infinis
De la Rusée, respond de fait
Comme les temoingz dessusdictz,
Lesquelz si ont esté reduictz [4].

Avons en toute diligence,

droit ne permet pas la renonciation; littéralement, renonçant au droit qui s'oppose à des renonciations, c'est-à-dire aux renonciations d'un droit qui n'est pas encore acquis. On peut comprendre la phrase de cette dernière façon. Je ferai remarquer cependant que, dans l'ancienne jurisprudence, ce principe qu'on ne pouvoit renoncer à un droit non acquis étoit fort fréquemment oublié, puisqu'à l'aide d'une ingénieuse subtilité on admettoit la renonciation aux cas fortuits, et, dans beaucoup de circonstances, même la renonciation à une succession non échue.

1. En outre, en même temps.
2. Reconnut comme légitime tout ce que la Simple auroit fait dans le sens de l'acte passé plus haut, avant l'existence de cet acte.
3. Comment l'affaire s'est passée.
4. Ici ont été résumés.

Bien examinez et enquis,
Tout selon Dieu et conscience [1],
Et lesdictz tesmoingz, sans doubtance,
Produis par la *demanderesse*,
Jurez et oyz en l'apsense
De ladicte *deffenderesse*.
Et en besongnant sans paresse,
Par nous, ceste presente année,
La Feste [2] de nostre parroisse,
A esté l'Enqueste achevée.

Signée Geffroy Chasse marée,
Regnault Prens tout, Macé Mauduit,
Commissaires d'après disnée,
Comme dessus a esté dict.

Cy finit l'enqueste de
COCQUILLART
d'entre la Simple et la Rusée.

---

1. Le *z*, dans *examinez*, nous avoit engagé à expliquer ainsi la phrase : Nous avons tout examiné, nous avons examiné les témoins, etc. Mais il vaut mieux, nous le croyons, comprendre : Nous avons examiné entièrement selon notre conscience, et nous avons ouï les témoins, après leur avoir fait prêter serment.

2. Le jour de la fête.

LE BLASON

DES ARMES ET DES DAMES.

LE BLASON

Blason désigne le bouclier, les armes peintes sur ce bouclier, la description de ces armes, la science qui apprend à faire cette description. Disons encore que les hérauts, après avoir décrit les armes d'un chevalier entrant dans un tournoi, ajoutoient, pour donner plus de vertu productrice au cri final : « Largesse ! » l'énumération des exploits du nouvel arrivant.

Il nous est ainsi facile de comprendre comment le mot *Blason*, perdant sa signification absolument technique, entra dans la langue générale avec le sens de définition, exposition, description, éloge ou blâme de toute chose. Nous n'avons pas présents à la mémoire des textes qui nous permettent d'affirmer son existence avec ces diverses acceptions dans la littérature du XIIe siècle, mais il étoit usité dès le XIIIe.

Ce fut plus tard seulement qu'il servit à désigner une espèce particulière de poésie, une espèce qui ne pouvoit d'ailleurs se développer qu'au milieu de l'affoiblissement de la littérature du Moyen Age.

Le Blason, dit Charles Fontaine (*Art poétique françois*, Paris, Gilles Corrozet, 1548, fol. ver. 64), le Blason est « une perpétuelle louenge ou continu vitupère de ce qu'on veut blasonner... Le plus bref est le meilleur, mesque il soit agu en conclusion ». Il renvoie aux rhéteurs grecs et latins pour en apprendre les règles, et bien a-t-il raison. Le Blason est en effet un genre de pure rhétorique, une pâle et languissante création de la vieillesse intellectuelle du Moyen Age. C'est, à vrai dire, un jeu qu'inventèrent les derniers trouvères ; ils le mirent à titre de hochet dans le berceau de la Renaissance, et il servit à exercer l'esprit de ces cent petits rhéteurs qui alignoient des rimes jusqu'à l'arrivée du maître, du prince de poésie, Ronsard. Non pas qu'il n'y eût eu dans le Moyen Age des genres analogues ; les Jeux-partis, les Sirventes, les Virelais, les dissertations des Cours d'amours, les Chants royaux qui inondoient les Puys de Nostre Dame, toutes ces déclamations sont bien de la famille du

Blason ; mais elles avoient joué un petit rôle à côté des Chansons de Geste, des Romans, des Poèmes, des Légendes, des Contes. Elles étoient d'ailleurs de race méridionale, et la vigoureuse poésie de la langue d'oil avoit toujours instinctivement méprisé ces amplifications minutieuses, polies, ingénieuses et recherchées, où elle ne trouvoit aucune place pour la grandeur de son sens épique, pour la profondeur réelle et dramatique de son observation.

Ce fut seulement quand la rhétorique du midi eut tué le réalisme du nord, quand les savants l'eurent emporté sur les poètes, et les traductions sur les créations, ce fut alors, au XVe siècle, que les Traités, les Dissertations, les Expositions, les Définitions, les Amplifications, sortirent des écoles de la scholastique pour s'habiller de rimes. Les énumérations simulèrent la vie dans la poésie, l'analyse psychologique prit la place du drame, l'allégorie, c'est-à-dire l'esprit, l'ingénieux, le convenu, remplaça les passions. Les plus illustres d'entre les écrivains employèrent leur génie à écrire sur des étiquettes Envie, Haine, Jalousie, Bel-accueil, Malebouche, etc. Ils disposèrent ces étiquettes sur des cases, et la grande poésie travailla à placer dans ces boîtes, sous ces étiquettes, tous les sentiments, toutes les passions que pouvoient énumérer les

Cours de morale et les livres de théologie. Il n'y eut plus d'autre drame, d'autre vie humaine, que les gentillesses, les singularités qui pouvoient arriver par les changements de place de quelques unes de ces étiquettes. A part ces accidents, l'art classique, le suprême de l'art, consistoit à mettre Malebouche dans le voisinage de Bel Accueil, Amour dans la société de Jalousie, Sueur sur le front de Travail, et Corde au col de Oisiveté. C'est alors qu'on entreprit, au lieu de l'étude du cœur humain, cette grande carte géographie qui devoit aboutir à la description du Pays de Tendre. Les petits poètes n'osoient pas s'aventurer dans cette haute géometrie descriptive ; ils se lancèrent dans les Débats, les Discours joyeulx, les Complainctes piteuses, les Sermons joyeulx, les Déplorations, les Ditz, les Doctrinaux, les Monologues et les Blasons.

Le Blason étoit donc bien à sa place à la fin du XVe siècle. Il est impossible d'affirmer que Coquillart ait inventé ce cadre poétique, mais il est évident du moins qu'il contribua singulièrement à le vulgariser. Son Blason des Armes et des Dames est à coup sûr le modèle du genre. Jamais, d'ailleurs, son génie ne se trouva plus à l'aise ; jamais il ne déploya un plus grand nombre de qualités, depuis la finesse, l'observation sagace, la gaîté franche, l'esprit gentil et bien trouvé, jusqu'à l'énergie, la concision bien réussie et la vigueur des images. Son style ne fut jamais plus correct, et certains passages doivent être proposés comme des modèles de la poésie guerrière du Moyen Age, à coté de plusieurs autres qui peuvent être considérés comme les morceaux les plus ingénieux, les mieux ciselés et les plus délicatement observés de la littérature conteuse du XVe siècle.

Au temps de Coquillart, parmi ses contemporains, deux écrivains mettoient ce mot Blason au titre de livres qui ne sont pas sans valeur. L'un, Sicile, héraut d'armes d'Alphonse d'Aragon, prenoit le mot moitié dans son acception héraldique, moitié dans le sens que lui donnoit l'art poétique; il composoit le « Blason de toutes armes » (Pierre le Caron, 1495), « le Blason des armes » (1503), enfin le « Blason des Couleurs », dont Rabelais se moque (liv. I, chap. 9) avec une énergie grotesque qui ressemble, chose bizarre, à de l'amertume. Qui pouvoit mouvoir maistre François contre ce livre *trepelu* ? Qu'y voyoit-il d'assez ridicule pour se trouver forcé de sortir de ses habitudes au point de prendre la défense des *pudicques matrones* ? Il devoit avoir, ce semble, quelque pitié pour les pauvres gens sérieux qui se livroient par hasard à quelque débauche héraldique et qui représentoient *un licentié* sous l'apparence de *un lit sans ciel*. Ce rébus naïf paroît être le plus grand crime du héraut Sicile. Nous ne pouvons en effet nous empêcher d'être indulgent pour celui que lui reproche si violemment Rabelais, nous voulons dire de s'être trompé sur la signification de la couleur bleue. Symbolise-t-elle les choses célestes ou la Fermeté ? Ce n'est pas évidemment une question qu'il soit impossible d'aborder de sang froid.

Nous pouvons cependant conclure de ce passage du Gargantua que les livres de Sicile avoient eu grand retentissement, quoiqu'ils soient moins connus des érudits modernes que la composition de cet autre contemporain de Coquillart à laquelle je faisois allusion plus haut, « Le Grant Blason des Faulces amours », par Guillaume Alexis, le *bon moyne* (Paris, in-16, s. d. [1493], in-4).

Estées, « povre simple hermite, élève indigne de maistre Jehan Molinet », composa en 1512 un « Contre-Blason des Fausses amours », qui parut en 1514.

Avant lui Gringore avoit inséré dans ses Folles Entreprises (1504) le « Blason de Practique ». (Voy. 1er vol. des Œuv. comp. de Gringore, édit. elzev.) Vingt ans après, à son retour de la guerre contre les communistes d'Alsace, l'avant-garde de la Réforme en France, le même poète composa son « Blason des Heretiques ».

Roger de Collerye devoit suivre l'exemple de son maître Coquillart, et nous trouvons dans ses œuvres le « Blason des Dames ». (Edit. elzev., p. 123.)

Jusque là le Blason s'étoit maintenu dans des bornes modestes. Il avoit été l'amusement, la fantaisie de quelques poètes ; il devint la fantaisie de la littérature françoise, l'occupation de toute une école. Il y avoit entre Gringore et Ronsard, aux côtés de Marot, une troupe d'esprits ingénieux et d'intelligences médiocres, un peu poètes, mais sans enthousiasme et sans vigueur, un peu grammairiens, mais sans connoissance du génie de la langue françoise, un peu mathématiciens, un peu musiciens et fort amoureux de traductions. Ils eussent été des Trouvères de cinquième ordre deux cents ans plus tôt ; comme il n'étoit plus de mode d'ajouter une description à un Roman de chevalerie, de mettre en dialecte François quelque conte primitivement composé en dialecte Picard, ils attendoient avec impatience un modèle qui leur permît de développer brillamment le seul talent qu'ils eussent, l'imitation. Ils n'avoient pas assez de science pour faire des traités comme leurs illustres ancêtres les rhéteurs d'Alexandrie, pas assez d'élégance pour bâtir des déclamations comme Erasme; mais ils avoient la bonne volonté de faire des vers comme Marot.

Celui-ci composa le « Blason du Beau tetin » (1534), et toute la troupe se précipita sur le Blason. Le corps féminin fut mis à nu, sans vergogne. Aucun voile ne resta. Ce fut là l'entrée dans le monde de la femme moderne et de la littérature nouvelle. Un peu de science, assez de paganisme, beaucoup de rhétorique, extrêmement de travail, et point d'autre respect que le respect de la forme artistique, rien ne manquoit de ce qui pouvoit fournir un beau début à la Renaissance. Mellin de Saint-Gelais, Maurice Scève, Heroet, Eustorg de Beaulieu, Victor Brodeau, Michel d'Amboise, Jacques Pelletier, Claude Chappuys, Gilles d'Aurigny, Bonaventure des Periers, Le Lieur, Lancelot Carles, Estienne Forcadel, Hugues Salel, tous ceux-là et d'autres encore firent des Blasons sur le corps féminin ou ses environs. Le meilleur de tous fut, au jugement de la Cour de Ferrare et de Marot (Œuv. de Marot, epist. 40, édit. 1731), le « Blason du Sourcil », de Maurice Scève, qui n'avoit alors d'autre titre à la renommée que la qualité de Lyonnois (même epist.). Après lui vint Mellin de Saint-Gelais, *la creature gentille,* avec son « Blazon des

Cheveux » (Œuvres de Mellin de Saint-Gelais, p. 27, édit. de Paris, 1656). Pour moi, je donnerois volontiers le prix au « Blason de la Nuit », d'Estienne Forcadel, qui m'a paru moins pâle et un peu mieux senti que tous les autres.

Marot écrivit de Ferrare une épistre pour encourager les Blasonneurs, et leur envoya (1535) un autre modèle : c'étoit le « Blason du Laid tetin », c'est-à-dire un Contre-Blason. La foule se tourna vers le Contre-Blason. Ce fut le signal de la guerre intestine.

Charles de la Huetterie, encouragé par son maître Sagon, composa une longue série de Contre-Blasons du corps féminin. Il vouloit venger l'esprit contre la matière. L'esprit fut mal vengé, et là encore la matière l'emporta. L'intention de la Huetterie étoit honnête, mais il n'y eut de louable dans ses efforts que l'intention, de remarquable que le nombre et la longueur de ses pièces. Cela étoit insuffisant pour faire prévaloir l'âme sur le corps, pour lutter contre Marot, contre la mode, contre l'instinct de l'époque, contre la Renaissance, en un mot. Les Contre-Blasons eurent la fortune de tous les incidents qui signalèrent la curieuse querelle de Sagon et de ses amis contre Marot et ses amis. Les premiers eurent incontestablement pour eux la sagesse, la vérité et le bon sens ; mais ils eurent contre eux la mode, la poésie et leur style. Non pas que la Huetterie ne fût aussi bon que les plus mauvais poëtes de l'autre coterie, c'est-à-dire aussi bon que la masse, mais Sagon ne valoit pas Marot; il n'étoit pas un poëte de la Cour, et surtout il n'en avoit pas été chassé.

Les Contre-Blasons ne furent pas tués par les essais de la Huetterie, et ils survécurent à ses apologies. Nous pouvons citer dans cette donnée le « Blason contre les blasonneurs », par Gilles Corrozet, qui essaya de montrer qu'il n'étoit pas nécessaire d'être obscène pour bien blasonner. Ses « Blasons domestiques » présentent quelque chose de doux, de calme, de bien senti. L'ardeur déclamatoire des autres se trouve assez naïvement constatée par un blasonneur inconnu qui intitula sérieusement son œuvre : « Blason déclamatoire au déshonneur de Honneur ». C'étoit bien l'enseigne que pouvoit arborer toute l'ecole.

La première tradition de ce genre fut continuée par le « Blason de la Femme », qui a d'ailleurs de singulières ressemblances avec certains passages des Droits Nouveaux; par le « Blason des Dames selon les pays », où, suivant l'usage, Estienne Forcadel accorde la palme à la Françoise; par le « Blason des cinq Contentemens en amours »; par le « Blason des Dames », en prose, de Guillaume Paradis.

Ce genre avoit touché à la politique avec les Blasons « des Heretiques », de « l'*In exitu Israel* de France », de « la Guerre du Pape contre le Roy Très chrestien »; il se lança dans la géographie avec le « Blason de l'Eglise de Brou », par Antoine du Saix, avec les Blasons de Grosnet sur Paris, Orléans, Tours, Sens, Amiens, Lyon, Angers, Nantes (Motz Dorez du Sage Cathon, t. 2).

Pierre Danche n'avoit pas oublié les Bons vins de France, ni Guillaume Gueroult les Oiseaux. Jehan de la Taille de Bondarois fit une série de blasons sur les Fleurs, puis sur les Pierres précieuses. La médecine ne fut pas négligée; on blasonna la Goutte, la Fièvre quarte, les Fleurs, « où sont contenus divers secrets de médecine. »

Quand on eut un peu, bien peu, recouvert le corps feminin, on blasonna l'Anneau, le Miroir, l'Epingle.

Enfin la morale s'avança à son tour pour s'emparer de cette rhétorique, la morale pesamment armée. Au milieu du XVIe siècle on vit le « Blason des célestes et très chretiennes Armes de France », par Jacques de la Motte; à la fin du même siècle les « Blasons vertueux » de Jean Chartier, et enfin les « Blasons anagrammatiques très chrétiens et religieux » du Hiérapolitain d'Amiens, Claude de Mons. Ils sont au nombre de 212. Le Blason n'y survécut pas.

On avoit réuni la plupart de ces Blasons sous les titres de « Blasons anatomiques du corps feminin » (Paris, pour l'Angelier, 1550, in-16); de « Blasons anatomiques du corps masculin et feminin » (Paris, veuve Jehan Bonfons, s. d., in-16). Lenglet du Fresnoy les joignit à son édition de Marot (1731), Méon les réédita et les augmenta dans une édition in-8 (Paris, Guillemot, 1807). M. Brunet, dans son Manuel du libraire, indique que plusieurs éditions de l'Hecatomphile contiennent une partie de ces Blasons. Nous n'avons pu rencontrer les éditions qu'il cite, mais nous en avons eu une qu'il n'a pas connue (Hecatomphile, etc., Lyon, François Juste, s. d., in-16); elle ne contient aucun blason.

Le Recueil de Poésies françoises qui fait partie de la Bibliothèque elzevirienne a reproduit quelques Blasons qui n'appartenoient pas aux divers recueils que nous venons de citer, et qui étoient devenus fort rares. Nous indiquerons le « Blason des Basquines et Vertugalles » (t. 1er, p. 293), le « Blason des Barbes de maintenant » (t. 2, p. 210), etc.

Nous avons indiqué dans notre préface avec quel soin, au milieu de quelles préoccupations, Coquillart avoit dû composer son Blason des

Armes et des Dames; M. Tarbé précise et dramatise tout à la fois quelques détails de l'apparition de cette œuvre. Voici les précieux renseignements qu'il nous donne (Œuvres de Coquillart, t. 2, p. 164) : « Charles VIII avait alors près de quatorze ans; il voulut se faire sacrer, et le 29 mai il entrait à Reims. Les clefs de la ville lui furent presentées par une jeune fille aux blonds cheveux; elle lui dit quelques vers composés par Coquillart. Après les avoir écoutés, le roi continua sa marche vers l'archevêché. La place du Parvis était richement décorée; le drapeau national flottait à toutes les fenêtres; de brillantes tentures, des fleurs, des guirlandes de feuillage, couvraient les maisons. Là se pressaient hommes d'armes, milices citoyennes, nobles damoiselles, riches bourgeoises, jouvencelles gracieuses. Au milieu de la foule s'élevait une estrade couverte de tapisseries : elle portait le poëte Remois. Coquillart eut l'insigne honneur de haranguer Sa Majesté..... Le soleil des cours fait rapidement d'un enfant un homme : le jeune monarque rêvait; mais ce n'était pas toujours des lauriers qu'il croyait couper, fleurs d'amours lui souriaient aussi... »

Nous n'avons pas fait cette citation dans la méchante intention de donner un spécimen du style de l'honorable éditeur Rémois. Nous avons seulement voulu montrer à nos lecteurs que, quoique nous ne puissions pas leur assurer par nous-même l'authenticité de ces détails, ils sont cependant trop circonstanciés, trop précis, trop affirmatifs, pour qu'il nous ait été permis de les révoquer en doute.

CY COMMENCE
LE BLASON DES ARMES ET DES DAMES.

Or est le temps passé, passé ;
Le bien pourchassé, pou chassé [1] ;
Et ce qu'on a trouvé, venu ;
C'est grant chose d'avoir pensé,
Mais plus d'avoir contrepensé [2],
Encores plus d'avoir retenu ;
J'ay sceu, veu, leu, aprins, congneu,
Noté, entendu, souvenu,
Epilogué milles traphicques [3] ;
Mais peu, quoy ? [4] Que est tout devenu ?
Bien assailly, bien soustenu [5]

1. Le bien poursuivi, peu rencontré, ou, peu éloigné.
2. Plus grande chose d'avoir réfléchi.
3. J'ai étudié, raillé mille vices, mille intrigues.
4. Je crois qu'il faut comprendre : « Mais pu, quoy ? » Mais qu'ai-je pu, à quoi suis-je arrivé ?
5. Locution proverbiale : La défense a été égale à l'attaque ; la Fortune a lutté contre moi avec autant de vigueur que j'en ai mis à l'attaquer.

Tout n'en a pas valu trois nicques [1].

J'ay mis en jeux et praticques [2]
Mille couleurs de rhetoricques,
Mille motz, mille ditz d'ouvriers [3],
Mille paroles sophisticques [4];
Pour estre couché en cronicques
Ou nombre des advanturiers,
J'ay mis chevaulx, j'ay mis levriers,
Heraulx, eschansons, escuyers [5],
Gens drus, à tout habandonnez [6].

1. Le Blanc, dans son Traité historique des monnoies de France, dit que le *niquet* avoit été frappé par Henri V, roi d'Angleterre, pendant le temps où il fut reconnu par Charles VI pour son successeur au trône de France. *Nique* ou *niquet*, cette monnoie valoit, selon Le Blanc, trois mailles; selon d'autres, deux deniers; selon d'autres encore, un peu plus d'un denier et demi tournois.

2. Peut-être veut-il dire en langage juridique, et fait-il allusion à toutes ces plaisanteries juridiques dont ses poésies sont pleines.

3. Il semble que le meilleur sens soit : mille locutions populaires; mais on peut aussi comprendre : paroles inventées, plaisanteries forgées de la bonne façon.

4. Que j'ai tirées de leur sens apparent pour en faire de joyeuses railleries.

5. Pour être cité dans les Chroniques historiques, dans les bavardages de la cité comme un galant, un gaillard, ou comme un inventeur, j'ai mis, etc. Il fait peut-être ici allusion à la traduction de Flavius Josèphe, où il y a en effet de tout cela, chevaux, heraulx; peut-être indique-t-il des ouvrages qui ne nous sont point parvenus sous son nom.

6. J'ai mis, j'ai inventé des personnages hardis et li-

Le nom[1] de noz aultres gorriers

bertins. Il fait peut-être allusion aux Monologues, où foisonnent en effet de tels personnages.

1. Diverses circonstances, plusieurs détails de cette pièce, et ce passage-ci entre autres, nous eussent fait croire, sans l'affirmation si précise de M. Tarbé, que Coquillart n'avoit pas récité lui-même ces vers. Il nous paroissoit probable qu'il avoit composé ce Blason à titre de *jeu* ou *esbat*. Nous avons déjà indiqué que c'étoit l'habitude, lors des entrées des princes dans les villes, de disposer aux coins des rues des représentations allégoriques; d'établir, sur des échafauds richement parés, des scènes muettes, des personnages parlant uniquement par leurs attributs, ou portant des écriteaux explicatifs, ou récitant des vers au moment du passage du prince. Nous eussions volontiers supposé que l'Honneste Fortuné étoit quelque pendant à ce *merveilleux esbat*, la Fontaine de Jouvence, que notre poète avoit inventé et fait disposer près de la rivière; et de même que les personnages de cette Fontaine de Jouvence devoient se livrer à leurs plus expressifs et leurs plus brillants exercices lors du passage du roi, de même l'Honneste Fortune devoit, à l'approche du cortège, se mettre à réciter ses rimes. En tout cas, que cet Honneste Fortuné fût notre poète ou quelque figure symbolique, il est évident qu'il étoit chargé de faire de nombreuses allusions à la vie, à la position de Coquillart. Ces allusions devoient être plus ou moins précises; elles devoient renfermer des renseignements plus ou moins positifs et certains, selon qu'on verroit dans l'Honneste Fortuné Coquillart, ou seulement un personnage ayant pour mission de parler de Coquillart avec le vague, l'idéalisation, des fantaisies poétiques propres aux allégories. Il étoit donc important de rechercher quelle pouvoit être la vérité là-dessus. J'ajouterai qu'il m'a toujours semblé vraisemblable que l'adjectif *honneste*

Est escript aux huis par forriers[1] :
Mon nom l'Honneste Fortuné[2],
Souvent gourd et bien guerdonné[3],
Souvent tout mal assaisonné,
Souvent entouillé[4] par meslure,

entroit dans la composition du surnom qu'on donnoit à Reims au vieux chanoine. « *Honneste* cueur ne peult mentir », dit-il en parlant de lui-même au commencement des Droits nouveaux.

Notre nom, à nous, gens à la mode, personnages importants, dit notre pièce ; il est possible que l'Honneste Fortuné portoit les attributs qui peuvent convenir au favori des armes et des dames, à un grand seigneur, chef de guerre, et à un beau seigneur, galant, *gorrier*; peut-être étoit-il tout simplement habillé en héraut.

1. C'étoit, en effet, l'habitude d'envoyer d'avance, dans des circonstances aussi solennelles où tant d'illustres personnes se trouvoient en même temps rassemblées dans un même endroit, c'étoit l'habitude d'envoyer par avance des fourriers chargés de faire les logis, de distribuer dans les divers quartiers, dans les divers hôtels et maisons, chaque grand seigneur avec sa suite ; et au milieu d'une telle foule il étoit important d'inscrire sur la porte des maisons le nom de ceux qui y habitoient momentanément. « Le maistre d'hostel trouva tous les fouriers embesognés : les uns faisoient barrière, les autres rompoient maisons pour passer de l'une en l'autre, les autres estendoient la tapisserie, etc. » (Roman de Jehan de Paris, Bibl. elzev., p. 78.)

2. Puisque le nom des seigneurs mes semblables est inscrit, etc., je dois dire le mien : mon nom est, etc.

3. Récompensé.

4. Empêtré, empêché, embrouillé, mêlé, enchevêtré. Il se disoit au Moyen Age et se dit encore aujourd'hui

Souvent recreu [1], faché, tenné [2],
Lasche comme un cheval estonné [3]
A qui fault une emmieslure [4].
Train, Court, amour, telle embouclure [5]
M'ont gendré mainte affistolure [6],
Et faict faire maintes moettes [7].
Car pour repos, j'ay enfoulure [8];

en Picardie, pour le peloton de fil, de chanvre ou de lin dont tous les fils sont mêlés, noués ensemble.

C'est-à-dire que l'Honneste Fortuné s'est trouvé mêlé à bien des affaires désagréables, dont il a eu bien du mal à se dépêtrer.

1. Fatigué.
2. Troublé, molesté, rompu de travail.
3. Effrayé.
4. Conseil caressant, douce incitation; comme un cheval effrayé, dit Coquillart, qui ne demande qu'une caresse de son maître pour s'apaiser et reprendre sa route. M. Tarbé indique que emmiellure signifie un remède pour les chevaux où il entre du miel. Je ne sais où il a trouvé cela, mais j'ai de la peine à supposer que l'Honneste Fortuné songe à se comparer à un cheval étonné de ce qu'on ne lui apporte pas une médecine.
5. Et tels semblables obstacles.
6. Ont engendré pour moi maintes blessures.
7. Maintes moues, maintes grimaces.
8. Au lieu du repos auquel j'aurois droit, j'ai actuellement du tourment. Galiot du Pré et ses successeurs donnent: *J'ay eu foulure*, contrairement au texte des quatre premières éditions, et sans grande intelligence du Moyen Age. Coquillart, avec les idées de son temps, peut se plaindre de ne pouvoir encore se reposer; il seroit mal venu de gémir de n'avoir pas eu de repos avant sa vieillesse.

Pour le beau temps, j'ay eu greslure;
Pour provision, des jonettes [1];
En lieu de faisans, alouettes;
Pour chariotz branlans [2], brouettes;
D'entretien mal utencilé [3].

Brief, quoy que dames soyent flouettes [4],
Autant vault chasser aux suettes [5],
On ne les prent pas au fillé.
Qui n'est rusé, duit, ou stillé,
Jà n'y prouffitera foison [6];
Car pourquoy? C'est mal compilé,
Mal entendu, et mal filé
De prendre fuseau sans peson [7].
D'amours, ce n'est que trahison!
De Court, poac! ce n'est que blason [8]!
De train d'estat, ce n'est que ennuy!
J'ay frequenté mainte maison,

1. Sans doute pour jaulnettes, herbes de saint Jean.
2. Suspendus.
3. Quant à mon entretien, j'ai eu une maison mal garnie. Nous disons encore mal outillé; et l'on dit en Artois, d'un mauvais ouvrier, qu'il est mal ustensillé.
4. Gentilles, lestes, légères.
5. Sorte de petit poisson fort vif, difficile à prendre au filet, et qu'on nomme *dard* ou *vandoise*.
6. Ne profitera guère à cette chasse, à la poursuite des dames.
7. Morceau de plomb que l'on met au bout du fuseau pour le faire tourner.
8. Promesses sans exécution.

Où j'ay perdu temps et saison,
Posé que j'eusse bon appuy.
Au fort, j'ay hanté et suivy [1].

L'Honneste Fortuné je suis ;
Tousjours honnesteté m'a pris ;
Se j'ay trop longuement servy
Sans avoir eu grant *audivi*
C'est fortune qui me surprist [2].

Si ay je noté et escript
En mon sens, et en mon esprit,
Les deduitz, plaisances et jeuz
Des grans seigneurs, le chois et bruit,
Le passe temps et le deduit ;
L'effect et le prouffit d'iceulx [3].

A Princes jeunes et joyeulx
Il y a des passe temps deux
Qu'ilz [4] les pevent tourner et mouvoir [5] :
L'ung les rend doulx, begnins, piteux ;
L'autre les rend vaillans et preux,
Puissans de povoir et d'avoir.

1. J'ai acquis grande expérience.
2. Il nous paroît bien difficile que Coquillart pût se plaindre avec quelque raison de la fortune à la date du sacre de Charles VIII.
3. Ceci s'applique, je pense, aux grands seigneurs, les actes et les joies des gens de noblesse.
4. Qui ils, qui.
5. Changer, instruire, exciter.

LE BLASON.

Et, affin de faire devoir [1],
Se vous desirez les sçavoir,
Ce sont les Armes et les Dames.
En ce parc [2], vous en povez veoir
Les signes [3], et apparcevoir
Les demonstrances et les games [4] :
Là sont les Armes ; là les Dames ;
L'une se plaint, et l'autre ryt ;
L'une si donne à l'autre blasme [5]
Pour avoir, ou temps qui court, bruit.

Le Procureur des Armes dit
Que en cest aage qui est doré,
Ung Prince doit prendre deduit
A estre des armes paré.

1. Afin que je remplisse mon rôle, ou afin que vous fassiez votre devoir en suivant leurs conseils.
2. Sur cet échafaud.
3. Les attributs. On comprend, comme nous l'indiquons plus haut, que l'Honneste Fortuné est entouré de personnages figurés, d'attributs, de peintures, de devises, de tout ce qui peut symboliser les Armes et les Dames. Parmi ces personnages il nous montre le Procureur des Dames et le Procureur des Armes, ceux qui, par leur habillement, peut-être par des écriteaux, doivent présenter aux yeux la preuve, la démonstration des principales idées que le narrateur expose.
4. Bruit, carillon. Coquillart entend sans doute désigner par *games* les murmures, les gestes caractéristiques, les grimaces théâtrales que faisoient les personnages allégoriques.
5. Ils argumentent l'un contre l'autre.

Cest aultre, qui est separé,
Pour les Dames dit le contraire,
Que ung chascun, s'il n'est egaré,
Doit tascher aux Dames complaire.

Armes, Dames chascun veult plaire ;
Ce sont deux passe temps mondains,
Qui se debatent pour bruit faire
Aujourd'huy entre les humains.

Des Armes.

Quoy dient les Armes ? Je me plains,
Se je n'ay le bruyt par dessus
Les Dames ; car j'en ay faict maintz
Petiz et de bas lieu yssus,
Monter, eslever, mettre sus.
De terre, ou du fons d'ung celier,
Je les rens grobis et moussus,
Tout au fin feste d'ung sollier [1].
Fay je pas ung simple escuyer,

---

1. Au faîte d'un *solier*. Ce mot s'employoit généralement pour rez-de-chaussée. Le dictionnaire de Trévoux nous apprend qu'en certain patois du midi on l'emploie pour désigner un lieu, une maison élevés, exposés aux rayons du soleil.

S'il se scet aux armes conduyre,
Tout incontinent chevalier,
Que chascun l'apelle Messire [1] !

Se ung grant Prince se veult aduyre [2],
Qui soit tant soit peu couraigeux,
Je luy fais tous ses faitz descripre,
Et mettre du nombre des preux.
S'il est hardy, chevaleureux,
Et eust il [3] petite puissance,
Je l'eslève jusques aux cieulx,
Tout vient à son obeyssence.

Voulez vous plus belle plaisance
Que en ung destroit [4], en une guerre,
Vouster [5], jouster, rompre sa lance,
Et mettre ung homme cul par terre
En ung champs, en une defferre [6] ?
Monter sur ung genet d'Espaigne,
Pour loz avoir et bruit conquerre ?

1. De sorte que chacun lui donne en lui parlant le titre de messire.
2. Se former, se façonner, travailler, rechercher mes conseils.
3. Quand il n'auroit.
4. Destroit paroît être pris ici pour toute espèce d'occasion périlleuse où l'on se trouve face à face avec son adversaire.
5. Faire des voltes, avancer, reculer en combattant.
6. Occasion périlleuse où il s'agit de gagner quelque chose.

Là combatre Flandre ou Almaigne,
Porter l'estandart ou l'enseigne,
Souple comme ung bel escourjon [1],
Et bondir en plaine champaigne
Comme les oz d'ung estourjon [2] !

   Mes *moynes* portent haulberjon [3]
En leur *grant messe*, en lieu de *froc*.
Leur *cloistre*, c'est quelque donjon
De pierre, juchié sur ung roch.
Tirer, luiter, jouster au crocq [4],
Sont les *cerimonies* et *signes* [5].
Ung coup d'espée taille ou d'estoc,
C'est la *beneisson des matines*.
Leurs *orgues*, se sont serpentines [6]

1. Les premières éditions donnent *estourjon*, aussi bien ici que deux vers plus bas. Cette répétition nous a paru provenir d'une faute d'impression. Nous avons adopté ici *escourjon*, *scourgeon*, *escourgeon*, le fouet, ou plutôt la tige grande et flexible de l'orge.

2. L'*esturgeon*, poisson robuste qu'il est fort difficile d'approcher, tant il secoue la queue avec vigueur et tant il bondit quand on l'a amené sur le bord.

3. Petit haubert, petite cotte de mailles ne contenant que les manches et le gorgerin.

4. Sorte de hallebarde.

5. Tout le cérémonial des offices.

6. Serpentine, basilic, coulevrine, pièce d'artillerie dont le calibre a varié. Les coulevrines étoient aussi appelées couleuvres : elles étoient en cuivre, et parfois *enfustées au baston, en façon d'une arbalestre*; elles se chargeoient à clef ou sans clef.

Qui s'en vont vif comme le vent;
Les gros boulletz à coulevrines,
Ce sont les *miches* ¹ du couvent.
Le grant *prieur* de Passe avant,
Et l'*abbé* d'Eschape qui peult,
Les viennent visiter souvent;
Mais il ne les a pas qui veult.
Pour ung qui se plaint, ou qui deult ²,
Vingt en y a, s'ilz sont mandez ³,
Que jamais on ne les desmeult ⁴,
Puis qu'ilz y sont affriandez ⁵.

Ces archiers ont leurs arcz bendez,
Et ces mortepayes ⁶ leurs picques;
Gascons trappés et bien fondez ⁷

---

1. Pain de farine blutée.
2. Ceci s'applique sans doute aux *moynes*, c'est-à-dire aux soldats. Pour un qui se plaint des inconvénients de la guerre, etc.
3. Si on les rappelle ou si on les délivre du service militaire.
4. Qu'on ne décideroit jamais à fuir ou à quitter l'armée.
5. Tant ils sont enthousiastes, acharnés à la bataille ou à ce service. — On peut rigoureusement appliquer ces quatre vers en songeant au grand prieur ou à l'abbé, patrons des fuyards, dont il vient d'être question.
6. On appeloit mortepayes les soldats chargés de garder, sans jamais quitter ce service, les forteresses et les villes frontières.
7. Sans doute trappus et bien assis, solides; *bien fondés*, commence peut-être l'allusion aux choses du bar-

Jouent là leurs nouvelles *pratiques* [1];
Les Escossoys font les *replicques*;
Pragois [2] et Bretons bretonnans,
Les Suysses [3] dancent leurs morisques [4]
A tout [5] leurs tabourins sonnans.
Holandrois, Brebançons, Flamans,
Ilz tiennent ung cruel *chappitre*;
Hongres, Florantins, Allemans,

reau, qui continue dans *pratiques et replicques*, bien fondés en raison, distribuant de solides arguments.

1. Commencent une procédure. Les Gascons étoient sans doute renommés comme *enfants perdus*, troupes légères, batteurs d'estrade. Ils étoient du reste, ainsi que les Picards, particulièrement connus et souvent nommés. « Le dimanche, 12 du mois de mars (1415), dit Foulquart, M. le lieutenant et mon compère Jehan Bourquet, me dirent que l'intention du Roy étoit que 80 mesnagers entretinssent un homme de guerre à pied, qu'il mettra tel qu'il lui plaira, et supposent que ce dussent être *Gascons* ou autres étrangers. »

2. Sans doute les Bohémiens.

3. Ces trois peuples étoient assez renommés, en effet, pour leur ardeur guerrière et leur amour de la danse.

4. Morisque est, ici, pris pour danse en général. La morisque, sorte de danse qui venoit sans doute d'Espagne, est fréquemment citée dans les auteurs du XVe siècle. Rabelais en parle de façon à nous indiquer qu'elle étoit accompagnée de beaucoup de grimaces et de contorsions. « Le mercredi 19 mai (1484), dit encore Foulquart, Me Guillaume Coquillart me dit que M. de Reims avoit ordonné qu'on fist une *morisque* le jour du sacre et pendant le disner du Roy. »

5. Avec.

Il y trouve sans *eschelistres* [1].
Qui veult estre ourdy sans tiltre [2]
Et sçavoir que c'est de soupirs,
Y voyse [3] ; car pour toute *Epistre*
On n'y chante que des *martirs* [4].

   Mais quoy! va! à gens de loysirs,
Gens haulx, de vertueulx couraiges,
Ce sont passe temps et plaisirs,
Quant ilz y sont bien caulx et saiges :
Cent mil combatant, sans les paiges,
En une cource, en ung assault !
Saillir de buyssons et bocages,
Et se rencontrer sur ung hault,
En moins que n'aurez faict ung sault !
On crye Haro, Qui vive, Tue,
A l'arme, Au guet, Rens toy, ribault,

---

1. Je crois qu'il faudroit *ilz y trouvent*. Les Holandrois y trouvent les Allemans, etc., c'est-à-dire les ennemis s'y rencontrent. Pour expliquer ce vers tel qu'il nous est donné par les premiers textes, il faut prendre *il y trouve* pour *il y est trouvé*, *on y trouve*. On y rencontre, à ce chapitre, des Hongrois, etc., sans qu'il soit besoin de les appeler avec la sonnette qui sert à convoquer les religieux, à les appeler à leurs réunions capitulaires.

2. Qui veut savoir ce que c'est d'être achevé avant d'être commencé, qui veut être exterminé avant d'y avoir songé.

3. Y aille.

4. On n'y chante pas d'autre office que celui des Martyrs.

Torche, Lorgne [1], Despesche, Rue,
Frappe, Combat, Taille, Remue,
En point [2], Avant, Tost au montoir [3]!
Bref c'est ung port [4], quant on y bue [5],
On n'y entend que le batoir.

   Se ung Prince, qui a hault vouloir,
S'exercite ung peu à la peine,
Sy mest repos en non chaloir [6],
Aussi que [7] ung vaillant capitaine,
Toute sa plaisance mondaine
Ce sont haches, lances, gros bois [8],
Le hurt [9], la rencontre soubdaine,
Chevaulx, clicquetiz de harnois,
Bardez [10], genetz [11], grans palefrois [12],

1. Frappe à tort et à travers.
2. En bataille, préparez-vous.
3. A l'assaut.
4. Endroit découpé sur le bord d'une rivière pour y former un lavoir.
5. Quand on y fait la lessive.
6. S'il tient le repos à mépris.
7. Ainsi que.
8. Toute espèce d'arme à manche de bois : lance, hallebarde, pique, hache d'armes.
9. Le choc de deux combattants ou de deux corps de troupes.
10. Chevaux de somme.
11. Chevaux d'Espagne, parfois d'Italie, de petite taille, vifs, ardents et bien faits.
12. *Palefroi*, dit Brunetto Latini, *pour chevaucher à l'aise de son cors.*

Vouges [1], sallades [2], mentonnières [3],
L'estandart à la blanche croix [4],
Trompettes, clerons et banières,
Souffres, salepestres et poussières [5],
Batons [6] bescuz comme bistardes [7],
Guet et garnison sur frontières
Pour festoyer les avantgardes.

On reschauffe, au son des bombardes [8],
Povres couardz lasches et vieulx ;
Car fort vertjus, aspres moustardes
C'est ce qu'il fault à rouges yeulx [9].

1. Hallebarde.
2. Heaume, espèce de casque.
3. Partie du casque.
4. L'étendard des François, des Armagnacs, l'étendard national de France.
5. Sans doute poudre. Au commencement du XVe siècle nous trouvons cette recette pour la composition de la poudre qu'on employoit à charger les *couleuvres* : *camphre, argent vif, sublimé, aspalton, colofome, cacabre, eau-de-vie.*
6. On donnoit aux armes en général le nom de *bastons, bastons de deffence.*
7. Pointus comme becs d'outarde.
8. La bombarde étoit la plus grosse pièce d'artillerie du Moyen Age, puis venoient les *couillards* (il y avoit à Reims, avons-nous déjà dit, une pièce qu'on nommoit le *couillard* par excellence, et dont les Rémois étoient fort fiers), puis les *engins vollants,* les *veuglaires* ou *weuglaires,* les *coulevrines,* etc.
9. Remèdes brûlants pour guérir les yeux malades, et

Armes font croistre cueurs joyeulx
Et multiplier en liesse,
Aux robustes et vertueux
Augmentant force et hardiesse,
Aux magnanimes [1], la proesse,
Aux confederez, l'aliance,
A courages haulx, gentillesse [2],
A gens resolus, asseurance,
Aux constans, la perseverence,
Aux larges, liberalité,
Aux rudes, prompte intelligence [3],
Engin cler et subtilité.
Aucun [4] exibe activité
Par invincibles argumens :
Aultres monstrent l'agilité
De leurs corps, par experiens.
Sans accolées ne blandimens
On passe par *hic* ou par *hec* [5].
Sans courtiers ne truchemens,
On se rencontre bec à bec [6].

---

poudre brûlée pour sécher les yeux des couards qui pleurent de frayeur.

1. Sous-entendu *augmentant*, qui est sous-entendu encore dans chacun des vers suivants.
2. Bravoure, générosité, hardiesse, les qualités du noble, du *gentil*-homme.
3. Sous-entendu donnant.
4. Quelques-uns parmi les gens d'armes.
5. Partout.
6. On se parle, on s'entend.

LE BLASON.

Qui s'endort au son du rebec
En la flotte [1], il n'est pas saige,
Car de tous bois, et vert et sec,
Le plus souvent on faict passaige [2].

S'on scet par heraulx ou message
La puissance des ennemis,
Ung chief de guerre de couraige
Presche son ost : « Sus, mes amys!
Enfans, ne soyez endormys!
Frappons dedans! Il est notoire
Que en nombre des gens munis [3]
Ne gist pas tousjours la victoire. »
Et là [4], leur reduit en memoire
Les gestes des treschrestiens Roys,
Qui par armes ont donné gloire
Au noble Royaulme Françoys.

Ne passa pas plusieurs destrois [5]
Le roy Philippes, le conquerant [6],

---

1. Au milieu de la foule.
2. On ne sait quand on se trouvera en présence de l'ennemi, ou quand on sera tué.
3. Nous suivons ici l'édition de Jehan Janot, quoiqu'elle ne nous satisfasse guère. Veuve Trepperel et Galiot du Pré donnent *nombre de gens*, *ne doubte*, que nous n'avons pu parvenir à faire rimer avec *endormys*, pas plus que le *ne d'avoir* que propose Françoys Juste.
4. Alors.
5. Ne se trouva-t-il pas en maint péril?
6. Philippe-Auguste.

Qui combatit troys roys Anglois [1]
Et aussi le conte Ferrant [2],
Oton, empereur, chassa errant [3],
Subjuga Poitou et Touraine,
Et conquist en ce differant
Anjou, Normandye et le Maine [4]?

Le tresglorieux Charlemaigne,
Qui par armes et par bon moyen
Vainquit la nation Rommaine,
Lombars, le peuple Ytalien,
Et remist le pape Adrien
Tout paisible en sa papaulté [5];
Roy n'y eust, crestien ne payen,
Dont il ne fust craint et doubté!

Charles le Chauves a pas esté
Celluy qui conquist les Normans [6]?

Charles le Simple a conquesté

---

1. Henri II, Richard Cœur-de-Lion, Jean sans-Terre.
2. Ferrand ou Ferdinand, comte de Flandres (1213).
3. Bataille de Bouvines (1214).
4. 1204.
5. 774.
6. L'histoire n'est point d'accord là-dessus avec notre poëte; elle dit plus volontiers: celui que battirent les Normands. Coquillart, d'ailleurs, paroît confondre Charles-le-Chauve avec Charles-le-Simple, qui conquit les Normands en leur laissant conquérir une partie de la France.

Les Anglois et leurs adherans [1].
Infinis princes terriens
Aux Armes se sont adonnez ;
Lesquelz ont eu de tresgrans biens,
Et ont esté bien fortunez.

Aultres se sont determinez
Aux Dames, lesquelz ont eu nom
D'estre lasches, effeminez,
Sans bruit, sans acquerir renom.

Semble doncques, pour conclusion,
Que ung grant prince, de son office [2]
Doibt prendre recreation
Aux Armes et à l'exercice ;
Que tel passetemps est propice
A son hault et bruyant [3] maintien ;
Et qu'il y doit, quoy qu'on obice [4],
Soy adonner sur toute rien.

---

1. Ces deux vers paroissent être la suite de la confusion que nous avons signalée plus haut. Coquillart prend en outre Angloys pour Normans. Charles-le-Simple épousa Ogine, fille d'Edouard l'ancien, roi des Anglo-Saxons. Je ne sache pas qu'il ait fait aucune autre conquête en Angleterre.
2. Des devoirs de son office.
3. Glorieux.
4. *Obicer*, ou *objicer*, objecter.

Des Dames.

Les Dames, par aultre moyen,
Dient qu'ung prince aymant honneur,
Tant soit noble ou grant terrien,
Doit aux Dames mettre son cueur.
La raison? car toute doulceur
Y gist, toute benignité,
Et aux Armes toute rigueur,
Tout desroy, toute austerité.

Dames font croistre honnesteté;
Dames font les cueurs resjouyr;
Dames font aymer loyaulté;
Dames font cruaulté fouyr.
Veiller, oreiller, taire, ouyr,
Estre prompt, prest, prudent et saige,
Cela faict des Dames jouyr
Ung noble et vertueux couraige.

Quoy! dient les Dames, mon langaige
Seullement, mon doulx entretien
Vault mieux que des Armes l'oultrage
Qui pille et ne supporte [1] rien.
Par mon hault et bruyant maintien,
Par bon et gracieux accueil,

1. Crée, édifie.

J'ay mes mignons en mon lien,
Qui ne quièrent que mon recueil [1].
Je oste à mes ennemys l'orgueil,
Et se rendent, sans coup ferir,
Par ung ris de la queue de l'oeil [2]
Qui les maine jusques au mourir.
Je faictz mes gorgias courir,
Dancer, bondir, tourner, virer,
Trasser [3], furetter, enquerir,
Fringuer, pomper [4], chanter, saulter,
Puis rire, plustost [5] souspirer,
Puis resolus [6], puis variables,
Puis amender, puis empirer,
Puis incongneuz [7], puis aggreables.

Prebstres, nonnains, gens recevables [8],
Se aux Dames [9] mettent leur deduit,
Posé qu'ilz ayent diverses tables,
Je ne leur fais faire que ung lict.

1. Bienveillance.
2. Vaincus par un sourire du coin de l'œil.
3. Chercher.
4. Organiser des fêtes, se rendre brillant et magnifique.
5. Bientôt.
6. Je les fais, je les rends tantôt, etc.
7. Etranges, solitaires, sombres, ce que nous appelons aujourd'hui misanthropes.
8. Notables, recommandables.
9. Dans les fêtes qui plaisent aux dames.

Il est doncques heureux qui eslit
Mes jeux et mes esbatemens.
Ma *guerre* par moy se conduit
Sans *picques* ne sans *ferremens* [1].
Menues pensées, marmousemens [2],
Songer creux, muser [3] à par soy,
C'est le *traict* et les *instrumens*
Dont on sert quant vient ung effroy.
J'ay mignons prestz autour de moy,
Avitaillés [4] pour le *hutin* [5] :
Soubz umbre d'ung : « Tenez vous quoy [6] »,
Embler ung coup [7], c'est le *butin* [8].
La *haulte pièce* [9], c'est ung tetin
Dur, joinct, poly, selon le cas ;

1. Machines de fer. Nous le trouvons, dès le XIIIe siècle, employé pour chaînes, pour tout obstacle en fer qui servoit à barricader, à fortifier une place.

2. Murmures, plaintes légères.

3. Rêvasser.

4. *Avictuaillé*, d'abord garni de vivres ; puis, dans un sens plus général, prêt à, préparé, armé, etc.

5. Combat.

6. Tandis que l'ennemi cherche à se défendre en disant : « Tenez-vous tranquilles. »

7. Voler un peu.

8. Je suis ici Alain Lotriam. Les deux premières éditions répètent *hutin*.

9. D'une armure, le gorgerin.

> Gorge qui sert à ma dame d'escu,

dit Maurice Scève, avec une image analogue, dans son Blason de la Gorge.

LE BLASON.

Armures, pourpoint de satin,
Ou quelque corset de damas ;
Les *salades* des corgias ¹ ;
Cheveulx longz, perruques de pris ;
Pour *harnois des jambes* d'embas ²,
Quelque cul troussé ³ de Paris.
Mes grandes *masses* ⁴, se sont ris :
Yeulx affeictiez sont mes *heraulx*.
Portans, pour doubté d'estre pris,
Bastons à feu roydes et chaulx.
J'ay *souldars fiefvés* ⁵ et *vassaulx*,
En tous royaulmes transmarins ;
Mes *trompes* qui crient mes assaulx

---

1. Le casque des galants.
2. Jambières, cuissards.
3. Cul troussé ne paroît pas être pris ici uniquement dans le sens où nous l'avons déjà rencontré, hanches relevées. Il paroît indiquer quelque coussin inventé pour simuler des hanches.
4. Ce que portent mes huissiers, mes bedeaux ; ce qui précède l'amour, ou *masses d'armes* ; ce qui empêche toute resistance contre l'amour.
5. Les premières éditions donnent *fiesnes*, ou *fiesnés* Alain Lotrian, et son imitateur Jehan Trepperel, *fiésars* ; enfin Galiot du Pré et tous les éditeurs subséquents ne comprenant pas, et à bon droit, ces deux mots, ont coupé court à la difficulté et ont proposé *jeunes*. Il m'a paru évident qu'une faute d'impression, dans la première édition, avoit mis l'*n* pour le *v*, et qu'il falloit lire *fiefvés* j'ai des soldats qui me sont inféodés, dont je suis le suzerain, etc.

Sont flutes, rebecz [1], tabourins;
Mes *souffres* [2] ce sont romarins,
Girofletz, lavandes, muguetz [3]
Pour emprisonner [4] bustarins [5],
Qui viennent muser aux bancquestz.
Mes *rançons*, ce sont afficquetz
Que on prent sur povres egarez;
Mes *joustes* ce font en parcquetz
D'herbe verd, ou en litz parez.
Telz sont mes *instrumens ferrez*;
Telle est ma *bastaille* oultrageuse,
Telz sont mes *engins* preparez
Quant je faitz *guerre* rigoureuse.

 Dames de pensée amoureuse
Font faire milles singeries,

---

1. Sorte de violon à trois cordes, que nous trouvons à chaque instant cité dans les auteurs du XV.e siècle. Dans sa Manière d'entoucher les lucs et guiternes, Bonaventure Des Périers dit : « Les instruments où nous usons, en ce pays, de ces cordes de tripes, sont la vielle, le rebec, la viole, le luc et la guiterne, desquels les trois premiers ne sont que pour chanter et jouer une partie... Ainsi demeure la vielle pour les aveugles, le rebec et viole pour les ménétriers, le luc et guiterne pour les musiciens. »

2. Sans doute ma poudre.

3. Toutes herbes et fleurs qu'on semoit dans les salles de banquet et de danse.

4. Les retenir par l'appât du festin et de la fête.

5. Rustre, lourdaud, pataud, fainéant, vilain.

marriz ¹ chière marmiteuse ²,
  fringars mille fringueries,
Aux fins espritz les joncheries ³,
Les ruses, les termes nouveaulx,
Aux lours, les grandes facheries ⁴
Dont on dit ⁵ : ce ne sont que veaulx ;
Musser ⁶ soubz tonnes, soubz cuveaulx ;
Grimper pignons et fenestrages ⁷,
Souples comme queues de naveaulx
Et mornes comme gens sauvaiges ⁸.

  Est il plus gracieux ouvrages
Ne passe temps plus magnificques
Que veoir ses plaisantes ymaiges ⁹,
Ces pourtraictures deificques,
Si coinctes, si polies, si frisques,
Si plaines de doulces amours,
Si propres pour trouver replicques ;

1. Aux gens naturellement tristes, rêveurs.
2. Apparence triste, pensive, mélancolique.
3. Railleries légères, menteuses et coquettes.
4. Paroles importunes, conversations ennuyeusement prétentieuses.
5. A propos desquelles on dit.
6. Les dames fónt les hommes, leurs amoureux, se cacher.
7. Fenêtres, et tout ce qui les entoure et les orne.
8. Silencieux comme des étrangers ou comme des gens naturellement taciturnes.
9. On comprend facilement que Coquillart veut parler des dames.

Si promptes pour donner secours,
Si humaines à gens de Cours,
Si usitées [1] de leur babil,
Si duictes pour trouver des tours [2],
Si acoustumées à l'oustil,
Si soubdaines quant vient que sil... [3],
Et que on rencontre gens de hait ;
S'on touche la *pierre au fusil*,
Il n'y fault que ung mot que c'est faict [4] !

Il n'est au monde tel souhait,
Tel eur, tel passe temps, tel bruit ;
Car jamais homme n'est parfait,
S'il n'a frequenté ce deduit.
On rit, on raille, on sorne [5], on dit,
On escoute, on preste l'oreille,
On se degoyse, on s'esgaudit,
On se resjouit, on se reveille,
On va, on cherche, on se travaille,
On fume [6], on a poste, a Gaultier [7],

1. Si fines, si adroites dans.
2. Tours gracieux et spirituels en conversation, ou ruses pour tromper Dangier et Malebouche.
3. Quand il arrive que celui-ci... et qu'on rencontre gens disposés.
4. Pour que c'en soit fait.
5. On conte sornettes.
6. On se tourmente, on cherche, on quête.
7. Gaultier signifioit une sorte de valet fripon, un parasite, un bon compagnon de table, pendard au demeurant et propre à faire, à titre d'ami ou de laquais,

On songe et pendant on s'esveille,
On glose sur le gros saultier [1].
Deux frequentent en ung *monstier* [2],
Dont l'ung y pert, l'aultre y prouffite :
L'ung sert de *sel* au *benoistier* [3],

toute espèce de sale métier. Poste, qui veut dire message, envoyé, signifie aussi espion, et arrive enfin à un sens à peu près aussi malhonnête que le sens de Gaultier. Il nous paroît sage de comprendre : on a poste, on a Gautier, on envoie message sur message, espion après message, entremetteur après espion. Cette explication avoit paru tellement heureuse à Alain Lotrian qu'il n'a pas craint de faire un vers faux pour l'indiquer. L'éditeur du XVIIIe siècle donne : *on aporte à Gauthier*; l'éditeur Rémois propose : *on a posté à Gauthier*. Ce qu'on « apporte à Gauthier », selon Coustelier, il est difficile de le deviner. Le « posté à Gauthier » de M. Tarbé indique : « des plaisirs en réserve, des bons mots à sa disposition, des idées riantes sous la main. » Pour nous, nous avouons que si nous ne nous étions fait une loi de respecter le texte, à moins de fautes d'impression d'une évidence incontestable, nous aurions supposé qu'il devoit y avoir là : *on aposte un Gaultier*.

1. *Saultier* veut dire *psautier* ou *sauteur*. Les équivoques abondent dans ce vers et se comprennent de reste. Quant au sens précis que devoit avoir cette locution : *gloser sur le psautier*, nous ne l'avons pas trouvé. Il est probable qu'elle signifioit répéter journellement la même chose, rabâcher sans fin, etc.

2. Moustier, monastère.

3. Les quelques grains de sel que l'on jetoit dans le bénitier lors de la bénédiction de l'eau fondoient promptement et ne laissoient guère de traces de leur existence au milieu de la masse d'eau où ils étoient jetés. Remplir

L'autre hume de l'*eaue beneite* [1].

    Dames ont prudence, conduite,
Soing, sens, sçavoir, langage ferme,
Mais quoy! s'on leur offre la *luicte* [2],
Elles n'ont pas tousjours le *pié ferme*.
Au fort, se par force de charme
On tombe, on glisse, on chet, on choppe [3],
Quant on a pleuré demy lerme,
C'est faict. On y pert à l'eschope [4];

le rôle du sel dans le bénitier, c'est donc remplir un rôle nul, faire de vains efforts, ne point se faire remarquer, ne point réussir. L'un perd, dit Coquillard, c'est celui qui sert de sel au benoistier. Cette expression, du reste, laisse voir beaucoup d'arrière-pensées, beaucoup d'allusions : l'un est employé par la dame (le *monstier*) pour servir sa coquetterie, il rehausse le prix de ses faveurs, excite la jalousie du plus favorisé, etc., etc.

1. Celui-là, on le comprend, c'est le favori, celui qui prouffite.

2. La lutte.

3. Toucher, blesser légèrement, se frotter à quelque chose désagréablement. Encore usité en patois Picard.

4. Cette phrase signifie, je crois : les femmes sont des marchandises qu'il ne faut pas juger en boutique, sur échantillon, à distance, mais bien à l'essai. On arrive au même sens qu'on prenne *eschoppe* dans les trois sens qu'il avoit : petite boutique; méthode pour s'assurer du titre et de la valeur de l'or; instrument aigu d'orfèvre. Les quatre premières éditions donnent le texte que nous avons suivi, *on y pert*. Galiot du Pré et ses successeurs n'ont point vu là de sens possible; ils ont corrigé ainsi : *C'est faict, il n'y pert à l'eschoppe*; il n'y paroît point dans la

Une parenteze ou sincoppe [1]
Faict venir l'heur ou le malheur [2].
Le malheureux est qui s'i couppe [3],
Et quiert escumer sans chaleur [4].
L'autre qui paint et a coulleur [5],
Et ferme [6] de discretion,
Au monde n'est point de tel eur :
Il a toute *provision*.

    Dames ont jurisdicion [7],

boutique. Cela est assez brutal, je l'avoue, pour être du bon Coquillart de contrebande. Nous avons vu cependant que les premières éditions ont un sens possible et qui tient assez logiquement à ce qui précède, à ce qui suit, pour qu'il ne soit pas nécessaire d'inventer un autre texte.

  1. Un moment de distraction ou de foiblesse.

  2. Ces trois vers se comprennent donc ainsi : Les femmes... on risque d'y perdre en les acquérant, car bien peu de chose les fait succomber, pour leur bonheur ou leur malheur, selon qu'on l'entend ou selon qu'il arrive. *On y pert*, et *heur et malheur* peuvent s'appliquer aux femmes ou aux amoureux sans changer le sens. Il ne faut pas oublier non plus que Coquillart, ici comme dans les quatre vers suivants, a toujours dans sa pensée l'idée de *lutte*.

  3. Qui s'y ruine.

  4. Qui cherche à profiter sans qu'il lui en coûte rien.

  5. Expression proverbiale qui signifie avoir tout ce qui est bon et nécessaire. Coquillart veut indiquer, de plus, l'amoureux réel, *celui qui paint*, et que cependant personne ne connoît ou n'accuse, celui qui se cache, *et a coulleur*.

  6. Et qui est discret.

  7. Le droit de rendre des arrêts, dans certaines limites et sur certains individus.

Assise, Conseil, Court ouverte,
Là où mainte *appellacion*
Souvent est declarée *deserte* [1].
Les *conseilliers* ont coste verte [2]
A qui on baille les placetz;
Huissiers ont la teste couverte
De chappeaulx de fleurs de houssetz [3];
Greffiers distribuent les *procès*,
Registres et *memoriaulx* :
Advocatz plaident les *excès* [4],
Et alleguent les *drois nouveaulx*;
Dames visitent les linceaulx [5]
En *chambre* ou en quelque *tournelle* [6];

1. La désertion d'un appel, c'est la négligence à le déclarer dans le temps fixé. On comprend ce que notre poëte veut dire : Dans le premier moment de l'infidélité on se fâche, on se plaint, on en appelle pardevant la Cour d'amour; avant que les trois mois se soient écoulés on est consolé, on ne songe plus à son appel.

2. Ce sont eux qui représentent l'espérance; ils symbolisent le premier regard, le premier sourire, le premier *placet* de la requête d'amour.

3. Il faut voir là, il me semble, des fleurs de houx, quoiqu'elles soient, selon M. Tarbé, petites et sans éclat. Coquillart a moins pensé à la beauté qu'au symbole de la fleur. Il a voulu surtout donner aux huissiers une chevelure piquante qui pût rappeler à l'esprit leur rudesse, leurs rebuffades, et la difficulté des abords qu'ils gardent.

4. Les abus.

5. Draps de lit.

6. Jeu de mots; tournelle, petite tour; Tournelle,

Aux *huis* infinez [1] fringuereaulx [2],
Chascun soustenant sa querelle :
Telle ayme ung tel, tel une telle.
Tel a promis. Telle se plainct.
Tel fringue à la mode nouvelle.
Tel est ruzé. Telle se faint.
Tel ou telle en est le mieux saint [3].
Tel et telz brassent telz ouvraiges.
Tel est menassé. Tel est craint.
Telz et telz sèment telz langaiges.
Telz sont farouches et sauvages.
Tel est riche. Tel se marie ;
Et tel doit ung tas d'arreraiges
Du temps de la royne Marie [4].
En ceste *court* et *plaidoyerie*,
Tousjours survient ung *cas* nouveau ;
Et n'est pour grande seigneurie [5],

l'une des sept chambres du Parlement de Paris, ainsi nommée parce que les conseillers des autres chambres n'y vont que tour à tour, afin que l'habitude de condamner et de faire mourir des hommes n'altère pas la douceur naturelle des juges et ne les rende pas inhumains.

1. Probablement *infinis*, en sous-entendant *il y a*. On pourroit, à la rigueur, comprendre : *infinez*, vous trouvez.

2 Nous avons déjà rencontré ce mot : galant, mignon, fat, libertin.

3. Tel a le mieux rencontré, a eu la meilleure chance ; peut-être tout simplement le mieux habillé.

4. Marie d'Anjou, femme de Charles VII, morte en 1463.

5. Et si ce n'est pour quelque grand propriétaire.

(Car on met en jeu son plus beau [1])
Homme n'est exempt du *sceau* [2].
Chascun y faict la maille bonne [3],
Aussi on hume à grant monceau
L'honneur [4], comme raison l'ordonne [5].

 Prince qui aux Dames s'adonne,
Souvent est doulx et gracieux;
A grace et doulceur s'abandonne,
Est begning, courtois et piteux,
Large, debonnaire, joyeulx;
A conseil, conduicte et police.

1. Car on montre ce qu'on a de plus beau.
2. Personne n'est exempt de payer le droit du sceau. Il faut rappeler qu'on appeloit aussi sceau, ou seau, la principale chandelle, la plus importante partie d'un luminaire. — Nous n'avons pu comprendre cette phrase avec la ponctuation adoptée par nos devanciers, c'est-à-dire en mettant la virgule après *cas nouveau* et le point après *plus beau*. Nous aurions admis cette manière de ponctuer s'il y eût eu : *c'est*, et non pas : *n'est pour grande seigneurie*. Il nous a paru sage de changer la ponctuation de Galiot du Pré plutôt que le texte de Coquillart.
3. Expression proverbiale signifiant garantir, se porter caution, se faire fort de. Chacun se vante et fait l'important.
4. Aussi on s'enivre de vanité; on y acquiert, à force de se vanter, une réputation incontestée.
5. Coquillart fait peut-être allusion au proverbe fort usité :
  Mieux vaut plein poingt d'honneur
  Que plein val de vergogne.

Son peuple soubz luy est heureux,
Car il garde à chascun justice.

 Qui s'adonne aux Armes, tout vice [1],
Desroy, toute sedition,
Cruaulté et toute avarice
Y gist, et toute ambicion.

 Semble donc, par conclusion,
Que aux Dames est bon s'adonner,
Prendre la recreation,
Et les Armes habandonner ;
Que ung jeune Prince, pour regner
Et bien passer ses jeunes ans,
Pour en plaisance dominer,
Doit eslire ce passe temps.

CONCLUSION.

Divers pointz, divers argumens,
Divers effect et qualité,
Diverses façons et moyens
Nous mettent en proplexité [2].

 Aux deux gist contrarieté
Que à peine peult on decider ;

---

1. En celui qui s'adonne aux armes, tout vice... y gist.
2. Perplexité.

Aux deux gist ambiguité [1]
Assez difficille à vuyder.
Reste doncques à regarder
Des Armes, des Dames aussi,
Se leurs fais se pevent concorder,
Et lequel doit estre choisy;
L'ung veult ainsi et l'autre ainsi;
L'ung veult telle opperation;
L'ung veult joye et l'autre soucy;
Aux deux a divers action;
Et s'on pourroit [2], selon raison,
Veu d'ung et d'aultre les effectz,
Dire que l'ung et l'autre est bon,
Ou que l'ung et l'autre est mauvais?

Pour decider ces pointz je metz
En jeu le dit de l'Empereur [3],

---

1. La manière bizarre dont les premières éditions écrivent ce mot semble prouver qu'il étoit alors tout nouvellement traduit du latin. La veuve Trepperel donne *anibiginté*, Jehan Janot *ambiginté*, Alain Lotrian *ambiginité*, Jehan Trepperel II le suit, comme toujours. Galiot du Pré est le premier qui écrive *ambiguité*.

2. *Reste à regarder..., et si on pourroit*, etc.

3. Nous ne savons si Coquillart fait ici allusion à un Dit qui porteroit ce titre, à quelque passage des mystères ou moralités, à quelque ana historique, ou enfin à quelque édit, rescrit ou constitution de l'empereur Justinien. Nous penchons vers cette dernière supposition, quoique le *Corpus juris* ne nous ait pas offert une citation que nous puissions précisément rattacher à notre texte.

Que [1] *utrumque tempus* desormais
Dit avoir bruit, force et vigueur :
C'est que ung prince ou ung grant seigneur
Peult mettre, tant soit noble ou preux,
Aux Armes, aux Dames son cueur,
Et bien exercer tous les deux ;
Aux Dames, pour estre piteux
Et de complection benigne,
Doulx, traictable, courtois, joyeulx,
Selon la façon feminine ;
Aux Armes, pource qui domine [2]
Sur son pays et region :
Il est bon que aux armes s'encline ;
Pourquoy ? pour sa tuition [3].

   Et pourtant la conclusion
Est telle, de tous ces argus,
Que ung Prince de noble renom
Doit sçavoir *utrumque tempus* :
L'ung et l'autre temps, sans abbus ;
Avoir le costé destre armé,
Le senestre et tout le surplus
Aux Dames doit estre donné.

   Sire, par vous soit pardonné

---

1. Qui dit *utrumque tempus*, l'un et l'autre passetemps, avoir, etc.
2. Afin qu'il.
3. Défense.

Au rude engin et simple sens
Du povre Honneste Fortuné,
Qui a leu les deux passe temps.

Cy finit
le Debat des Dames et des Armes.

LE MONOLOGUE

COQUILLART.

LE MONOLOGUE.

Nous avons indiqué dans notre préface le rôle que jouoit le Monologue dans les fêtes de la bourgeoisie du XVe siècle, et nous pouvons aussi lui appliquer la plupart des observations générales que nous avons faites sur le blason. Nous reconnoîtrons cependant qu'il eut sur ce dernier un grand avantage : il ne fut pas adopté et perfectionné par les premiers poètes de la Renaissance ; il ne parut pas à la Cour et resta dans le domaine des poètes populaires.

Il conserva ainsi plus longtemps les traces de son origine bourgeoise, les quelques instincts vigoureux que le Moyen Age lui avoit transmis, et l'on put jusqu'à la fin retrouver en lui l'inspiration de plus en plus languissante, mais toujours hardie, de la poésie du temps passé. Il appartenoit en effet à cette famille des Contes qui avoit jeté tant d'éclat pendant tout le temps que s'étoit librement développé le génie national. Il suivit, il est vrai, la fortune de toutes les poésies que le Moyen Age légua au XVIe siècle; mais, quoiqu'il se laissât aller, lui aussi, à l'amplification, à la recherche puérile, minutieuse et bavarde, il ne pouvoit vivre que par l'observation, l'étude de la vie réelle, le drame; et l'observation, l'étude de la vie réelle, le drame, étoient tout particulièrement antipathiques à ces petits rhéteurs mathématiciens et musiciens qui précédoient la Pléiade à la cour de François Ier.

Il est impossible ici encore de prouver que le Monologue ait été inventé par Coquillart : bien des pièces du premier temps, bien des fabliaux, se développent dans une donnée analogue; d'ailleurs Villon précède Coquillart dans l'histoire littéraire, et l'on est souvent tenté de conclure que le Monologue du Franc Archier de Bagnolet, attribué à Villon, est antérieur au Monologue Coquillart. Remarquons cependant que rien n'est moins prouvé que la vérité de cette attribution. Villon a pu composer ce monologue, sans doute, mais son style ordinaire, sa méthode, l'espèce particulière de son génie, nous engageroient plutôt à le nier qu'à l'affirmer. Il y a dans le XVe siècle bien des pièces anonymes qui, plus que les *Testamens* et les *Ballades*, ont un air de parenté avec le Monologue du Franc Archier, et il y a par conséquent maints poètes qui, plus vraisemblablement que Villon, ont dû composer une telle œuvre. Coquillart tout le premier pourroit la revendiquer; mais nous ne voulons pas nous laisser aller à cette tendance qui porte les érudits à attribuer toute œuvre anonyme au poète qu'ils aiment et qu'ils étudient. Nous savons combien on est facilement trompé par cette uniformité de style et de manière qui caractérise la littérature populaire du XVe siècle. Villon presque seul y a échappé : cette mélancolie qui se montre entre deux éclats d'un rire nerveux, cette sensibilité qui est presque notre contemporaine et qui le force à laisser voir son cœur dans un temps où chaque écrivain ne montroit que son esprit, sa science ou ses chausses, et Dieu sait avec quel geste! tout cela, qui le caractérise à un haut degré, lui a permis de ne ressembler à aucun autre poète de son époque. Ce n'est pas sans doute ce qui peut nous engager à lui attribuer un ouvrage que presque tous les autres poètes de ce temps eussent pu composer.

Le dernier éditeur des œuvres de Villon affirme (*Voy.* Edit. elzevir, pag. 297-298) que le monologue dont nous parlons a été composé avant 1480, parce que c'est à cette époque que les francs-archers furent supprimés. Cette affirmation est hardie, et cet art de vérifier les dates est assurément fort nouveau. Il nous paroît qu'on parle parfois des gens quand ils sont morts; et les savants, qui ont dit tant de choses à propos de l'*Iliade*, n'ont pas encore songé à affirmer qu'Achille et Homère, Agamemnon et Racine, fussent nécessairement contemporains. Il seroit plus naturel de supposer qu'on a attendu la suppression des francs archers pour se moquer d'eux. Le contraire est possible cependant.

Quoi qu'il en soit, ce monologue fût-il de Villon et eût-il été composé avant 1480, l'incertitude où nous sommes sur la date de la composition du Monologue Coquillart ne permettroit évidemment pas de savoir lequel des deux vint le premier. Je reconnois d'ailleurs que la pièce attribuée à Villon est meilleure à certains égards, mieux composée, mieux suivie, plus une; le caractère principal y est d'un comique plus large et plus vivant.

Il est certain cependant que c'est l'œuvre du poète Rémois qui resta le modèle du genre. C'est elle que les monologueurs du siècle suivant eurent constamment devant les yeux. Roger de Collerye l'avoit présente à l'esprit quand il fit son Monologue du Resolu (Edit. elzevir., p. 59). Il déploya là un merveilleux talent d'imitation, tellement que son œuvre, un vrai pastiche pourtant, l'emporte en quelques points sur le modèle. L'autre monologue de Roger de Collerye indique déjà une décadence. L'énumération et l'amplification commencent à l'emporter sur l'observation et le drame. La hardiesse, la vivacité, la gaîté, restent encore; mais cette loi qui imposoit au Monologue le développement d'un caractère ou d'une position n'est plus observée. On pourra suivre la marche de cette décadence en comparant les pièces que nous venons de citer avec le Monologue de la Chambrière desproveue du mal d'amours (*Anc. Poés. franç.*, Biblioth. elzevir., t. 2, p. 245), qui suit encore la même donnée que le Monologue de la Dame fort amoureuse, de Collerye; avec le Monologue des Sotz Joyeux de la Nouvelle Bande (*Anc. Poés. franç.*, t. 3, p. 11), avec le Monologue des Nouveaux Sotz (*Anc. Poés. franç.*, t. 1, pag. 11). Ce dernier n'a plus rien de dramatique, et ne diffère guère des *Ditz* et des *Sermons joyeux*.

A la fin du XVIe siècle le Monologue se laissa oublier; mais comme il avoit l'honneur de posséder un nom grec, et qu'on venoit de lui apprendre à parler assez indiscrètement de

Venus et de Cupido (*Voy.* le Monologue de la Chambrière), les classiques l'adoptèrent. On l'introduisit dans la tragédie; il ne tarda pas à s'y trouver à l'aise. On sait le grand rôle qu'il y joua, et nous n'avons pas besoin de dire comment il vécut en bonne intelligence avec le *Recit*, tout aussi grec que lui, malgré son nom latin. Il lutta sans trop de désavantage avec le *Songe* et tint en échec le *Confident* jusqu'à la mort de la Tragédie, à la triste fin de laquelle il contribua selon ses moyens.

Cy commence
le Monologue Coquillart[1].

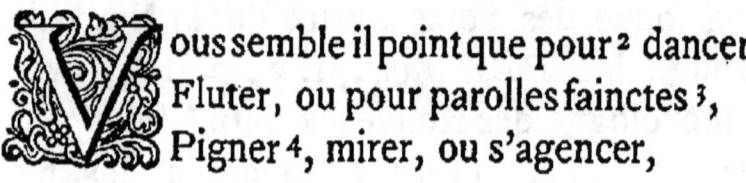ous semble il point que pour[2] dancer
Fluter, ou pour parolles fainctes[3],
Pigner[4], mirer, ou s'agencer,

---

1. C'est-à-dire le Monologue de Coquillart. Nous donnons le titre que porte cette pièce dans les quatre premières éditions. Galiot du Pré et ceux qui viennent après lui l'appellent le Monologue de la Botte de foing.
2. Par.
3. Paroles adroites, fausses protestations d'amour.
4. Soigner exagérément ses cheveux ou sa perruque.

Un homme se peult advancer
A parvenir à ses actaintes[1]?

Vous semble il que pour mignotis[2],
Aulbades, virardes et tours[3],
Entre nous mignons fringantis,
Plaisans, gorgias et faictifz[4]
Puissions[5] jouyr de noz amours?

Est il possible pour servir
Reveille matin ou aulbade,
La grace s'amye[6] desservir?
Sequin sequet[7], sans mal sentir[8],

---

1. Peut faire quelques pas dans la voie qui doit le mener au but de son entreprise amoureuse.
2. Ou *mignotises*, gentillesse, recherche, ou petits cadeaux, babioles élégantes, etc.
3. Démarches, allées et venues devant sa dame.
4. Comme *fetis*, net, propre, bien fait, que nous avons déjà rencontré.
5. Nous suivons Galiot du Pré. Veuve Trepperel donne *puissent*, qui se lie mal avec l'esprit général de ce passage.
6. La grâce de son amie.
7. Locution proverbiale, que je suppose devoir signifier : promptement, vivement, allègrement ; *sequin sequet*, épée secouée, flamberge au vent, gaillardement. On comprend qu'il faut répéter : est-il possible, s'esbatre.
8. Nous suivons encore Galiot du Pré ; veuve Trepperel donne « *et* mal sentir », qui s'explique, mais fort laborieusement. Est-il possible de se réjouir, à la hâte, sans encourir blâme ou risquer quelque désagrément?

S'esbattre pour une passade [1] ?

Est il possible d'avoir bruict
Pour bagues, gorgiasetez,
Bailler au disme [2] le deduyt,
Ferme, comme ung sanglier en ruyt,
A faire les joyeusetez ?

Hée ! francz courages et voulentez,
Soyez enclins et apprestez,
Francz pour dire : « Qui est ceans [3] ? »
Bavez [4], gallez [5], raillez, sallez [6] ;
Et puis on dira : « Telz et telz
Ont grant habondance leans [7]. »

---

1. Passade, toute marque de bienveillance donnée à un passant. Il signifie une course à cheval qui vous force à revenir souvent sur vos pas, soit en promenade, soit au manége, soit à l'armée.

2. Les premières éditions sont d'accord sur ce mot, qui, ainsi au masculin, ne sauroit signifier que propriété, canton, lieu dont on possède la dîme. Coquillart voudroit donc dire : est-il possible d'avoir bruit, bonne réputation de galanterie, pour *bailler le deduit*, la fête, *au disme*, à notre bien, comme nous disons encore, faire danser les écus. Galiot du Pré donne *aux dames*, qui enlève toute difficulté.

3. C'est-à-dire pour vous présenter résolument devant les femmes.

4. Bavardez.

5. Réjouissez-vous, soyez joyeux.

6. Moquez-vous.

7. Sont des gens riches de l'endroit. On peut prendre

Danceurs, mignons, fringans et gentz [1],
Chasseurs, volleurs [2], tous telles gens,
Ung songe, ung bruyt, ung angelot
Vous semble il que ce ne soit riens [3] !

Ha ! par le corps bieu, je m'en tiens
De ceulx là ; mais n'en dictes mot.
Je suis tousjours gent et mignot,
Sus mon cheval qui va le trot,
Pour faire le sault [4] cop à cop.
Je fais moy cela à tous cop ;
C'est ce qui me faict estre en grace,
Ung [5] fin mignon, ung dorelot [6],
A nostre satin camelot [7] ;

aussi habondance dans le sens de accointance, mot par lequel il est remplacé dans l'édition de Galiot du Pré.

1. Gentils, gracieux.

2. Chasseurs au vol.

3. C'est dire : Vous semble-t-il, bon public, que ce ne soit rien que de telles gens qu'on pourroit appeler un songe, une renommée, de petits anges ? Ou, quoique moins probable : Ne croyez-vous pas, danceurs, qu'un songe, un présent, un hazard, puisse vous faire parvenir à but.

4. Des courbettes, des petits bonds, tout le manége de coquetterie d'un cheval et d'un cavalier bien dressés.

5. *Estre ung.*

6. Délicat, mignard, favori des femmes.

<blockquote>
Je me tiens bien fière
D'estre aymée d'ung tel dorelot,
</blockquote>

dit Roger de Collerye (édit. elzev., p. 64).

7. Il faut comprendre, je crois : avec notre camelot

Puis que le veloux vient en place,
Plus tost passe [1], plus tost rapasse.
Je deisse voulentiers [2] se j'osasse
Mais que on se tinst de caqueter [3].
Quant je la voy, tant je parlasse [4]
Mais, par le corps bieu, je m'en lasse [5],
Car elle ne me veult escouter.

Avez vous point veu cy entrer
N'a guères une godinette [6],
Qui vient rire, esbatre, dancer ?
C'est une petite noirette,
Non pas noirette, mais brunette,
Une mignonne tant sadine [7],

de satin. Le camelot fut, dans le principe, une étoffe de poil de chèvre ; plus tard, on y mêla de la soie. C'est cette dernière étoffe sans doute que notre poète veut indiquer. Galiot du Pré et ses successeurs donnent *arrière-satin*, etc. Il est encore possible de comprendre la phrase en retranchant le point et virgule que nous avons mis après *camelot*. On auroit ainsi : depuis que le velours a pris la place *à* de ce camelot qui étoit il y a quelque temps à la mode parmi nous. Le sens est ainsi mieux suivi, mais la phrase est plus contournée.

1. Depuis que le velours est à la mode, je passe bien plus souvent.
2. Je parlerois de mes amours.
3. Pourvu que vous, auditeurs, n'alliez pas raconter mon indiscrétion.
4. Je voudrois bien aussi parler à ma dame.
5. De mes vains efforts ou de ma discrétion.
6. Mignonne. — 7. Gracieuse, délicate.

Une robe d'un gris [1] bien faicte,
D'ung fin gris changant [2], bonne myne,
La belle piece à la poictrine
Tissu cramoisy; large front [3],
Et du hault jusques au bondon [4]
Elle est aussi droicte que ung jon.
Pardonnez moy [5], elle n'y est don?
Je cuidoye qu'elle fust ceans.

Il y a je ne sçay quantz ans [6]
Qu'ilz furent mariez ensemble
Elle et Monsieur. Mais il luy semble
Estre [7] tout pesant, tout remis [8];
Il vous a les yeulx endormys,
Rouges, et le corps tant maussade [9],
Penchant devant, la couleur fade,

1. Sorte d'étoffe. Nous en avons déjà parlé.
2. Avec une robe bien faite d'un gris, d'un fin gris changeant.
3. On comprend que le héros donne à mots brefs, et par énumération, le signalement de sa belle, brunette, robe de gris, femme de bonne mine, un gorgias rouge, front large.
4. Ventre, nombril.
5. Il faut supposer que l'auditoire a répondu qu'on ne l'avoit pas vue entrer.
6. Combien d'années.
7. Mais il (monsieur le mari) semble à elle être, etc.
8. Fatigué.
9. Les premières éditions donnent *meusse*, qui ne rime à rien, et dont le sens, du reste, n'est pas facile à établir.

Les jambes aussi menuettes
Comme fuseaulx, les joues retraictes.
Il est si tendre et si flouet [1]
Qu'il semble, à le veoir, bien souvent
Qu'il eust besoing d'ung coup de fouet
Pour le faire tirer avant.
Il va tousjours trainegainant [2]
Sur son cheval emmy [3] les rues,
Tout en songeant, le bec au vent,
Sçavoir s'il verroit nulles grues.
Unes jambes [4] tant mal fondues [5],
Grant chapperon et large cotte,
Les espaulles aussi bossues
Qu'il semble droictes moules à hoste [6];
Et si a la myne si sotte
Que quant il parle, qui vouldroit
Dire qu'il songe ou qu'il radote,
Par le sang bieu on le croyroit.
Et sçavez vous quoy ? qui le verroit

[1]. Fluet, mince, délicat.

[2]. Par contrepetterie, pour gaîne traînant; traînant ses chausses, comme on disoit un peu plus tard.

[3]. Parmi.

[4]. Une paire de jambes, des jambes. On se rappelle la règle que nous avons indiquée dans notre premier volume.

[5]. Mal faites.

[6]. Qu'on croiroit elles être de vrais moules à hotte, c'est-à-dire propres à servir de modèles pour faire une hotte, propres à représenter un homme chargé d'une hotte.

Sans sa longue robe fourrée,
En pourpoint, on le jugeroit
Une droicte souche couppée.

Mais elle, pouac! c'est une fée,
Ung bon petit corset bien prins,
Qui faict aussi bien la saffée [1]
Que femme qui soit au pays :
Tousjours ung tas de petiz ris,
Ung tas de petites sournettes,
Tant de petitz charivaryz,
Tant de petites façonnettes ;
Petis gans, petites mainnettes,
Petite bouche à barbeter [2] :
Ba, ba, ba font ses godinettes
Quant elles veullent cacqueter.

Elle m'a faict souvent monter
A cheval, faire mes effors,
Aller, chevaucher, tempester
Et courir à cry et à cors [3].

---

1. Veuve Trepperel et Galiot du Pré donnent *faffée* ;
Jehan Janot, Al. Lotrian, J. Trepperel II, *saffée*. Ces
deux mots sont aussi rares l'un que l'autre. Le premier
semble appartenir à la même famille que *fafelu*, gras,
joufflu ; le second paroît avoir quelque ressemblance avec
safre, égrillard, folâtre, libertin, coquet, etc. On a vu
que *saffée* nous paroissoit préférable.

2. Murmurer, parler gentillement, en remuant les lèvres avec vivacité, mais sans guère les ouvrir.

3. Malgré moi, malgré tout, comme les gens qui sont

Ung jour je venoye de dehors,
Sur mon hacquenet [1], tout housé ;
Or estoys je de son gent corps
Desja surprins et abbusé [2],
Et de faict j'avoye proposé,
Pour l'amour d'elle, d'estre fin,
Mignon, gorgias, bien prisé
Des dames, là estoyt ma fin.
J'entendoye assés mon latin [3] ;
Car pour estre plus fricquelet,
J'avoye le pourpoint de satin,
J'entens satin par le colet ;
Et aux manches le chappelet
Joyeulx, en la manche attaché [4]
De velours, à ung beau fillet

cités à comparoître par le cri et la trompette du héraut, du crieur public.

1. Cheval hongre ou jument qui va l'amble.
2. Affolé.
3. Mon affaire.
4. Dessoubz le pourpoint, la chemise froncée, puis le chapelet, dit Roger de Collerye (édit. elzev., p. 65). Je supposois alors qu'il falloit entendre *chapelet* dans le sens de patenostre de métal précieux portée autour du bras en guise de bracelet. Je pense qu'il vaut mieux ici prendre ce mot pour guirlande, torsade, rubans tressés et attachés au bas des manches et terminant les manches par un effilé. Il paroît, en effet, que la meilleure manière de comprendre ce passage de Coquillart soit celle-ci : la torsade en velours disposée élégamment, selon la mode, avec un bel effilé (ou de jolies mailles) de trois doigts de large.

Troys doys de large ; la belle espée ;
Robe à grans manches descoppée [1]
Affin que l'on veist le dessoubz [2].
Floc, floc, faisoit ma hacquenée
Quant elle vouloit marcher doulx.
Elle cuyda tomber deux coups,
Non pas tomber, mais elle choppa [3] ;
Les regardans estoyent là tous ;
J'en ouy bien ung qui parla
Et tout en raillant m'apella,
Et me dist que je chevauchoye
En clerc, en latin, tout cela [4].
Mais, par le sang bieu, non faisoye,
Car seurement je me tenoye,
Genoulx serrez, bien empeschez ;
Et me semble franc, que j'estoye
Pour faire bransler couvrechiefz [5].
Se ma beste feist ce meschiefz,
Et qu'elle cuida faire ung sault,
Que voulez vous, sang bieu, sachez
Que je sçay bien ce qu'il luy fault.

1. Large, échancrée, évasée.

2. C'est-à-dire, je pense, afin qu'on vît, non la finesse du linge, comme l'indique M. Tarbé, mais la riche étoffe de la manche du pourpoint.

3. Heurta le pied contre quelque caillou ; *chopper* est encore employé dans ce sens en Picardie.

4. Que je montois à cheval comme un pédant qui n'en a pas l'habitude, et autres choses semblables.

5. Assez remarquable pour faire retourner les femmes.

Je vous chevaucheoye royde et hault.
La pluspart des gens me suivit
Disans : « Vela ung beau ribault,
Se n'est pas dommaige qu'il vit! »

Une Damoyselle me vit
A son huys, à tout son attours [1],
Mais elle rentra, car elle craignit
Que ma beste luy feist paours.
Et de faict, je feis tous mes tours;
On me vit de tant de maisons
Que, s'il eust faict ung peu plus jours,
On m'eust veu de delà les pons.

Or revenons à noz moutons :
Ma personne fust descendue [2];

---

1. Avec son chaperon, prête à sortir.
2. Galiot du Pré ajoute ici dix vers qui ne se trouvent pas dans les quatre premières éditions. Les voici :

> Et pour faire les comptes rons,
> Je viz ma dame en my la rue;
> Je m'en voys la bouche tendue
> Là où elle estoit, à sa porte.
> Je la baise, je la salue,
> Demandant comment elle se porte;
> Elle me fist pas chère morte,
> Car tout au tel el me rendoit;
> Et qu'il soit vray, je m'en rapporte
> Au page qui me regardoit.

Il est possible que Galiot du Pré ait pris ces vers dans quelque édition antérieure à celle de la veuve Trepperel. Il nous paroît cependant que la pièce marche fort

Ma Dame scet bien ma venue.
Lors elle m'a getté les doulx yeulx ;
Quel doulx regard ! quel ris joyeulx !
Quel maintien ! quel doulce manière !
« C'est vostre mignon, se m'aist dieux ! »
Se va dire la chamberière.
— Dieu gard ma Dame ! Et puis, quel chère [1] ?
Que dist Monsieur, est il gaillard ?
— Autant vaulsist une commère,
Par ma foy, ce n'est que ung paillard [2] !
Et si n'est il pas si vieillard,
Qu'il ne peust pener ou suer [3]
— Veoir [4], mais il est si songeart,
Que à peine se peult remuer.
Il est à cheval pour rimer [5]
Au refrain de quelque balade,
Il ne me sert que d'estrivier [6],
Ou de dire qu'il est malade.
— Baillez luy, dy je, quelque aubade,

bien sans eux et qu'ils embarrassent la scène plutôt qu'ils ne l'expliquent.

1. Faites-vous, comment vous portez-vous ?
2. Un pauvre sire, un misérable, un fainéant, qui mettra sa famille sur la paille.
3. Prendre de la peine et se préoccuper de ses affaires domestiques.
4. Sans doute.
5. C'est-à-dire uniquement pour songer, etc.
6. Que pour m'agacer, m'irriter, me pousser à bout inutilement.

Quelque secousse, il s'amendera,
— Ha ! dist elle, sa couleur fade [1]
A grant peine se changera. »

 Nous parlasmes, tarin, tara,
Puis de monsieur, puis de ma dame ;
Et me mist on en telle game,
Que la dame et la chamberière
Me jonchièrent [2]. L'une par derrière,
L'autre devant me regardoyt ;
L'une farsoyt, l'autre lardoyt ;
J'estoye fort en grace d'elle,
Parquoy je croy que on ne m'osoit
Dire chose qu'il ne feust belle [3].
On parle de tel et de telle,
Mais pour un gallant amoureux
Je suis devenu gracieux [4],
 Se disoyt on ; gens, houppegay [5] !

1. Sa foiblesse.
2. M'entreprirent, se mirent à causer avec moi d'une façon leste et un peu railleuse.
3. Je crois que tous les compliments qu'on me faisoit étoient sincères.
4. Ainsi que me parloient la dame et la chambrière.
5. Et gaîment, mes amis. *Gens, nos gens* (mes amis, mes parents), est encore usité dans le Boulonnois à titre d'interjection. Houpper, en Picardie, signifie pousser des cris d'une espèce particulière, des cris jetés à pleine voix, continués long-temps, et usités surtout au temps de la moisson. Le houppegay désigne cette sorte de cri arrivant à son plus haut degré de joie et d'exaltation.

Et croy bien que on disoyt vray ;
De cela n'en doubte jamais.
Et si vous dis bien, pour tous metz,
S'on eust esté beau pour mirer [1],
J'avoye les membres les mieulx faiz
Que au monde l'en sceust declairer.
J'estoye ung homme adventurier,
Gay, alègre, mignon, joyeulx ;
Sang bieu ! à tout considerer,
Il sembloit que j'en feusse deux.

 Laissons ces soulas et ces jeux.
Ma dame me print par la main ;
Et promis lors devant ses yeulx
De l'aller veoir le lendemain ;
Et là devions nous plus à plain
Deviser. « Or, à Dieu, ma dame.
— A Dieu, dict-elle. » Mais sur mon ame,
Combien que puis j'en fus martir,
Il me faisoit mal d'en partir.

 Je m'en allay emmy la ville,
Pour monstrer que j'estoye fricquet,
Ferme, duict, rusé, du stille [2],

1. Et je vous assure aussi, en résumé, que j'étois assez beau à regarder. On peut comprendre aussi : je vous assure, si on eût été en bonne position pour me regarder, que j'avois, etc.
2. Les premières éditions écrivent *dustille* en un seul mot, mais à tort, je crois. *Du stille*, un homme qui connoît son affaire, habile, bien stilé, disons-nous encore.

Esveillé comme ung saupiquet [1],
Pour dire [2] : Pic et pac, Marquet,
Qui est il ? C'est un tel ? En somme
La belle bague, ou l'affiquet
Pour monstrer le chemin à Romme [3] !

En ce temps là j'estoye ung homme
Franc pour dire : D'ont [4] venez vous [5] ?
Le beau [6] mouchoir, veoir, ou la pomme [7]
En la manche faicte en deux coups [8] ;
Le hocqueton, pourpoint dessoubz ;

1. Sauce de haut goût faite avec de l'oignon, du vinaigre, de la moutarde, ou avec de l'oignon, du gingembre, du verjus et du vin blanc, selon qu'elle devoit accompagner le porc ou le lapin.

2. Sans doute d'un air dédaigneux.

3. Peuh ! Marc ! qu'est-ce que celui-là ? Ce n'est que cela ? Un beau galant, vraiment, un gaillard bien habillé pour servir de modèle aux autres !

4. D'ont, d'ond, d'où.

5. C'est-à-dire sans gêne, impudent, plein de désinvolture. Nous trouvons la même expression dans le Dialogue de Mallepaye et de Baillevant :

Gens à dire : « D'ond venez vous ? »
(OEuv. de Villon, édit. elzev,, p. 320.)

On peut encore écrire : dond (donc) venez-vous, et voir là un signe de générosité, l'indication de quelqu'un toujours prêt à engager ses amis.

6. J'avois le beau.

7. Quelque pomme de senteur, sans doute.

8. Peut-être retroussée pour pouvoir contenir ce bagage.

Anneletz, vous m'entendez bien [1] ;
Les chausses percées aux genoulx,
Pour bien dire [2], mais ce n'est rien.
Il ne falloit que dire : Vien ;
J'estoye prest ; la robbe assez necte.
Je n'avoys rien qui ne fust mien,
Excepté, sans plus, la cornette
De velours, non pas trop honneste,
Car elle sentoit son bas percé ;
Mais vela pour boucher ma teste,
J'en estoye desja tout versé [3].

Or d'aventure, je passé
Par une rue, sur le tard ;
Mais Dieu scet se j'en fus farcé
Au vif. Il y eust ung coquart
Qui m'appelloit [4] « A Dieu, gaignart [5] !

1. Il est apparent que Coquillart fait allusion à quelqu'un des nombreux calembours, à quelqu'une des nombreuses significations renfermés dans ce mot. M. Tarbé pense qu'ici le personnage indiquoit les anneaux de sa chevelure.

2. Pour dire la vérité, pour l'avouer.

3. Quelques éditions donnent bersé, mais sans arriver à un sens plus clair. Il semble qu'on doive comprendre : Mais que voulez-vous ? j'avois l'habitude de la porter pour cacher mes oreilles. Ou bien encore : Voilà tout ce que j'avois pour couvrir ma tête, j'étois ruiné par les dépenses du reste de ma toilette.

4. Qui me crioit.

5. Vilain, manant, manouvrier. Veuve Trepperel donne

Ha! hay! passion d'Antioche [1]! »
Qu'est ce là? que le diable y ayt part!
Qui esse qui sur moy destorche [2],
Se pensay je à moy [3]? par sainct Josse!
Je suis perdu, ou je suis frit.
Il cryoyt, et chascun me veit
Vestu ainsy que l'Esplangant [4];

gaynart, traîne-coutelas; homme de piètre tournure; *dégaine* est encore pris dans ce sens de pauvre apparence en patois Picard.

1. Il est probable qu'il y a ici souvenir d'un personnage de quelque Mystère, personnage sans doute grotesque et ridiculement habillé, mais je pense que M. Tarbé est trop ingénieux en voyant là une allusion à saint Ignace (saint Tignace), évêque d'Antioche, sous Trajan.

2. Je ne connois ce mot que dans le dialecte Picard, où il signifie : ôter le bât d'un âne. Torcher veut dire battre, accabler de coups de poing; destorcher signifieroit tomber sur quelqu'un. Galiot du Pré donne *descoche*.

3. A part moi.

4. Il y a une sorte de ressemblance entre ce nom et celui d'Espringallant, que nous trouvons avec Jabot, Mammissart, Guillery, Savary, Mousset, parmi les plus brillants mignons de Jérusalem, dans le Mystère de la Vengeance de Nostre-Seigneur. Mais *Esplangant* rappelle tout d'abord à l'esprit le fameux Esplandian de l'Amadis. Ce roman, qui ne fut guère répandu en France que dans le XVIe siècle, existoit en Espagne depuis la fin du XIVe siècle; la tradition orale a pu en apporter quelque notion en France dans le courant du XVe siècle. Il n'est pas prouvé d'ailleurs, tant s'en faut, que l'Amadis de Gaule n'appartienne pas à la littérature françoise. Pour moi, je vois dans cet *Esplangant* ou Esplandian de Coquillart, un

Mais sçavez vous que l'on en dist?
« Par mon ame, c'est ung fringant. »

Je m'en allay tout en gaignant [1],
Comme ung levrier qui se reveille;
Bonnet renversé de guingant [2],
La belle ymaige sur l'oreille [3].
Je fendoye carreaulx [4] à merveille,
Gay, alegre, bien esmougié [5];
Et me mussay soubz une traille,
Pour attendre que on feust couché,
A coup, avant estre huchié [6],
Faire ce que on vouldroyt; et puys,

héros de chevalerie existant dans quelque roman d'aventures françois, roman actuellement inconnu dans sa forme primitive romane, et qui fut non pas créé, mais seulement adopté, amplifié et *espagnolisé* au delà des Pyrénées au XIV.e siècle, pour revenir, avec un nouveau vêtement, dans sa patrie, au XVIe siècle.

1. Sans doute gagnant au pied, décampant en toute hâte. Peut-être *geignant*, peut-être *guignant*. Jehan Janot donne *gaigant*, Galiot du Pré *gigant*.

2. Sans doute pour de guingois, de travers, *à la crâne*. Il n'y avoit de renommé à Guingan que les rasoirs. Galiot du Pré propose *guignant*.

3. C'est-à-dire quelque médaille, quelque portrait sur mon bonnet :

Sur ma tête la belle image,

dit Roger de Collerye.

4. Je brûlois le pavé.

5. Bien délibéré.

6. Pour promptement, aussitôt qu'on m'appellera.

Tric, trac, sans estre effairouché [1],
C'est faict, c'est mon, advisez l'huys [2].
Velà dequoy servent les nuictz :
Sommeiller qui vouldra sommeiller,
On [3] n'a point peine à s'abiller :
Le matin [4] oster la brayère [5],
Après baiser et fatrouller,
Dire à Dieu par l'huys de derrière,
En effect velà la manière.

Or ça, ma Dame me parla [6]
Du lendemain ; la chose est clère
Que le gaudisseur y alla.
Je m'en viens à l'huys, tac. « Qu'eslà ? »
Je regarday par la serrure ;
La chamberière je veiz là,
Qui me vint faire l'ouverture
Par une vis [7], en sa chambrette [8].

1. Sans trop m'effrayer.
2. Et puis, vivement, sans perdre la tête, l'affaire faite, c'est bien, déguerpissons.
3. Avec notre *manière*, nos usages, à nous galants, on n'a pas la peine de s'habiller, puisqu'on se contente de sommeiller tout habillé, sans se mettre au lit, afin d'être prêt à l'heure du rendez-vous, etc.
4. Le moment du rendez-vous venu.
5. Pour brayes, je crois. Ce vers est omis par Galiot du Pré, François Juste, etc.
6. J'ai donc un rendez-vous pour le lendemain.
7. Escalier.
8. Il s'agit de la chambre de la dame.

Quant je fus leans, je prins cure
De saluer la godinette;
Sa chambre estoit fort sadinette.
Sans faire plus longue querelle,
« Bon jour. » Je m'assis auprès d'elle,
Et puis : « Comment va? quel' nouvelle? »
Nous devisames là de baves [1],
Et des besongnes dismes tant,
Et de langaiges et de brigages,
Dequoy brief ne m'en souvient,
Pour nous et à noz advantaiges [2];
Et entre aultres pour tous potaiges [3] :
Cestuy cy va, cestuy là vien.
Ceste là cestuy cy vault bien.
L'une ayme l'autre; l'autre ayme l'une.
L'une blanche, et l'autre trop brune.
Telz et telz, et telles et telles
Ne sont pas trop beaux ne trop belles.
On faict cecy; on faict cela.
On va par cy; on va par là.
Par telz pointz et par telles choses
On brouille, on clicquette [4], on noise.
L'ung est couard, l'autre est hardy.

1. En bavardant.
2. Nous parlâmes pour nous faire paroître meilleurs, et à notre avantage, des affaires, des commérages, des intrigues d'autrui, tellement qu'il ne m'en souvient guère.
3. Je ne me rappelle guère que ce qui suit.
4. Faire du tapage ou bavarder.

L'ung veult lundy, l'autre mardy.
L'ung est rusé, l'autre gruppé [1].
L'ung est fort et l'autre huppé [2].

En effect, velà, nous disons
Tant de regretz, tant de blasons,
Tant de propos, tant [3] de minettes
Et tant de façons sadinettes,
Que par sa parolle mignotte
J'en cuydoye jouyr à ma poste [4].
Tourner la main, ung aultre mot [5].
Le sang bieu! je devenoye sot.
Je la trouvay si inconstante,
En langaige si vehemente [6]!
Aucunesfois, pour vous le dire,
Mon couraige le vouloit dire [7].
Mais quant je la vis ainsi rire,
Lors, par le corps bieu! je n'osay.
J'escoutay, et si proposay [8].

J'ouyz ung bruit que on demenoit,

---

1. Attrapé, saisi. Nous suivons ici Galiot du Pré ; veuve Trepperel donne *gouppé*, que nous supposons le résultat d'une faute d'impression.
2. Fier, prétentieux, etc.
3. Elle faisoit tant de coquetteries.
4. Aisément.
5. Le temps de tourner la main, tout étoit changé.
6. Et aucun résultat, rien que des paroles.
7. Je me sentois assez hardi pour lui en faire reproche.
8. Tantôt j'écoutois, tantôt je me décidois, je m'encourageois à parler.

Dont incontinent je glosay [1]
Que s'estoit Monsieur qui venoit.
« Las ! dit elle, s'il vous voyoit !
— Qu'est-il de faire ? — Se musser ;
Mais [2], montez en hault tout droit,
Et vous en allez au grenier
Au fain. » Je montay sans compter
Les degrez. Il vient, il caquette
Puis de Gaultier, puis de Jacquette [3] ;
Il tance puis [4] la chamberière.
Et moy qui oyoye le mistère,
N'estoye pas bien asseuré.
Se j'eusse marché ou viré,
Et qu'il s'eust peu apparcevoir
De moy, il feust venu veoir.
Le corps bieu ! j'estoye resolu :
J'avoye tout cuyt et moulu [5].
Je ne feuz pas pourtant si fol,

---

1. Je conclus.
2. Maintenant, à l'instant.
3.   Ce mary murmure et quaquète
    Puis de Gaultier, puis de Jacquette.
        (OEuv. de Roger de Collerye, éd. elzév., p. 66.)
4. Ensuite.
5. J'aurois tout brisé, moulu de coups monsieur le paillard. Roger de Collerye (p. 67) se sert des mêmes rimes en sens inverse :

   Le povre gorrier resolu,
    C'est faict, il est cuyt et moulu.

Que je n'entrasse jousques au col
Dedens le foing; et puis je prins
La belle botte, et la tins
Sur la teste, que [1] on ne me vit.
Et pour me bailler le deduit,
Je vous ouy tantost le cry
De petites souris, pipis [2]
Fort fuisans [3] à mon oreille
Parmy ce foing; c'estoit merveille.

D'autre part estoyent en bas
Les grosses parolles et debatz
De monseigneur et de ma dame,
Qui se combatoyent; c'estoit blasme [4].
Ilz estoyent, se croy je, tous deux
En leur chambre enfermés tous seulx.
L'ung parloyt par une façon;
L'autre chantoyt autre chanson;
C'estoyt ung plaisir que d'y estre,
Car chascun vouloyt estre maistre.

Le soir vint; il faut preparer

1. Afin que.
2. Pipis, c'est ordinairement le chant, le gazouillement, le piaulement, des petits oiseaux.
3. *Fuisans* nous est absolument inconnu. Je crois qu'il faut lire *faisans*, faisant fort *pipis* à mon oreille.
4. Jehan Bonfons donne: *c'estoit basme* (c'étoit une bénédiction). Je crois qu'il a raison: *c'estoit blasme* ne signifie rien; *c'est basme* est une locution fort usitée au XVe siècle.

Le souper et le vin tirer:
Monsieur fut sis et appoincté [1]
Et dict on *benedicite*.

Après soupper voycy Charlot
Le paige, à qui on dict ung mot,
Et fust [2] qu'il allast apprester
La mule. Sans plus arrester,
Si feist il, et se meist en poinct,
Et s'en vint au grenier au foing,
Une grande fourche, en son poing,
De fer; et sans plus de riote,
Il vous vient cheoir sur ceste bote
Que je tenoye sur ma teste.
Or, le dyable ayt part à la feste!
Le paillard paige fist merveille;
Car il fist si parfonde enqueste,
Qu'il me va larder une oreille
De la fourche. Je me resveille
Lourdement, et n'osay mot dire;
Charlot se paine et travaille [3]
D'avoir la bote; il sache [4], il tire.
Je vis tout et cuyday bien rire.
Il print à tirer; je la tien;

1. Mis à point, placé tranquillement et à son aise.
2. Et ce mot fut qu'il allât.
3. Et se travaille d'avoir, se tourmente pour avoir.
4. Tirer avec un mouvement brusque, énergique, avec secousse; encore usité en patois Picard.

Il reculla trois fois de tire [1],
Et jura Dieu qu'il l'auroit bien;
Et si la print adonc [2]; rien, rien.
Il s'esbahit fort et reculle;
« Qu'est ce icy ? dit il, quel maintien [3] ?
Dieu veult il pugnir nostre mulle ! »
Il prent son chappeau et l'affule [4]
Tout en barbetant ba, ba, ba,
Et sans dire parolle nulle
Il tira si fort qu'il tomba.
Et Charlot à Dieu se tempesta [5],
Dit qu'il n'y tireroit meshuyt [6].
Il trousse ses panneaulx [7], et s'en va
Compter aux autres le deduyt.
Son maistre vint; j'ouyz le bruit:
« D'ont viens tu ? » Clic, clac, sur ses joues
Il frappe, il congne, et Charlot rit
Des grosses dens [8]. « Dea, tu te joues ! »

1. *D'une tire* signifioit sans s'arrêter. *De tire* ici peut vouloir dire pour prendre son élan.

2. Pour lors.

3. Qu'est-ce qu'a cette botte pour se conduire ainsi, pour être ainsi retenue ?

4. S'en couvre; encore usité en patois Picard.

5. S'échauffa, se tourmenta, se désespéra en jurant.

6. D'aujourd'hui.

7. Haillons de panne, penne, sorte d'étoffe de velours grossier.

8. En ouvrant toute la bouche pour faire une grimace et pleurnicher.

—Hon, hon, hon [1]! — « Quoy dea, tant de
Le plus beau ne fut dire mot [2].   [moues! »
Vela comment tourna ses roues [3]
Fortune, au povre Charlot.

 Encor fut il bien si sot
Qu'il alla [4] dire à Guillemin,
A petit Jehan et Phelipot,
Et y mist gaige avant la main [5].
Il monte; j'entendy le train,
Je saulx et quis mon advantaige [6].
L'ung [7] lève le botheau de faing;
Povre Charlot perdit son gaige.
Velà comment Charlot le paige
Fut du foing [8] doublement pugny;
Chascun luy gettoit de la neisge [9]
Après; et se mocquoyt de luy.

1. On comprend que ceci représente la réponse en murmures et en pleurs du paige Charlot.
2. Ce n'eût pas été une bonne affaire de répliquer.
3. Les premières éditions donnent *tournasse*, qui nous a semblé une faute d'impression; nous n'avons pu trouver que *comment* gouvernoit le subjonctif.
4. Qu'il l'alla dire.
5. Avança un gage, mit un gage en main tierce, en pariant qu'on ne pourroit enlever cette botte.
6. Je saute et cherchai un endroit moins périlleux pour moi.
7. Le premier qui essaie, le premier venu.
8. A propos du foin.
9. Exemple tiré sans doute des jeux et des combats que les enfants organisent avec des boules de neige.

Le soir vint ; il n'y eust celuy
Ne celle qui n'allast coucher.
Et Dieu scet se j'euz de l'ennuy
Ceste nuyt ! Je n'osoye bouger,
Et me feist on mon foing ronger
Tout à par moy, à ceste enseigne
Que je commençay à songer,
Que faisoye chasteaulx en Espaigne.
Or, affin que chascun appraigne
Comment on y faict bonne chère [1],
J'eusse voulu [2] avoir la taigne,
Et j'eusse esté [3] en la rivière.

Je ne sçavoye tenir manière [4] ;
Plus tost [5] couché dessus ces bottes,
Plus tost dessus la chenevière [6],
Plus tost je descrotoye mes crottes [7].
J'avoye les fantasis si sottes,
Que ceste nuict, de pointz en pointz,
Je devisay plus de centz cottes
Et plus de cinquante pourpoins [8].

1. Je dirai que *j'eusse voulu*.
2. J'eusse préféré.
3. Volontiers plutôt en la rivière.
4. Comment me tenir.
5. Tantôt.
6. Bottes de chanvre.
7. Je grattois, pour passer le temps, les taches de mes habits.
8. Sans doute je pensois aux plus inutiles choses du monde, à l'habillement de celui-ci et de celle-là.

Et sans remuer piedz ne poingz,
Et tout en faisant bonnes mynes,
En songeant de près et de loingz,
Je me prins à dire matines.
Et quant j'en eu bien dit deux lignes,
Je me levay lors sur mes piedz,
Et tout en ployant les eschines [1]
Je voys regarder les clochiers.
Je marquoye [2] plus de cent montiers
Où ilz n'avoyent esté jamais.

Or est il minuyt, pour tous metz,
Et ne veoit on que la drille [3],
Parquoy je prenoye Beauvays
Aucunesfois pour ceste ville.

Le jour vint, vray comme Evangille.
Je meiz ma teste par un trou
Sur la court. La petite fille
Tenoyt ung soufflet, hou, hou, hou,
Et souffloit, mais je ne sçay où,
En la cuisine, çà et là.

Le jour devint grant pou à pou;
Je croy que Monsieur se leva;
Monté sur sa mulle s'en va

1. Pour regarder par les trous du toit.
2. Je remarquois, ou mon imagination me retraçoit, m'indiquoit ainsi au milieu de l'obscurité.
3. Sans doute l'étoile brillante.

Quelque part faire sa traignée[1].

 Je descens sans dire : Qu'est là ?
Je trouvay ma Dame levée.
Quant elle me vit, pour entrée
Elle me bailla ung soubzris,
Et, pour dire vray, sa risée
M'estoyt ung petit Paradis.
Et vecy dequoy je me ris,
Et dont je me riray tousjours :
Car de tous mes maulx et perilz
Elle me bailla deux fins tours[2];
Et me dist, sans plus de sejours,
Pour toute resolution,
Que son mary dedans huit jours
S'en alloit en commission.
Ainsi j'auray occasion
D'aller à l'hostel à mon aise.
« A Dieu, ma dame. — Or, à Dieu don »,
Dist elle. Mais, ne vous desplaise,
Elle est assez fine et maulvaise
D'enquerir se j'en ay rien dict.
Pourtant[3], je vous pry qu'il vous plaise
D'en dissimuler ung petit[4].

---

1. *Traînée* est encore usité en Picardie, dans le sens où il se trouve employé ici, dans le sens d'affaires mesquines, faites par un esprit étroit, minutieux, tracassier.
2. Récompenses.
3. Pour tant, pour cela.
4. Un peu; encore usité dans le patois Normand.

J'en ay assez dit pour meshuyt,
Et n'en diray plus pour meshouen.
Tabourin ! à mon appetit ;
Branslez Le petit rouen [1].

FIN

du Monologue Coquillart.

1. Les quatre premières éditions donnent *bransz*. Galiot du Pré et les éditeurs postérieurs n'ont pas compris ce mot ; ils proposent *beau sire*. La traduction de *bransz* par *beau sire* nous a semblé fort hardie. Il y a dans les premières éditions sans doute une faute d'impression. J'ai supposé que *branslez* étoit plus rapproché de *bransz* que *beau sire*, et j'ai compris : mettez en branle, commencez la danse sur l'air de la chanson : Le petit rouan, etc.

POÉSIES

ATTRIBUÉES A COQUILLART.

MONOLOGUES

ATTRIBUÉS A COQUILLART.

Galiot du Pré (1531) est le premier qui donne les deux pièces qui suivent. Il n'en est fait aucune mention dans les quatre éditions antérieures (veuve Trepperel, Jehan Janot, Alain Lotrian, Jehan Trepperel, etc.). Faut-il conclure de ce silence que le Monologue du Puys et le Monologue des Perrucques ne sont pas de Coquillart? M. Tarbé repousse nettement cette conclusion. Il y a là, cependant, matière à discussion.

Les premiers éditeurs connoissoient-ils ces deux pièces? M. Tarbé en est persuadé. Avoient-ils quelque raison pour en négliger, pour en redouter la publication? M. Tarbé n'en trouve aucune quant au Monologue du Puys, qui seroit, en effet, la plus innocente des pièces de Coquillart. Mais, selon lui, la publication de l'autre pièce étoit délicate et dangereuse, 1° parce qu'il y avoit des allusions à Reims, 2° parce qu'une famille rémoise y est nommée, 3° parce qu'il y a une allusion au cumul des évêchés, allusion peut-être applicable à l'archevêque Pierre de Laval, 4° parce que cette pièce est plus hardie que les autres. Il en conclut que Coquillart eut tout intérêt à ne pas la laisser publier dans l'édition de 1491; mais Alain Lotrian, successeur de l'éditeur de 1491, c'est-à-dire possédant probablement les manuscrits de Coquillart, voyant que « le temps avoit marché et que les hardiesses ne pouvoient plus blesser personne », les imprima en 1525, et fit sagement.

Cette argumentation est malheureuse de tous points. L'édition de 1491 est une fantaisie de M. Tarbé; celle qu'il met à cette date parut après 1520, et la première édition connue des œuvres complètes de Coquillart fut publiée après la mort du poète. Alain Lotrian constata sans doute que le temps avoit marché entre l'an 1491 et l'année 1525, du moins je veux bien le croire; mais cette sagacité d'invention ne le conduisit pas à la découverte du Monologue des Perrucques, qui, pas plus que le Monologue du Puys, ne se trouve dans son édition. Les allusions ne sont pas plus claires dans ces monologues que dans les autres pièces. On y parle de Reims une fois, par hasard, pour la rime, sans aucun intérêt pour l'ouvrage, qui est au contraire rempli de souvenirs parisiens. L'allusion à la famille Rémoise me paroît avoir la même origine que l'édition de 1491. L'allusion à Pierre de Laval est vague, sinon imaginaire, et, d'ailleurs, cet archevêque étoit mort depuis vingt ans au moins lors de la première apparition des œuvres complètes du poète Rémois. Enfin, le Monologue des Perrucques est brutal, sans doute, mais non plus hardi que le reste des écrits de Coquillart.

Il faut donc le reconnoître, rien ne prouve que le premier éditeur ait connu ces deux Monologues, et que ce soit uniquement par prudence qu'il les ait laissés de côté. Mais le hasard est toujours là: il a pu révéler à Galiot du Pré ce qui avoit échappé à ses prédécesseurs. Cela est évident. Nos observations portent sur la théorie de M. Tarbé, non sur la théorie des cas fortuits, et nous ne prétendons pas circonscrire la puissance du hasard. Nous-même nous avons espéré trouver quelques nouveaux vers de Coquillart; Galiot du Pré a pu avoir la même espérance et mieux réussir.

En étudiant à fond les deux Monologues en question, les mêmes doutes se présentent. Le premier a une extrême ressemblance, comme style et comme méthode, avec le Monologue Coquillart; mais nous avons trouvé cette même ressemblance, aussi parfaite à coup sûr, dans le Monologue du Resolu de Roger de Collerye, et il faut avouer que cette ressemblance est plutôt celle d'un pastiche bien réussi que celle qu'ont entre elles deux œuvres analogues écrites par le même poète. Certains passages du Puys paroissent faits avec des phrases, des locutions, des vers entiers découpés dans le Monologue Coquillart. Dans ces endroits il y a imitation incontestable. A côté de cela, d'autres parties sont vives, hardies, délibérées, bien venues, indiquant un esprit original et un esprit semblable à celui de notre poète. Il est évident, d'ailleurs, que ce pastiche peut être son fait, et que nul autant que Coquillart n'avoit le droit et la possibilité d'imiter et de voler Coquillart.

Mêmes difficultés dans l'appréciation du Monologue des Perrucques. Il y a là, sans doute, quelque chose de particulièrement grossier, d'amer et de brutal; mais il est évident, d'autre part, que là encore certains passages sont tout à fait selon l'esprit, le style et la méthode de Coquillart, et cette fois sans aucune apparence de pastiche.

La conclusion à tirer de tout ceci est assez

difficile. On a vu cependant dans notre préface que, malgré toute objection, nous regardons ces Monologues comme ayant été *faits par Coquillart*. C'est avec cette formule, en effet, que Galiot du Pré les annonce, et tous les éditeurs répètent après lui que ces pièces sont bien du poète Rémois. Il nous a paru qu'il y avoit là présomption assez forte pour faire disparoître toute incertitude. Galiot du Pré donnoit son édition vingt ans après la mort de Coquillart, au moment où les neveux de ce dernier avoient à Reims des positions élevées, honorables, respectées, qu'ils devoient surtout à la gloire jetée sur leur nom par le vieux poëte. A ce moment-là même les premiers éditeurs, ou du moins leurs associés, leurs successeurs immédiats, vivoient et imprimoient encore. Il nous a semblé difficile de supposer que Galiot du Pré eût osé faussement attribuer à Coquillart une pièce sans grande valeur comme le Monologue du Puys; une pièce particulièrement grossière, comme le Monologue des Perrucques. Alain Lotrian, Jehan Trepperel II, n'avoient-ils pas tout intérêt à le démentir? Guillaume Coquillart, le jeune, alors chanoine, n'avoit-il pas toute raison de ne pas laisser mettre à tort son nom en tête de telles œuvres? Cependant ces deux pièces furent réimprimées plusieurs fois, toujours avec cette même annonce : *faictes par Coquillart*. Un nouveau Guillaume Coquillart s'acheminoit vers le canonicat, Jehan Coquillart étoit nommé député du tiers état, Pierre Coquillart étoit procureur des habitants de Reims ; jusqu'à la fin du XVIe siècle il y eut là un membre de cette famille honoré et puissant, et les Juste, les Bonnemère, les Denys Jannot, les Marnef, les Bonfons et les Rigault, venoient l'un après l'autre affirmer que ces œuvres étoient bien de Coquillart. Il nous eût fallu supposer qu'un membre de la famille du poète Rémois se fût, après la mort de celui-ci, amusé à continuer une telle poésie, à la continuer comme s'il eût été lui-même un homme du XVe siècle, avec un redoublement de cynisme, avec une grossièreté cette fois sans excuse, approuvée, encouragée, néanmoins, par tant d'illustres représentants de la cité de Reims !

Nous avons préféré admettre les présomptions qui conseillent d'attribuer à notre poète les deux morceaux que nous allons mettre d'ailleurs sous les yeux des lecteurs.

Cy commance le Monologue du Puys faict par Coquillart.

Gorriers mignons, hantans banquetz,
Gentilz, fringans, dorelos,
Portés vous plus les affiguetz,
Ne les robbes de camelos,
Motes argenteuzes, petis œullades [1],
Entretenés voz plus voz tours
De faire donner les aubades
Que soulliés faire tous les jours [2]?
Où estes vous, chans de linotes,
De chardonnelés ou serins,
Qui chantés de cy [3] plaisans notes
Soubz les treilles de ses jardins?
Où estes vous les tabourins,
Les doucines [4] et les rebectz,

1. La construction de la phrase semble demander pour les mots *mottes* et *œillades* la signification de bijoux; il est difficile de les comprendre autrement que comme quelques-uns de ces *affiquets* dont on vient de parler. Les premiers seroient donc quelques bijoux ronds en argent, les seconds quelques bijoux ovales ornés de pierres précieuses, de diamants fort brillants lançant des œillades.

2. Comme vous aviez l'habitude de le faire.

3. Qui chantiez de si...

4. Il est facile de comprendre que c'est un instrument de musique; il s'appeloit aussi *douceigne* ou *doulcemer*. Je n'ai pas pu trouver sur lui de plus amples détails.

Que nous avions tous les matins
Entre nous aultres mignonnés !

J'ay veu que j'avoye Henriet
A faire mes charivaris [1],
Avec son compaignon Jacquet,
Pour les bourgeoises de Paris.
J'ay veu qu'estoye mignonnet,
Chantant entre les damoiselles ;
Ung corps fectis, sade, gronnet [2],
Pensés qu'avoye des plus belles.

Vous semble il point que pour argent
Qu'on peust joyr de ses amours,
Estre tousjours mignon, fringant,
Portant cornette de velours !
Aultre foys ay esté en cours
Pour faire balades et rondeaux,
Et ne dormoie ne nuytz, ne jours,
A penser les termes nouveaulx.

Ung jour m'en aloie pas à pas,
Fort mignon, plaisant et habile,
Tracassant, traignant le patin ;
Car je sçavoys bien mon stille
Et entendoys bien mon latin [3].

1. On a vu que charivari n'avoit pas l'acception odieuse qu'il a de nos jours.

2. M. Tarbé pense que ce mot *gronnet*, *gros net*, signifie très propre.

3. On reconnoît toute la phraséologie de Coquillart.

MONOLOGUE DU PUITS.

Je vous estoys miste, fricquet,
Habillé comme ung gentil homme,
Esveillé comme ung saulpiquet ;
N'y avoit que pour moy, en somme,
Les beaulx petis gans, le bonnet
Et la perrucque bien pignée [1].
Pour dire : « Morbieu, pas ung pec ! »
J'estoys ung fringant [2] à journée [3].

D'aventure comme je passoie
Et m'en aloie tout en paix,
Sans ce que aucun mal y pensoye,
Se [4] me dit ung : « A Dieu *Joannes* [5],
N'oublie pas ton escriptoire. »
Et je vous escoute ; quoy voire [6] !

Nous avons expliqué toutes ces locutions : tracassant les pavés, traînant le patin, savoir le stille, etc.

1. Il n'y avoit personne tel que moi pour porter les beaux petits gants, etc.

2. Pour savoir dire, selon l'expression à la mode : « Laissez-moi tranquille », j'étois un gaillard.

3. Fringant *à journée*, homme bien habillé tous les jours, par opposition à ces pauvres diables de valets *dimanchërés*, qui, occupés toute la semaine, ne peuvent s'habiller que le dimanche.

4. Comme je m'en allois sans penser à mal, *se*, ce, cela, cette parole quelqu'un me cria.

5. Pédant, pauvre écolier. Nous le trouvons dans les romans du XVIIe siècle, employé dans le sens de valet d'Université, domestique de professeur.

6. Oui vraiment.

Ha! ventre bieu, quel broquart!
Pensaige à moy[1]. C'est ung coquart!
C'est la façon, du temps qui court[2],
De ses varlés dymencherés
Qui sont vestus sur le gourt,
De nous appeller tous *Joannes*.
Ilz portent les cappes couppées[3]
En la façon de maintenant;
C'est quant leurs robbes sont percées[4],
Pour estre plus mignonnement.
Se vous les voyés tous les jours,
Quant ilz ouvrent de leurs mestiers[5],
Leurs robbes vestus à rebours[6],
Vous diriés : « Se sont savetiers »;
Et quant se vient aux jours des festes,
Ilz semblent tous gros thresoriers.

1. A part moy.
2. En ce moment-ci.
3. Sortes de cabans descendant jusqu'aux hanches, selon cette mode qui excite la colère des chroniqueurs graves du XVe siècle; mode indécente, dit Monstrelet, et qui laissoit voir chez l'homme des choses déshonnêtes que la robe cachoit, de sorte qu'avec de tels habits on ressemble plutôt à un singe, à un mommon, qu'à un homme.
4. C'est quand leurs robes sont usées qu'ils les coupent en forme de cape, et ils disent que c'est pour être à la mode, mais c'est par pauvreté prétentieuse.
5. Quand ils travaillent selon leurs métiers.
6. Montrant et usant la doublure, pour épargner l'endroit de leurs robes.

Ilz ne demandent que les festes
Pour aller aux nopces dancer,
Faire les voustes et saulter,
Affin qu'on die : « C'est il, c'est mon,
Par la mort bieu, il dance bien ! »
Brief, c'est ung gentil compaignon,
Et si a ung tresbeau maintien ;
Par mon ame, c'est grand dommaige
Qu'il n'est porteur de cotherés,
Car il a ung tresbeau corsaige [1]
Pour porter assez de grans frais.
Ilz vous portent, comme j'enten,
De beaulx aneaux dedens leurs dois,
Qui sont dorés de beau saffren ;
Il semble que soient petis Roys ;
Et mectent la main au bonnet,
Affin qu'on voie les aneaux,
Pour dire [2] : « J'ay ung afficquet »,
Et n'ont pas vaillant deux naveaux !

Au fort lessons ceste faerie [3],
Et retournons à noz moutons ;
C'est une droicte resverie
D'ouir parler de leurs façons.

Je m'en aloie delà les pons,
Avecques mon paige Jaquet,

1. Carrure.
2. Et pour avoir occasion de dire.
3. Ces incroyables mœurs.

Monté sur belle hacquenée.
Et pensés que j'estoie dehet [1],
La belle robbe fourrée,
Les gentilz petis brodequins,
Tracasser par mons et par vaulx,
Aller, retourner par chemins,
Faire feu dessus les carreaux,
Monstrer partout mon beau corsaige.
« Par le sang bieu! c'est grand dommage,
Ce dient les gens de Paris,
Il seroit ung beau personnage
Pour estre abbé de sainct Denis. »

Je ne pensoie point à leurs diz,
N'à leurs parolles, n'à leurs devis;
Je pensoie bien à aultres jeuz;
Car me monstroie pour la dame
De qui je estoie amoureux.
Et si vous dy bien, par mon ame,
Que c'est la plus mignonne femme,
Par Dieu, qui soit point à Paris;
Car elle a le plus plaisant ris,
Les yeulx vers [2], la petite bouche;
Quant elle marche sur espinettes [3],

1. Que j'estois tout disposé, avec ma belle robe..., de *tracasser*, de courir.
2. Aux reflets miroitants.
3. Sans doute, au milieu des champs, près des haies; ou bien au figuré : quand elle se trouve dans quelques positions difficiles.

Elle fait ung tas de minettes;
On dit : « Celle femme n'y touche¹. »
Se vous la voyés quant elle rit,
Vous diriés : « Vela ung enfant. »
Sans faire noise, hy, hy, hy,
Se fait elle tout bellement.

Je vous passe incontinent²,
Sans faire semblant ne manière ;
J'ay advisé la chamberière
Qui estoit assise à la porte ;
Viens à elle de bonne sorte :
« Et puis, comment vous va, la belle ?
— « Et tresbien, Monsieur, dit elle ;
Où avez-vous demouré³ tant ?
— Par ma foy, j'ai esté dehors
Où j'ay veu de bien mauvais temps,
Ce luy dis je par bon accors⁴.
Et puis, et puis où est ma dame ?
Que fait elle ? y a il ame ?
— Ennement⁵, elle est sur le lict;
Elle repose ung petit,
Ce me dit lors la chamberière.
— Ouvrés moy dont l'huys de derrière,
Affin que j'entre en la maison.

1. Tant elle est légère.
2. Devant la maison de ma dame.
3. Nous suivons Franc. Juste. G. du Pré donne un vers trop court.
4 Par prudence, par bonne ruse. — 5. Maintenant.

— Je n'oseroye, pour le garçon
Qui s'esbat emmy le jardin ;
Mais Monsieur s'en va demain,
Se me dit elle incontinent,
Et pourés venir seurement
Ceans coucher avec ma dame.

Je m'envois sans penser à ame,
Rencontre mes deux compaignons ;
« *Bona dies* soit aux mignons ;
Où allés vous ? d'où venés vous ?
— Nous en allons en ung banquet ;
Voulés vous venir avec nous ? »
Je vous renvoye mon haquet [1],
Par mon petit garçon Jacquet,
Et lui dis : « Aporte la torche,
Et te tiens au plus près du porche,
Affin que je saiche où te trouver. »

Quant nous fusmes tous en la salle,
Qu'est il de faire ? De dancer.
Et Dieu scet se on faict la galle [2]
A mener dancer ses bourgeoises.
Ces doreloz, ces gorgias
Menoient les meilleures galoises [3],
On ne sentoit que muglias [4],

1. Ma haquenée.
2. Si on se rejouit.
3. Les plus vives, les plus enjouées.
4. Muguets.

Marjolaines et rommarins,
Giroflées, armeries [1], boucqués [2].
Arrière ! arrière, rustarins [3] !
Nous entretenons les bancqués.

   Quant nous eusmes dancé tous trois,
Nous nous reposons ung petit
Et regardons tous les fatras [4],
Les danceurs et le bas deduit [5] ;
Et de railler, et de dancer [6] :
L'ung est trop grand [7], l'autre petit.
L'ung est trop lourt à desmarcher [8] ;
L'autre a failly bien de deux pas.
L'ung n'y scet rien ne hault ne bas [9],
Et l'autre, se n'est q'un lourdault.
Il la meine trop lourdement
Et fait ses saulx ung peu trop hault.

1. *Armerie* ou *armoire*, c'est, je crois, cette sorte particulière de giroflée qu'on appelle généralement l'œillet des poètes, et à qui on donne en Basse-Normandie le nom de Juliane.
2. Fleur en général. Bouquet est encore pris dans cette acception en Picardie : *ein biau bouquêt*, une belle fleur.
3. Galants de second ordre, paysans endimanchés.
4. Toutes les coquetteries.
5. Sans doute les basses danses.
6. Nous partageons le temps entre la danse et les remarques railleuses.
7. Disons-nous.
8. Dans ses pas de danse.
9. Ni les pas, ni les sauts.

L'une contrefait la mignote ;
L'autre a la manière trop sote.
L'une parle trop grossement ;
Et l'autre si est ung peu torte,
Et se besse ung peu en avant.

Quant nous eusmes bien coppié [1],
Et bien lardé et devisé,
Je m'en viens droit au tabourin :
« Je vous prye, sonnés moy « Le train »,
Je veux mener ma damoiselle. »
Incontinent je vins à elle :
« Ma dame, vous plaist il dancer ?
— Et grand mercy, se me dit elle,
Ennement je ne puis aller. »

Et de rire, et de railler [2],
Se me dit l'un : « Hau perrucquet ! »
Et je me vois sans grand caquet ;
Tant en somme je [3] me tappis,
Et m'en vois derrière ung tappis [4],
Tant que le bruit se fust passé.
Je fus si lourdement farcé,

---

1. Gausser, berner, brocarder. Voy. deux contes de Bonaventure Des Périers sur les *Copieux* de la Flèche (Œuv. de B. Des Périers, édit. elzev., t. 2, p. 102 et 115).
2. Et tout le monde de rire et de me railler.
3. Si bien, en somme, que je me, etc.
4. Tapisserie.

Par tel façon et tel manière,
Qu'eusse voulu avoir esté
Dedens ung sac en la rivière.
« Quoy ! se disoient tous les danceurs,
Il sembloit que n'y eust que pour luy !
C'estoit le plus fort copieux
Qui fust en ceste feste icy. »

Je m'en revins tout bellement,
Tout quoy, par derrière le banc.
Il y avoit ung cordonnier
Qu'il s'estoit trouvé à la feste ;
Si s'en va ma dame prier ;
Sans autre prière ou requeste,
S'en va avecques luy dancer.
Je vis cela, et d'enrager
De deuil ; je fuz si treshonteux.
Et ne suis je pas maleureux,
Qui cuidoie estre si rusé,
D'avoir esté si refusé,
Moy, qui suis gorgias, mignon,
Franc, fraiz, frasé comme ung ongnon !
Je ne sçay pourquoy s'a esté
Que j'ay esté tant recullé.
Ha ! par ma foy, je suis bien sot ;
Je croy bien que c'est pour ung mot
Que j'ay failli à la nommer[1] :

---

1. Pour un nom que j'ai négligé de lui donner en la nommant; pour un mot à propos duquel je me suis trompé en lui adressant la parole.

Car, quant l'ay priée pour dancer,
Je vous l'ay appellée ma dame;
Et devoie dire : ma damoyselle [1].
Là où j'ay failly, par mon ame,
Pour quoy [2] el la me bailla belle.

    Quant je veiz cela, je m'en vois
Sans dire à Dieu aux compaignons;
Ilz n'avoient garde de me revoir,
Ne que je leur disse : Dansons.
Mais m'en alay mon paige et moy,
Sans vous dire ne si ne quoy,
Veoir ma dame par amours.

    Je vous viens, sans plus de sejours [3]
Alant tastant encontre l'uys;
Je regarde par ung pertuys [4];
Je veis venir la chamberière
Qui me vient ouvrir le guichet.
J'entre dedens, moy et Jaquet,
Et m'en viens droit à la chambrète
Qui estoit bien fort mignonnette.

    Comme j'entre, voicy le chien
Qui sans dire ne si ne rien,

---

1. Damoiselle servoit en effet alors à désigner les filles et les femmes de gentilshommes.
2. C'est là que j'ai failly, et pour quoy, etc.
3. Sans aucun retard.
4. Un trou.

Et me vient saillir au beau col :
Et qu'esse cy, bongré sainct Pol [1] ?
Je croy que je suis maleureux !
Quant me suis levé au matin,
Je ne pensoie pas à telz jeux !

Or ça, parlons d'autre latin :
« Comment vous va, mon musequin [2] ?
Où est monsieur vostre mary ?
— Par ma foy, monsieur mon amy
Il s'en va en commission.
— Or, ça, ça, j'ay occasion
De coucher ennuit [3] avec vous.
— Ha ! monsieur, que dictes vous ?
Je seroie deshonnorée !
— Ne faictes pas tant la succrée ;
Sçavez pas bien [4] que m'avés dit :
« J'aymeroie mieux estre noiée
Que vous en fussiés esconduit [5] ! »

Quant nous eusmes bien cacqueté,
Et bien broullé et tempesté,
Onze heures si s'en vont sonner.

1. Avec l'aide de saint Pol.
2. Ma mignonne, ma petite bouche. Il se disoit, la plupart du temps, en parlant du museau des petits chiens.
3. Aujourd'hui.
4. Ne vous rappelez-vous pas bien ce que vous m'avez promis ?
5. Refusé.

« Sus, sus [1], allez vous en Jaquet,
Et pensés le petit haquet,
Et luy faictes bien sa littière. »

On alume belle bourée ;
Je me despoulle mon pourpoint
De beau satin, moult bien à point ;
Nous nous chauffons entant [2] nous deux,
Devant et puis après derrière.
N'avoie garde d'estre honteux,
Car je faisoie bonne chère [3].
Vecy venir la chamberière
Qui va faire la couverture ;
Et ma dame s'en va coucher,
Et moy après, à l'aventure,
Sans plus cacqueter ne prescher.

Quant nous fusmes tous deux couchés,
L'un prés de l'autre aprochés,
Monsieur s'en revient sans blason [4],
Qui avoit oublié des lettres
De ladicte commission,
Et luy estoient fort necessaires.

1. Allons, vite, debout.
2. Pendant ce temps. François Juste donne : *entre*.
3. Je ne me faisois point faute de prendre mon plaisir, car il étoit tout à ma portée ; ou bien : je ne craignois pas de me montrer, j'étois homme de bonne mine.
4. Sans sonner de la trompette ni envoyer un héraut d'armes pour avertir de son approche.

Si frappe à l'huys, acoup, acoup,
Tout esperdu, tout morfondu.
« Mon amy, vous estes perdu !
Qu'est il de faire ? — Je suis mort ! »
Je n'eusse osé dire ung seul mot.
Or, y avoit il une fenestre
Qui respondoit dessus la court ;
Je n'avoye garde d'estre sourt
Et je vous prens tous mes habis,
Mais je ne sçavoye où [1] les mettre.
Je vous sailly dedans le puys
Qui estoit devant la fenestre ;
Je fiz ung grand flac dans l'eau.
Je cuiday estre là gellé ;
Mais se n'eusse trouvé le seau,
Par ma foy, j'estoye noyé.

Tantost après on vint tirer
De l'eaue pour gaier [2] les chevaulx.
Je ne sçavoye où me bouter,
Car je souffroye plusieurs maulx.
On prent la corde, et de tirer :
« Vecy eaue moult fort pesante,
Se dit celluy qui la tiroit,
Se seau en pese plus de trente. »
Et croyés qu'avoie grand froit ;
Et se d'aventure il m'eust veu,

---

1. Où, comment prendre le temps de les mettre.
2. Passer à gué, c'est-à-dire mouiller légèrement.

Comme estoye ainsi tout nu,
Il eust lessé la corde aller
Pour me faire dedens noier.
Dieu m'aida bien à celle foys;
Aussi estoie bon chrestien!
Je ne prisoie ma vie deux noix,
Ne faisoie plus compte de rien.

   Quant je vous fus jucquez [1] en hault,
Et moy de sortir ung beau sault [2],
Et celuy qui m'avoit tiré
Fust si lourdement effroié
Que il cria : alarme! alarme!
Vous eussiés ouy tel vacarme
Courir par my ceste maison!
Car je vous jure sur mon ame,
Sembloit que fusse ung larron.

   Et de saillir, pour abreger,
Tout fin nu en belle chemise;
De mes abbis, sans plus parler,
Ne faisoie compte ne mise.

   Encore, qui pis est, en allant
Je vous rencontre bec à bec
Deux ou trois ribaus sergens
Qui me mennent en chastelet [3];

---

1. Grimpé, huché.
2. D'employer, d'exhiber un beau saut.
3. En prison. On sait ce qu'étoit le Châtelet de Paris.

Car ilz venoient[1] de rompre ung huys
Où il y avoit marchandise ;
Et s'en estoyent trestous fouys
Tout fin nulz[2], en belle chemise.
Pource que on me trouva tout nu,
Tout esperdu, tout morfondu,
Je fus prins en lieu de ceux là.

Je n'entendoie pas bien cela[3],
Je y allay, sauf mes bons droitz[4].
« Et qu'est cecy, bon gré ma vois ![5] »
— La mort bieu ! vous y viendrés. »

Vela comment on nous chastie,
Entre nous gallans amoureulx.

M. Tarbé indique qu'il y avoit aussi un Châtelet à Reims, dans le Ban Saint-Remy.

1. On venoit.

2. Il semble que ce soient les habitants de la maison forcée qui eussent dû s'enfuir en chemise. L'arrestation du povre gallant prouve cependant que c'étoient les voleurs qui s'en alloient ainsi forcer un huis pour se faire dépouiller jusqu'à la chemise. Cette manière de voler est trop peu usitée pour qu'il ne nous soit pas permis de supposer quelque incorrection de texte. On a pu observer d'ailleurs que le style de cette pièce est plus néglgé encore que le reste de l'œuvre de Coquillart.

3. Je ne me laissois pas facilement persuader de les suivre.

4. En protestant qu'on me maltraitoit, ou qu'on n'avoit nul droit ; sous toutes réserves.

5. Interjection ; que ma voix me soit en aide, je proteste, j'appelle au secours.

C'est une droicte frenaisie
D'en tant parler; j'en suis honteux.
C'est une merveilleuse peine ;
Je n'y veux plus mettre ma cure
En ceste folle vie mondaine.

Je vous ay dit mon adventure ;
Ung homme qui est endurcy,
Se [1] luy semble toute plaisance.
Aufort n'en parlons [2] plus meshuy.
Donnés moy une basse dance.

Fin du Monologue du Puys,
faict
par Coquillart.

1. A un homme qui est endurci, tout cela, etc.
2. Mais moi, je n'en veux plus parler.

LE MONOLOGUE

DES PERRUCQUES

OU DU GENDARME CASSÉ.

LE MONOLOGUE

DES PERRUQUES

OU DU GENDARME CASSÉ.

Nous avons indiqué dans notre préface le caractère particulièrement odieux de cette pièce, la grossièreté, la brutalité de satire, la franchise cynique et l'âpre effonterie qui la distinguent. Nous sommes obligé de reconnoître cependant qu'elle présente un grand intérêt pour l'histoire, et qu'elle offre, autant que toute autre partie de ce livre, des détails curieux et importants pour la connoissance des mœurs, des idées et des costumes de ces premiers enfans de la Renaissance. Toutefois nous recommandons au lecteur de ce Monologue de faire double part à la satire dans les observations historiques qu'il tirera de cette œuvre : la part du poète satirique, nécessairement porté à exagérer, par la grandeur du mal, la nécessité de l'indignation, et la part du Gendarme, du héros, du conteur, qui ne pouvoit, pour obéir à la loi de son caractère, connoître que des infamies. Je livre cette dernière remarque comme une légère excuse en faveur de l'auteur du Monologue. Il ne faut pas oublier en effet cette loi d'observation sincère, de préoccupation de la réalité, d'exposition franche des caractères et de respect absolu pour la nature des personnages dramatiques, qui domine l'art du Moyen Age. Au point de vue de la morale cet art est défendable seulement, je le crains, dans les âges naïfs ; mais au point de vue de l'histoire littéraire, l'imbécile hypocrisie du langage précieux fait de la grossièreté de Coquillart presque une chose de bon goût, et les vrais haillons du Gendarme cassé sont moins pénibles à voir que les bas de soie blanche, les chemises en dentelles et les rubans roses, seuls habits connus des bergers du Lignon.

Les chroniques bourgeoises et les archives municipales du XVe siècle nous apprennent avec quelle vérité est dessiné le type du Gendarme. Les archives de Reims surtout sont curieuses à consulter sur ce sujet. Il faut tenir compte sans doute de ce caractère propre à la politique bourgeoise, qui se plaignoit constamment, qui haïssoit toute organisation nouvelle, et qui exagéroit toute souffrance. Les Rémois, entre tous, savoient fort bien qu'on gagne toujours quelque chose *par bien tancer,* et qu'on perd tout *par faulte de hault braire.* Mais il est évident d'ailleurs qu'ils eurent fréquemment de graves sujets de plainte, et qu'ils eurent parfois raison dans les ambassades qu'ils envoyoient au Roi sur le fait des gens de guerre.

En 1478, après la paix faite avec le duc de Bourgogne, les gens d'armes rentrèrent dans leurs lieux de garnison, qu'ils ne tardèrent pas à traiter comme pays conquis et villes gagnées. Les gens de Reims, qui avoient déjà logé trente-cinq lances de la compagnie de M. de Saint-Just, et qui s'étoient mis au fait des habitudes de ces soldats, patientèrent pendant huit mois. C'étoit beaucoup, mais ils savoient qu'ils n'étoient pas en la grâce de Louis XI. Au bout de ce temps, les excès devinrent intolérables, et la bonne ville députa maître Denys Coquillart, accompagné de deux personnages notables, pour aller remontrer au Roi et au Connétable, capitaine de Reims, les maux que ces paillards gens d'armes faisoient dans le pays. Ils s'étoient partagé tous les villages des environs à sept ou huit lieues à la ronde, de telle sorte que le moindre archer avoit pour sa part deux villages, où il se livroit à toute manière de tyrannie. Ils forçoient les habitans à venir leur apporter en leur logis à Reims vin, blé, paille, avoine, bois, foin, vivres de toute sorte, en si grande quantité qu'ils en revendoient la plus grande partie. Ils alloient fourrager chez les paysans, contraignoient leurs hôtes à loger dix ou douze hommes, c'est-à-dire le double du nombre fixé par les ordonnances ; voloient les bestiaux, les vendoient, puis, après en avoir reçu le prix, les gardoient, les mangeoient, et extorquoient des quittances des acheteurs ou vendeurs ; faisant partout grands excès, battures, injures, se rebellant contre justice, de sorte qu'il falloit le tout endurer, sous peine de plus grands inconvénients.

Cette patience forcée étoit la chose entre toutes désagréable à la bourgeoisie Rémoise ; elle fait comprendre l'amertume des plaintes, et elle explique aussi l'âpreté particulière et la haine bien sentie dont on trouve des traces nombreuses dans le Monologue.

Dans cette pièce, en outre, Coquillart perd toute réserve au sujet des perruques, qu'il poursuit, pendant tout le cours de son œuvre, avec une si étrange indignation. Je ne sais expliquer par quelle combinaison mystérieuse d'idées il se trouve une si grande antipathie entre la race Rémoise et cet ornement, mais j'en trouve une belle et solennelle preuve, dès le XIIIe siècle, dans la Somme de maître Drogon de Hautvillers, chanoine de Reims, professeur de droit civil. C'est d'après cette Somme que le droit étoit professé dans les écoles du Chapitre de Reims, et dans le titre sur la position et les droits de la femme, qui est bien la plus curieuse, la plus brutale, la plus naïve et la plus amère diatribe qu'on puisse imaginer, se trouve ce passage peu bienveillant à l'égard des perruques : « Les ornements des femmes, ne sont-ce pas des incantations par lesquelles elles appellent le Diable à venir en leur compagnie, au fond de leur cœur, pour y combattre Dieu ! Tous ces affiquets qu'elles portent sur leurs têtes, après les avoir reçus de leurs amants, ne sont-ce pas les couronnes des triomphes nombreux que par elles le Diable a remportés ! Quand elles se peignent, quand leurs visages sont des masques derrière lesquels sont cachées les figures que Dieu leur a données, n'est-ce pas d'elles alors que parle Jérôme, disant : « Par quelle audace levez-vous vers le ciel des visages que le Créateur ne reconnoît pas ! » Et quand elles portent des perruques, des cheveux coupés à des cadavres, n'est-ce pas le Diable qui leur donne cette audace, à elles qui n'oseroient porter la chemise ou tout vêtement d'une personne morte, etc.! »

Ces graves, belles et bizarres paroles, ne sont pas sans doute une adroite entrée en matière pour le monologue qui suit, mais elles serviront du moins à expliquer un peu ce côté du talent de Coquillart, le mépris de la femme, mépris qui ne s'est montré nulle part aussi cruellement que dans les vers qu'on va lire.

Cy commence le Monologue des Perrucques faict par maistre Guillaume Coquillart.

Hommes d'armes cassez de gaiges,
Comme moy par mont et par val,
Sur les champs portant leurs ba-
A pié, par faulte de cheval,   [gages
Fortune me tient son vassal ;
Povreté m'a en ses abois[1] ;
Et suis, pour bref propos final,
En point comme un brigant de bois.

J'ay perdu chevaulx et harnois

1. Pauvreté me poursuit avec constance.

A trois beaulx dez, par mons et vaulx.
Ma lance est au grenier aux noix,
Qui sert à seicher les drappeaux.
J'ay mengé espée et houseaux.
Qui n'a point d'argent, rien ne paye ;
Rendre me fault, par mes aveaux [1],
En quelque vieille morte paye [2].
Mon pourpoint est de vieille soye,
Derompu et tout decassé ;
Et me nomme on, où que je soie,
Le Gendarme fumeux cassé [3].
Mince d'argent, povre endossé [4],
Nu et espris pour tout comprendre [5],
Pour tresor que j'aye amassé,
Laron ne se fera jà prendre.

Tous ses jours cent frans à despendre ;
Monté de courcier et de dame ;
Emprunter assez et riens rendre ;
Estre sauvé de corps et d'ame ;
Vivre de hait sans estre infame ;
Tousjours sain et jamais malade ;
Chascune nuyt nouvelle femme ;

1. Ces *aveaux* semblent être les ancêtres des *aves* et *ataves* de l'escolier Limousin, par mes ayeux.
2. Soit en quelque forteresse des frontières, soit en quelque monastère à titre de *moine lais*.
3. Le gendarme ardent cassé.
4. Ayant sur le dos de pauvres habits.
5. Et cependant ardent au pillage.

C'est le refrain de la ballade [1].

Tous les matins la belle aubade [2];
Visage frais et non hallé ;
Bon corps pour faire la gambade
Saillir, saulter, par long, par lé [3] ;
Vivre autant que Mathussalé,
Sans envieillir ; (vela le point,
Le galant [4] seroit bien pelé)
Et puis chanter à contrepoint [5] ;
De drap [6] de damas le pourpoint ;
Chausses de trois escuz la paire ;
Le mignon [7] seroit bien en point
Fust pour aller veoir son grant père.

Caqueter avec la commère,
Nu à nu dedens le beau baing ;

[1]. Tout cela, c'est la vie que chacun demande et désire.

[2]. Donnée à sa dame.

[3]. Bon corps pour... sauter de long en large, en avant ou de côté. M. Tarbé, en se conformant cette fois fidèlement aux premières éditions, a donné : *saillir, saulter, par long parlé*. Je suppose que dans sa pensée cette phrase présentoit un sens ; pour moi, je n'ai pu en trouver sans diviser, comme je l'ai fait, *par lé* en deux mots.

[4]. Sans quoi, arrivé à cet âge, le galant, etc.

[5]. Peut-être uniquement savoir la musique, savoir s'accompagner en chantant ; ou faire des accords, des variations sur un air ; faire un duo ; chanter à voix pleine.

[6]. Avoir le pourpoint, etc.

[7]. Avec tout cela le Mignon seroit heureux et pourroit se présenter partout.

Ce seroit, par l'ame ma mère,
Ma charge [1] sans aller plus loing.

   Chascun son beau pasté de coing,
Mettre la main sur la mammelle,
Puis se tirer en quelque coing
Pour aprivoiser la femelle;
Beau lit paré, la chambre belle,
Les draps bacinez à souhait;
Hypocras [2]; chevaucher sans selle,
River [3] et habiter de hait!

   Corps advenant, souple jaret;
Secourre gantel et mitaine [4],
Cinq, six coups la lance en l'arrest
Pour jouster contre la quintaine [5]!

   Le matin, comme ung cappitaine,
Le fagot, la belle bourrée,
Puis la forte fievre quartaine [6]

---

1. Mon affaire.
2. Breuvage fait avec du vin, du sucre, des épices. Il y en avoit de plusieurs espèces.
3. Outre son sens de côtoyer, d'aplanir, *river* signifioit aussi repousser, arranger les draps d'un lit.
4. Ramasser le gantelet ou la mitaine, selon que l'ennemi est un homme ou une femme.
5. Poteaux où étoient suspendus un bouclier, ou des masques, des têtes, des mannequins, au milieu desquels il falloit ficher la lance en courant.
6. La fièvre d'amour.

Pour faire une gauffre fourrée ;
Le chaudeau flament [1], la purée
Pour reconforter le cerveau ;
Puis se prendre à la marée
Et recommencer de nouveau !

 Chascun son beau pasté de veau
Aux moyeux d'oeufz [2], le beau vin blanc ;
Que fault il de plus ? ung cordeau [3]
De la valeur d'ung petit blanc,
La nappe mise au long d'ung banc,
Faire la parrucque au bacin [4],
Rire, chanter, deviser franc ;
Ce n'est meurtre ne larrecin !

 Ung tour de bec, dire un tatin [5]

---

1. Breuvage qui se fait avec de l'eau chaude, des œufs et du sucre, et que l'on donne, en Flandre, aux nouveaux mariés et aux gens enrhumés.

2. Le jaune de l'œuf.

3. Je ne sais ce qu'il entend par ce *cordeau*, à moins qu'il ne veuille dire : que faut-il quand on a un tel festin ? la moindre chose pour le poser ou le faire cuire, le plus petit morceau de bois, de corde.

4. Cette locution n'est pas facilement intelligible. M. Tarbé pense que cela veut dire : se teindre les cheveux ; mais il s'agit ici d'un banquet, d'un repas tel que le drôle en souhaiteroit faire avec sa *gouge* ; il ne semble pas probable qu'il choisisse ce moment pour se teindre les cheveux. *Faire la perruque au bacin* seroit plutôt couvrir le bassin de ses cheveux en se rinçant la bouche après dîner.

5. Donner un baiser, dire une parole grivoise.

MONOLOGUE DES PERRUQUES.

Soudain que la gouge en emmanche,
Luy rebailler le picotin,
Si l'instrument ne se desmanche!

De fin lin la chemise blanche
Soy vestir, le beau feu aux reins [1];
Et puis le gueux à quelque branche [2]
Pour monstrer le chemin de Raims [3]!
La belle eaue roze à laver mains;
Trencher du caresme prenant [4];
Cornette fourrée, du moins
Cela est bien gouteprenant [5]!
Soy pigner demy heure ou tant;
Panthoufle haulte qu'on ne grille [6]!
Payer la gouge tout contant,
Sequin sequet, sur une grille [7];
Partir, dire à Dieu à la fille;
Est on prest? la bouche laver;
De mesme [8] le trou la cheville

---

1. S'habiller mollement au coin du feu; sans négliger les bénéfices et les joies cruelles de la maraude.
2. Puis pendre quelque malandrin, quelque routier voleur. Il est possible pourtant que *gueux* ait quelque sens grivois.
3. Cela veut tout simplement rimer avec *reins* et dire : pour servir d'exemple, le long des routes.
4. S'habiller d'une façon *voyante*, faire toutes rodomontades, gesticuler pour attirer l'attention.
5. Cela vous donne l'air grave d'un notable.
6. Sans doute, de peur de se brûler les pieds.
7. A la hâte et n'importe où. — 8. A mesme, dans.

Tenir ferme, pour enterver[1] !

Courre de nuyt, ribler, resver[2];
Porter ungz cheveulx d'Absalon,
Et tous les jours de cest yver
Deux mules à chascun tallon;
Habitz neufz selon la saison;
Jusques en terre longue cotte,
Et rapporter en la maison
Du moins pied et demy de crotte!

Planter ung beau rosier[3] cheuz l'oste;
De l'ostesse avoir la coppie[4];
Le bonnet renversé de coste[5],
Et au bout du nez la rouppie;
Pomper, faire la queue de pie[6];
Avoir d'or et d'argent à foison;
Pier de la plus gourde pie[7];
Mon souhait seroit il pas bon?

1. Généralement, entendre, entrevoir; ici, je pense; *entraver*, ficher en terre.
2. Avoir mille fantaisies.
3. Sur mon nez, dans chaque auberge.
4. On comprend facilement *copie* dans le sens de portrait; nous avons déjà indiqué son sens de raillerie; et si l'on songe que : *avoir copie de* signifioit avoir grande abondance de, posséder facilement, on entendra aisément tout ce que Coquillart a voulu dire dans ce vers.
5. *De coste, en coste*, de côté.
6. Dans le même sens que la queue de paon; porter fièrement ses habits.
7. Humer du meilleur vin.

Trencher du gourt; avoir renom
De bouter courroucez, marriz [1];
Et tant à Mente que à Vernon
Faire cocuz plusieurs maris!
C'est trop souhaité, je m'en ris,
Autant d'escuz que de festuz [2]!

Soit à Tours, Molins ou Paris,
Les escuz font battre les culz.
Par cy, par là, telz sont cocuz :

[1]. De rendre tristes, malheureux, nos ennemis; de vaincre ceux qui sont courroucés contre nous.

[2]. On a pu voir que tout ce passage, depuis : *tous les jours cent frans*, etc., n'est à vrai dire qu'une seule phrase qui se termine ici. Dans cette phrase le gendarme exprime ses souhaits, les entremêle de ses souvenirs, de façon à nous donner un complet tableau des habitudes, des mœurs et des désirs d'un soldat débauché. Ces souhaits et ces souvenirs sont de telle sorte, et le sens propre des phrases peut, dans cette pièce, si malaisément se détacher du sens allusif, constamment ignoble d'ailleurs, que j'ai dû m'imposer plus de réserve encore dans mon annotation. Il faut comprendre ce passage comme le récit d'une journée du Gendarme, journée dont les actes se suivent assez régulièrement et se retrouvent assez logiquement à travers pourtant une série de parenthèses. Le Gendarme finit comme il a commencé : on ne pendroit pas, dit-il, un larron qui lui voleroit son trésor, car celui qui le voleroit risqueroit de s'en aller les mains vides; il n'a donc rien, et il se trouve grotesque de faire tant de souhaits, puisqu'il faudroit pour les accomplir autant d'écus qu'il y a de fêtus de paille dans une grange. En effet, les écus, continue-t-il, c'est là le même refrain partout. Il com=

Chascun n'a pas argent à tas,
Il fault porter doré bacuz [1] ;
Pour entretenir les estatz,
Livrer la piesse hault et bas [2],
L'autre a failly de sa promesse [3].

Femme pour embourrer son bas
Perdra plainement la grant messe,
Telle dit : Je viens de confesse,

mence alors à montrer les infamies qui se font pour argent, dans la cité, et sans grande transition il indique les misères et les ridicules de toute espèce.

1. *Bacuz*, croupière de mule. François Juste donne : *il fault porter dorer bacuz*; le jeu de mots se comprend aisément.

2. S'abandonner, se vendre complétement.

3. Nous avons cru devoir adopter cette ponctuation, contrairement à l'avis de nos prédécesseurs, qui semblent avoir disposé les points et les virgules dans le seul but de faire du Gendarme cassé un nouveau Sphinx. Je crois, malgré les efforts qu'ils ont faits pour prouver le contraire, que Coquillart a voulu dire quelque chose, et je pense que voici, en grave langage, le sens de ce passage : En tous pays c'est l'amour de l'argent qui engendre le libertinage et pousse tant de femmes à l'adultère : ils ne sont pas tous riches, ces maris, il faut donc que leurs femmes se vendent pour entretenir leur propre équipage, et c'est encore pour garder une apparence brillante que d'autres ont manqué à la foi conjugale afin de se livrer entièrement à un riche amant. C'est là, je crois, la suite d'idées que Coquillart a rendue avec son style leste et concis.

Telle [1] vent sa denrée en gros ;
L'autre a ung coussin soubz la fesse,
Affin qu'elle ait le cul plus gros.
Jehanne fait la beste à deux dos ;
Parrette est ung peu trop pansue ;
L'autre est feutrée [2] sur le dos,
Pour ce qu'elle est ung peu bossue ;
Alliz a si chault qu'elle sue.
Bellot a ses deux filles grosses ;
Quel descharger d'une massue
Et d'ung ravault [3] sur leurs endosses [4] !
Saphis, dyamans, telz negoces,
Ribler [5], pomper soir et matois,
Pour estre plus jolies aux nopces,
La robe fourrée de putois [6] !

1. Celle-là qui dit, etc., vend.
2. Rembourrée.
3. Perche pour abattre les oiseaux.
4. Sur leurs habits, sur leurs dos, sur leurs prétentions.
5. Mais voilà ! il faut rapiner, à l'aide de son corps, des saphirs, des diamants, toutes sortes de cadeaux, être toujours fringante, et gagner, pour être jolie aux nopces, une robe garnie de fourrures. *Matois* (s'il n'y a pas de faute d'impression) semble venir, pour la rime, en place de matin. Peut-être y a-t-il quelque jeu de mots entre *ribler* et *matois* : il ne se présente pas assez naturellement pour que nous l'indiquions.
6. Le putois étoit une espèce de belette de la peau de laquelle on tiroit une fourrure portée par les bourgeoises. On comprend que ce mot fournit de cruels calembours,

Ceste cy marche à contrepoix [1] ;
J'ay veu ceste là en tel lieu [2],
A telle purée, telz pois [3],
Tout n'en vault rien, par le sang bieu !
On rit, on faict le babaleu [4] :
Soubz manche fourrée, longue chappe,
Breviter, c'est le mal sainct Leu [5] ;
Il est heureux qui en eschape [6].
On guygne, on rit, on fiert, on frape ;
Je vous dis, par saincte Susanne,
Sans estre armé, ne pié, ne cape
Chascun le fait [7], et je mene l'asne [8].

et le poëte, outre le sens général indiqué plus haut, veut peut-être dire, en pensant aux filles de Bellot : Comme cela leur ira bien, le jour de leurs noces, de porter une robe de putois !

1. Avec compas, avec une fausse réserve et gravité.
2. En tel lieu équivoque.
3. A tel arbre tel fruit, dans un tel lieu cette femme ne pouvoit rien faire que de mal.
4. On vient dans ces endroits pour rire, faire l'aimable, conter fleurettes. Mais de même que les manches fourrées indiquent de hauts dignitaires, une telle fréquentation prouve la corruption.
5. L'épilepsie, dit Ducange.
6. Celle qui échappe à la dépravation que communiquent ces réunions, ces noces, ces commérages des chambres d'accouchées, etc.
7. Cherche à corrompre la femme de son voisin.
8. Moi j'en ris, je raille, et je découvre toute l'intrigue de ce monde.

Nostre curé viendra au sanne [1]
Pour veoir comme on aura vescu :
« Bon jour, Monsieur. — Dieu vous gart,
Pour soupper il fonce ung escu. [Jehanne.»
Messire Jehan, maistre locu [2],
De ces officiers de Pardons [3],
Fait trop tost marié coquu [4],

1. Au son de la cloche; aux endroits où il a l'habitude de venir.
2. Maître bavard, mais bavard d'une façon grave, pédante, entremêlant ses paroles solennelles et recherchées de bribes de latin. Maistre Locu et le page Bec à Brouet, que nous avons vu dans le premier volume, représentent les deux extrêmes de la conversation du XVe siècle. Les deux noms offrent une image juste. Le page jase, caquète, bavasse, conte des baliverne; l'autre, qui est pour le moins bachelier en chascun droit, est un de ces *excoriateurs de la peau de ce povre latin. Locu* est lui-même un mot latin excorié, et il seroit difficile de trouver un mot qui convînt mieux à la chose.
3. Un de ces officiers de Pardons, de ceux qui officient aux Pardons, et qui exploitent la piété des bonnes gens.
4. L'un de ceux-là qui se sont mariés trop tôt pour leur bonheur. Trop tôt marié et Trop tard marié étoient deux types de maris malheureux. Leurs infortunes furent soigneusement racontées dans ce cycle de poésies contre la femme qui compose presque toute la littérature des derniers temps du Moyen Age. Nous donnerons, dans les œuvres de Gringore, la complainte de Trop tard marié. Il existe aussi une pièce sur Trop tost marié; et l'on

Soubz umbre de faire telz dons [1],
Jenyn espeluche des chardons [2],
Maistre prestre se va jucher ;
Le dando [3] tranche des lardons [4],
Quant on va sa chair [5] embrocher.
Robe [6] fendue à chevaucher,
Par devant le sercot [7] ouvert,
Il ne la fault que racrocher ;
Il n'y pert, tout est recouvert [8] ;
Au beau preau la cotte vert [9],
Le dendo faict boullir le pot.
Brief, c'est le Diable de Vauvert ;

peut voir la Resolution de Ny trop tost ny trop tard marié dans les *Anc. Poes. franc.*, tom. 3, p. 129.

1. De foncer l'escu susdit.

2. Fait quelque métier d'âne. On donnoit aussi le nom de chardons à une espèce d'artichaut.

3. Sans doute, de même que *dandin*, benêt, niais, oison bridé. On comprend que c'est un des mots de cette partie si riche du vocabulaire du XVe siècle qui parle des maris trompés.

4. Afin de préparer ce souper pour lequel messire Jean a foncé un escu. Il faut peut-être aussi rapprocher cette locution de notre expression populaire : il coupe dans la plaisanterie.

5. Son rôti, *et cætera*.

6. Et cela n'est pas bien difficile, car robe, etc.

7. Sorte de pelisse placée sur la cotte ou basquine.

8. Il n'y paroît pas, en un clin d'œil tout est fermé.

9. Est-il dans le jardin ? il donne..., tandis que le dando continue toujours son office de cuisinier attentif.

Sainct Anthoine arde le tripot [1] !
Maistre prestre donra tantost
Dix escuz, d'argent la saincture ;
Il ne les donroit pas si tost
Pour faire une cloche à sa cure.
De la mode, estroite vesture,
Le sein ouvert, serrée, joincte,
Sainct Anthoine arde la monture !
Je n'y congnois ne cul, ne pointe [2].

   L'autre [3] faict semblant d'estre ensaincte,
Disant qu'el est preste à gesir ;
Et l'autre soubz umbre de faincte
Est preste de faire plaisir.
L'une pour ung millourt saisir,

---

1. Que saint Antoine abandonne au feu une telle maison! J'ai vu, mais je ne puis me rappeler où, qu'on invoquoit la protection de saint Antoine pour éviter les accidents de feu. On nommoit mal Saint-Antoine tantôt l'érysipèle, tantôt une sorte d'effroyable décomposition du sang appelée parfois aussi le feu sacré, le feu d'enfer, le mal des ardents.

2. Quant à cette mode d'avoir la robe étroite, serrée jointe, ouverte au sein, que le diable en emporte l'exécution ! on n'y peut rien reconnoître. On peut mettre aussi : *Sainct Anthoine arde la monture* entre deux parenthèses, et voir là un juron familier aux gendarmes : Que le diable emporte ma monture si je connois quelque chose ! etc. François Juste ne donne pas ce vers ; il a tort, car il est nécessaire au rhythme.

3. Il reprend l'énumération des hypocrisies et des vices de la femme, et ferme la parenthèse sur maistre Locu.

De l'oueil gettera maint larme ;
Et l'autre prent bien le loisir
De partir, quant et le gendarme.

 Mes dames, sans aucun vacarme,
Vont en voiage bien matin
En la chambre de quelque carme,
Pour aprendre à parler latin.
Frère Berufle et Damp [1] Fremin [2]
Les attendent en lieu celé ;
Sur la queue de leur parchemin
Leur baillent leur beau blanc seellé [3],
Ont ilz bien gaudy et gallé,
En lieu de dire leurs matines,
Le vin blanc, le jambon sallé
Pour festier ces pelerines.
Après on reclost les courtines.
On accolle frère Frappart [4] ;

---

1. *Damp,* dam (*dominus*), titre de courtoisie qu'on donnoit aux chevaliers, aux comtes, aux abbés. Le mot *dom* est resté en usage chez les bénédictins.

2. Firmin.

3. Au bas de leur parchemin, leur accordent des dispenses.

4. *Frappart*, solide, vigoureux, bon vivant ; c'est ainsi que le comprend Cotgrave, et c'est bien évidemment le sens de ce mot ici. Ce n'est pas l'avis de Le Duchat. Dans une de ces hargneuses et grotesques notes qu'il établissoit si péniblement pour la plus grande gloire de la Religion, le savant huguenot déclare que *frappart* signifie frippé, déchiré ; et cela, parce que les moines sont telle-

En baisant, ilz joingnent tetines ;
Le grant Diable y puist avoir part !
Le jour poingt, on fait le depart ;
La cloche sonne le retour ;
On s'abille de part en part :
« A Dieu. — Bon jour, jusque au retour. »

Mes bourgeoises, sans nul sejour,
Partent et se mettent en voye
Ung peu devant le point du jour,
Affin que nesung [1] ne les voye.
Et sans prendre charbon ne croye [2],
Au ruisseau crottent leurs souliers
Affin que Jenyn Dada croye
Qu'ilz viennent de Haubervilliers [3].

Moynes, prestres et cordelliers
Prennent avec elles deduit,
Sans craindre en rien les escolliers ;
Car ilz ont leur beau sauf conduit,

ment occupés à leurs débauches qu'ils n'ont pas le temps de rapiécer leurs robes. Cette bouffonnerie solennelle est la partie la plus sérieuse et la seule claire d'une note où Le Duchat est tellement occupé des moines qu'ils en vient jusqu'à imiter la notable érudition de maître Janotus de Bragmardo. V. *Apologie pour Hérodote*, La Haye, 1735, p. 484-85-86.

1. Pas un, personne.
2. Craie.
3. A une lieue de Paris.

On vient à l'hostel, c'est bien dit [1] ;
Jenyn dit : « Vous mettez assez [2] ! »
Ma bourgoise sans contredit
Respondra : « Tousjours vous tensés ;
Ennement, que bien le sachez [3],
De travail le front me degotte ;
Je viens de sainct Mor des Fossez [4],
Pour estre alegée de la goutte. »
Le mary la croit, somme toute.
Vela, en recepte et en mise,
Plusieurs niaiz si ont sans doubte
Ainsi du vent de la chemise [5].

Après disner, par bonne guise,
S'en va veoir quelque aultre escollier,
Disant : « Je m'en vois à l'eglise,
Au sermon du bon cordelier. »
Puis après, on monte au solier [6] :
« Bien venez, car je vous attens [7]
Avec le chien au grant collier [8] »

1. Elles reviennent à leur maison, on le comprend bien.
2. Vous avez été bien longtemps partie.
3. Actuellement, je vous le dis afin que vous le sachiez bien, pour la longue course que j'ai faite le front me dégoutte de sueur.
4. A deux lieues de Paris.
5. Voilà ! tout compte fait, plusieurs niais sont ainsi exposés aux caprices, aux mensonges féminins.
6. On peut traduire ceci par : dans la mansarde.
7. Dit l'escolier.
8. *Le chien au grant collier,* locution proverbiale qui

Elles se donnent du bon temps ;
Tel et tel si mache du sans ¹ :
On donne à leurs femmes tissuz,
Et en sont aussi innocens
Que Judas de la mort Jesus.
Coquins, niayz, sotz, joques sus ²,
Trop tost mariez en substance,
Seront tous menez au dessus,
Le jour sainct Arnoul ³, à la dance.

Telles, sans prendre desplaisance,
Si ont, à leurs fines querelles,

désignoit, en résumé, l'homme ou la chose importante dans une affaire.

1. *Maschant le sens, tranchant du saige*, est-il dit dans la Repeue franche du sou freteux (Œuvres de Villon, éd. elzev., p. 283); *gros maschesens*, est-il dit plus loin (p. 348). Cette locution indique bien évidemment, de même que le *masche-glose*, que nous avons déjà rencontré, des gens experts, sachant tirer le suc des choses, des abstracteurs de quintessence. Tel est le sens qu'il a ici. Mais certains maris, dit le Gendarme, savent tirer parti du plaisir de leurs femmes. Dans le patois Picard, *mascher du sens* signifieroit mâcher de la façon convenable, c'est-à-dire encore : prendre le bon côté des choses.

2. *Joques sus* appartient bien évidemment à la famille de Jocrisse. D'où vient-il ? M. Tarbé indique que ce mot vient de *jocus*, gens dont on se moque : cela est possible. Mais il peut venir aussi de *joquer sus*, arrêter sur, et indiquer des gens hébétés, constamment ébahis, etc.

3. *Arnaldus, arnoldus*, débauché, libertin; *arnauder*, agacer, vexer; *arnould, hernoux*, mari trompé, mais de l'espèce particulière de ceux qui sont contents de leur

Pour mieulx ribler à leur plaisance [1],
Toutes propres leurs macquerelles.

Quant au regart des damoyselles,
Grosses bourgeoises, gentilz femmes,
Il n'y a que redire en elles :
Elles sçavent trop bien leurs games.
Tout bien, tout honneur est en dames ;
A ung chascun je l'admonneste ;
Ceulx qui les blasment sont infames ;
En eux [2] n'a façon deshonneste.

Tant aux jours ouvriers qu'à la feste,
A Paris, ung tas de bejaunes [3]
Lavent trois fois le jour leur teste,
Affin qu'ilz aient leurs cheveulx jaunes.

sort et qui en tirent tout le parti possible. Dans les plaisanteries du XVe siècle, saint Arnould étoit regardé comme le patron de cette espèce de maris débonnaires.

1. Pour les servir dans leurs aventures amoureuses et pour mieux courir çà et là dans l'intérêt de leurs plaisirs.

2. En elles. Il faut comprendre sans doute tout ce passage en lui attribuant un sens ironique.

3. On appeloit ainsi les novices, les apprentis, puis les niais, les pauvres hères de toute sorte. Selon le Dictionnaire de Trévoux, ce nom vient de ce que les oisons ont le bec jaune. Je crois que c'est l'idée de noviciat, et non l'idée de bêtise, qui est la signification première de *béjaune*, et il vaut mieux rappeler, je pense, comme étymologie, que beaucoup d'oiseaux viennent au monde avec un bec d'abord jaune, et qui devient gris au bout de quelques mois.

Varlez, cousturiers, peleurs d'aulnes [1],
Paveurs et revendeurs de pommes
Ont longue robe de cinq aulnes,
Aussi bien que les gentilz hommes.
Les ungz dient qu'ilz en ont à sommes [2],
Les autres s'abillent tout ung [3] ;
Plusieurs fringuereaulx, briefves sommes,
Fringuent, et si n'en ont pas ung.

L'ung mengeue [4] le povre commun ;
L'autre porte estat non pareil ;
A leur parler tout est commun [5] ;
Tierry dort sans avoir sommeil ;
Robin est vestu de vermeil [6] ;
Charlot a une verte hucque [7] ;
Hector se pourmaine au soleil
Pour faire secher sa perrucque ;
Richard trenche du vaudelucque [8] ;

1. Faiseurs de paniers.
2. Locution usitée, sans doute, pour indiquer qu'ils ont beaucoup d'escus ; il n'est pas probable, en effet, qu'il s'agisse de robes, et pas *ung*, qui vient ensuite, montre qu'il est question d'un substantif masculin.
3. De même que s'ils en avoient beaucoup.
4. Mange, vit aux dépens du pauvre peuple.
5. A les ouïr, rien n'est trop précieux pour eux, ils paroissent trouver tout vulgaire et méprisable.
6. D'une couleur rouge, claire et salissante, partant de *peu de profit*.
7. Voy. t. 1er, p. 47.
8. Est richement habillé et fort regardé, comme le Christ de Lucques. Le voult de Lucques étoit un crucifix

Simon a du drap figuré ;
Michault a pourpoint si caducque
Que le corps est tout desiré.

 C'est on pigné, c'est on miré,
Les cheveulx tressez nous portons,
(Le bonnet dessus l'oeil tiré,)
Estenduz comme herissons.

 Les ungz si ont les cheveulx blons,
Pignez et fardez [1] à merveilles ;
Et les autres si les ont longz,
Pource qu'ilz n'ont nulles oreilles.

 Habiz de modes non pareilles,
Pourpoins de drap d'or longz au cours [2],
Chaines, coliers, plumes vermeilles,
Apartiennent à gens de Cours ;
Mais ung tas de merdereaux lours,
Ung oultre cuidé, ung folastre,
Aura ung pourpoint de velours,
Contrefaisant du gentillastre.
Tisserrans, mesureurs de plastre
Fringuent et font des capitaines ;
Je leur donne, pour faire emplastre,

---

habillé qui se trouvoit dans une église de Lucques, et dont les portraits furent répandus et vénérés en France, à Paris surtout, sous le nom de saint Vaudelu ou Goguelu.

1. Peints. François Juste donne *fraudez*.
2. Selon la mode.

Les sanglantes fievres quartaines !
D'autre part fringeurs à huitaines [1]
Ont chaines d'ung marc, d'une livre,
(Pour faire valoir leurs fredaines)
De beau laton [2], ou de beau cuivre;
Ilz n'ont point de page à les suyvre;
Robbe doublée de tafetas [3];
Chascun d'eux si n'a de quoy vivre,
Et veulent porter telz estas !
Ilz se pourmainent hault et bas,
Fringans, faisans les perruquins;
Quant la chausse est rompue par bas,
Ilz chaussent ungz vielz brodequins;
Tric, trac, on traisne les patins.
C'est à tel brouet, telle saulce :
Et desjuner tous les matins
Comme les escuiers de Beaulce [4].

Qui se courrousse, se deschausse;
De bras je n'en trousse ne pousse [5];

---

1. Même sens que plus haut *varletz dimancharés*.
2. Laiton.
3. Sous-entendu : *ilz ont*.
4. Tout est, chez eux, arrangé de la même façon, tout est donné à l'apparence : ils déjeunent de *baisler*, leur nourriture se compose de baillements, et ils s'enivrent de l'air du matin, comme les écuyers de Beauce.
5. Si quelqu'un veut se fâcher de mes dits, qu'il se pince; moi, cela ne me regarde point, et je ne me sens pas prêt à ferrailler.

Devant que nul ne se desbauche,
Sur les gentilz hommes ne touche [1],
Il jouera mieulx que maistre Mouche [2],
Qui me prendra en desarroy !
Qui sera morveux, si se mouche ;
Je ne crains que Dieu et le Roy.

Sans demender ne qui ne quoy
Plusieurs coquars sont bien en point,
Et ne sçauroient finer de quoy
Payer la façon d'un pourpoint ;
Ilz n'ont d'argent ne peu ne point,
Pas pour leurs vieulx houseaulx refaire.
Fringuer, faire le contrepoint,
C'est aux gentilz hommes affaire.
Mais [3] cuidant qu'ilz ayent de quoy faire,
Mal repeuz, maintenant saoulez,
Pour mieulx la fringade parfaire,
L'eaue passe parmy leurs souliers.
Ilz sont fringans du bois levez [4],

---

1. Avant qu'on ne hasarde à m'attaquer, je dois dire que je n'ai pas voulu injurier les vrais gentilshommes. Ah ! ah ! il sera bien fin qui me prendra en défaut.

2. *Maistre Mouche* désignoit tout gaillard malin, tout rusé compagnon.

3. Mais ces coquars, s'imaginant qu'ils ont, eux aussi, le droit de faire les importants ; quoiqu'ils aient parfois bien longuement jeûné, portent des souliers percés, pour mettre tout leur argent en robes.

4. C'est-à-dire des rustres.

Et puis pour hanter entre gens,
La bource pleine de gettoers [1]
Pour dire qu'ilz ont de l'argent.
Tel pompe, tel faict du regent [2],
Disant : « J'ay des escuz une pille » ;
Tel est bien paré, frisque et gent,
Qui ne sçait ne croix ne pille.

Les aultres sans offence ville [3],
Se pourmainent par mons, par vaulx ;
Et sont housez par my la ville,
Pour dire qu'ilz ont des chevaulx.
Tant de peine, tant de travaulx
Pour en faire plus largement [4] ;
Par Monsieur sainct Briol des Vaulx [5]
Ilz n'ont ne cheval ne jument.
Devant l'estomac, proprement [6]
Le beau fin mouchouer de lin ;
Mais la chemise est souvent
Grosse comme un sac de moulin.

1. Ils ont leur bourse pleine de jetons.
2. Nous avons déjà rencontré *trancher du régent*.
3. Ceci, je crois, veut dire : ces galants se promènent à travers champs, dérobant les voyageurs, sans offenser personne, les honnêtes coquins.
4. Ils prennent tant de peine pour paroître plus à la mode, mais, etc.
5. Brioler signifioit donner dans l'œil. Saint Briol des Vaulx seroit donc le patron des charlatans qui éblouissent les *veaux*, les niais, les badauds.
6. Ils portent galamment, selon la mode.

Les ungz par leur fin jobelin [1]
Fournissent à l'apointement [2] ;
Les aultres par leur pathelin
D'un *cedo bonis* nettement [3].
Telz sont vestuz honnestement,
Ilz fringuent trop et si n'ont riens ;
Pour avoir du drap largement,
Il faut obliger corps et biens [4].

En effect velà les moyens [5] :
Plusieurs sont, par leurs haulx habiz,
Après menez, comme beaux chiens,
Pour faire leur pain de gros bis [6].

Les aultres par folz appetiz,
De la queue d'un cheval painte,
Quant leurs cheveulx sont trop petiz,
Ilz ont une perrucque faincte.
Puis qu'ilz ont la teste si ceinte,
Vraiement j'ay bonne intention
Que aucun d'eux seront d'une faincte [7],

---

1. Langage par lequel on attrape les niais.
2. Mettent leurs affaires en bon état, attrapent de quoi vivre.
3. Les autres *fournissent à l'apointement*, par l'habileté avec laquelle ils font fructueusement banqueroute.
4. Ils ont été obligés de contracter des emprunts pour soutenir leurs folles dépenses de toilette.
5. Voilà ce qui arrive.
6. Forcés de se nourrir de pain bis comme des chiens.
7. Prendront part à quelque déguisement le jour où

Mais qu'on joue la Passion ;
Et s'on fait quelque fiction
Le jour du Sacrement [1], l'ung d'eux
Jouera l'Annonciation [2],
Pource qu'ilz ont si beaux cheveulx.

 Cuidez vous qu'ilz seroient peneux,
S'en saluent Dieu et ses Sains,
Se le vent emportoit par neux [3]
Leurs perrucques de cheveux fains.
Ainsi que Lombars et Romains,
Ilz portent ungz cheveulx de laine,

on jouera la Passion. Coquillart choisit cette circonstance à cause du calembour sur les mots *ceinte* et *sainte*. Nous avons, du reste, déjà plusieurs fois rencontré dans les œuvres de notre poète des allusions aux Mystères, et les archives de Reims nous prouvent qu'il s'occupoit de ces représentations : « Lundy 7 decembre 1489, dit Foulquart, assemblée en l'echevinage, en laquelle M. le lieutenant *Guillaume Coquillart*, ou en son absence maître Guillaume son neveu, messire Robert Blondel, Pierre Boulet et moy, fusmes commis à la distribution des roolles de la Passion, prendre les congés (permissions) et faire ce qu'il faut faire. » Nous trouvons là encore combien grandes devoient être la célébrité et la position de Coquillart à Reims, pour que M. le syndic ait cru devoir le citer avant un chevalier, et sans aucune désignation honorifique. Le même passage nous indique qu'en cette année 1489 il n'étoit pas encore official.

1. Le jour de la Fête-Dieu.
2. Représentera l'Ange de l'Annonciation.
3. Sans doute *per nubes*, à travers les nuages.

Tous propres, pignez et bien paingz
Pour jouer une Magdaleine.

En priant que tresbonne estraine
Vous veuille octroié le Vaudelucque [1],
Et qu'il veuille envoyé la teigne
A ceulx qui ont telle perrucque.

[1]. **Vous veuille octroyer Dieu.**

Fin du Monologue
des
PERRUCQUES

TRADUCTION DE L'HISTOIRE

DE LA

GUERRE DES JUIFS.

NOTICE.

Flavius Josèphe a écrit sa vie. Les Dictionnaires biographiques l'ont résumée avec assez de persévérance pour que nous soyons excusé de ne pas recommencer un tel travail. Cette biographie ne toucheroit d'ailleurs que fort indirectement à notre sujet. Il nous suffit de dire que Flavius Josèphe naquit en l'an 37 de Notre-Seigneur et mourut à l'extrême fin du Ier siècle; il composa les ouvrages suivants :

1° L'*Histoire de la Guerre des Juifs*, écrite d'abord en langue syro-chaldaïque et divisée en 57 chapitres, puis traduite en grec par Flavius Josèphe lui-même et divisée en sept livres. Le premier et le deuxième, jusqu'au chapitre 28, sont un abrégé des Antiquités Judaïques, depuis Antiochus Epiphanes jusqu'à Florus, gouverneur de Judée; le second livre s'arrête à la défaite des Romains commandés par Sextus Gallus ; le troisième traite des premières conquêtes de Vespasien et de Titus en Galilée ; le quatrième raconte l'histoire des Juifs jusqu'à l'arrivée de Vespasien à l'empire ; dans le cinquième, nous voyons le siége de Jérusalem par Titus ; dans le sixième, la prise de la ville ; dans le septième, la ruine de la ville et l'abaissement de la Judée.

2° *Antiquités Judaïques*, 15 livres ; les divers manuscrits diffèrent quant à la division des chapitres, et l'on ignore si les titres de ces chapitres sont de Josèphe. On ignore encore si ces Antiquités ont été écrites d'abord en hébreu ou en grec ; on penche vers cette dernière hypothèse.

3° *Sa Vie*, sorte d'appendice, de continuation, des Antiquités.

4° *Les Antiquités des Juifs contre Appion*.

On lui attribue divers ouvrages : le *Livre des Machabées*, avec toute apparence de raison ; un *Discours sur la Cause universelle contre la doctrine de Platon*, avec moins de vraisemblance. Quelques autres travaux, qu'il semble indiquer dans le courant de ses œuvres, sont perdus. Notons qu'on trouve dans quelques anciennes traductions latines un ouvrage en cinq livres sous ce titre : *Egesippi, inter scriptores nobilissimi, Historia de Eversione Judæo-*

rum. Ce travail ne paroît être qu'un remaniement de la *Guerre des Juifs*, et Egesippus ne semble être autre chose que *Josephus*, qui devint d'abord *Josipus*, puis *Egesippus*.

Quelques bibliographes assurent que la première version de l'Histoire de la Guerre des Juifs a été perdue, et qu'il n'en reste qu'une traduction latine du Ve siècle, faite *per venerabilem presbyterum Rufianum, Aquileiensem, virum doctissimum*. C'est en tout cas sur quelque manuscrit de cette traduction que Coquillart a fait la sienne, tout en se servant, pour la compléter, et de la traduction des *Antiquités* faite par le même Rufin, et de cette *Histoire d'Egesippe* dont nous venons de parler.

Coquillart nous indiquera tout à l'heure que plusieurs critiques disputent à Ruffin l'honneur de cette translation. On l'attribue en effet soit à Cassiodore, soit à saint Ambroise, soit à saint Epiphane ; mais tout le monde s'accorde à constater que, quel qu'en soit l'auteur, elle ne vaut pas grand'chose.

Les manuscrits grecs et latins des œuvres de Josèphe sont en fort grand nombre ; nous ne nous en occuperons pas.

Parmi les manuscrits françois, le plus ancien que nous ayons rencontré à la Bibliothèque impériale de Paris remonte au XIVe siècle; il a appartenu à la bibliothèque du duc

Jehan de Berry. Nous connoissons au même dépôt trois translations françoises du XVe siècle, toutes trois, cependant, postérieures, autant qu'on peut le présumer, à celle de Coquillart.

Nous avons, dans notre préface, donné la date et raconté l'histoire de cette dernière. Elle forme deux volumes in-folio, rangés sous les numéros 7015 et 7016 (Bibl. imp.). Ces volumes sont fort beaux, écrits avec grand soin, ornés de nombreuses vignettes d'une extrême finesse. Le premier volume contient la préface de Coquillart, la préface de Josèphe, et s'arrête à la fin du second livre. Le second volume donne les cinq derniers livres, avec la note et l'acrostiche que nous avons placés dans notre premier volume, pages 3-5. La traduction est littérale, par là rude, peu coulante, point très facile à comprendre parfois ; elle devient plus libre après les premières pages, et y gagne singulièrement.

Nous avons cru devoir compléter notre édition des œuvres de Coquillart en donnant un extrait de cette translation.

La première édition grecque des œuvres complètes de Josèphe ne remonte pas avant 1544 (Bâle, in-fol.). Les éditions latines sont de beaucoup plus anciennes. La première, S. D., paroît pouvoir se placer entre 1462 et

1476 ; les éditions datées la suivent de près : Augsbourg, 1470, fol. ; Venise, 1470 ; Vérone, 1480 ; Venise, 1489 ; Venise, 1499. Nous citerons encore une édition peu connue, et qui est celle dont nous nous sommes servi pour l'étude de la traduction de Coquillart : c'est un in-folio, contenant la Guerre des Juifs, les Antiquités, les deux livres contre Appion, et l'Histoire de Egesippe. Elle porte à la fin des Antiquités : *Impressum Mediolani, apud Alexandrum Minutianum, Ludovico Hornk id in primis suadente, anno à Salvatoris Nostri natali 1514, die X Januarii.*

La traduction latine de Gelenius (Ghelenn ou Geslen), à la fin du XVIe siècle, passe pour être une des plus recommandables.

C'est, selon toute probabilité, en 1492 (Paris, Anthoine Verard, in-folio) que fut imprimée la première version françoise ; puis viennent les traductions de Michel de Tours, 1534 (Paris, folio) ; de Nicolas de Herberay, 1553 ; de Jean Le Frère de Laval, 1569 (Paris) ; une autre en 1573 (Lyon et Paris) ; un abrégé par François Belle-Forest, Commingeois, avec un hommage à Henry III, du 26 mars 1578, et une Epistre au lecteur (1578). Nous trouvons vers cette époque la publication en deux vol. in-8 de la traduction de François Bourgoin, sieur de Daignon, « un certain heretique, dit Génébrard, un asne, qui ne sçavoit ni grec ni hebreu, et bien peu entendoit le latin de Gelenius, qu'il s'estoit efforcé de traduire. » Ce furent sans doute l'inintelligence et la mauvaise foi de ce « singe françois de Gelenius » qui engagèrent Génébrard à donner enfin sa propre traduction, laquelle parut pour la première fois en 1578, in-fol. (Paris), et qui fut réimprimée six fois dans l'espace de soixante ans. Nous citerons parmi ces éditions celle qui fut donnée en 2 vol. in-fol. chez Mathurin Henault, rue Clopin, devant le Petit Navare (1699); vint enfin l'élégante traduction d'Arnauld d'Andilly, qui parut pour la première fois en 1669, qui fut aussi fréquemment réimprimée, et qui est la seule qui soit restée un peu connue du public.

Nous nous en tiendrons à ces notions sommaires sur Flavius Josèphe et la bibliographie de ses œuvres.

PRÉFACE DE COQUILLART.

A la louenge de Dieu Tout Puissant, nostre Createur et Redempteur, qui par sa saincte misericorde volt [1] en ce mortel monde naistre homme de mère vierge et souffrir mort et passion par les mains des Juidz pour nous tous rachetter d'Enfer, duquel [2], par le pechié du premier homme, nous feusmes soubzmis et obligiez; et pour [3] avoir entendement par langage françoiz de l'histoire de la destruction des Juidz et de la cité de Jherusalem, ensemble de toute la terre d'iceulx Juidz, ce que pluseurs appellent la Vengence

---

1. Voulut.
2. Auquel (enfer).
3. Pour la louange de Dieu et pour faire comprendre, etc.

de la Mort et Passion de nostredit Redempteur[1]; s'ensuit[2] d'icelle histoire une translacion de latin en françoiz prise sur l'Istoire de Josephus, filz de Mathathie, Hebrieu de lignie, l'un des prebstres de Jherusalem. Laquelle histoire l'en treuve translatée de Grec en Latin, en deux divers livres et de deux diverses compilacions; tous les deux livres intitulez : *De Bello Judayco.* L'un desquelz aucuns dient avoir esté compilé et translaté par monseigneur Saint Ambroise, jadiz arcevesque de Milan; combien que Cassiodorus face doubte duquel des trois soit la translacion, c'est assavoir ou de Saint Ambroise, ou de Saint Jerome, ou de Saint Ruffin[3], prebstre; comme il est escript ou premier prologue d'icelle translacion ou compilacion, laquelle contient cinq livres, dont le premier commence : *Bello par-*

---

1. Nous avons indiqué dans notre préface comment l'histoire de la prise et destruction de Jérusalem, après avoir servi de thème à mainte légende, sous le titre de : « La Vengeance de Nostre-Seigneur », fut, sous ce même titre, mise en drame; l'on se rappelle les rapprochements que nous avons trouvés entre l'esprit et la forme de Coquillart et le génie et le style de ce Mystère de la Vengeance de Nostre-Seigneur.

2. Pour toutes ces raisons s'ensuit, etc.

3. Nous croyons que Rufin n'a d'autre autorité à invoquer en faveur de sa canonisation que celle de Coquillart.

thico quod inter Machabeos, etc.; jasoit[1] ce que, selon l'istoire que Josephus escripvit en grec, il y ait sept livres. Autres aussi cuidans mieulx dire sont d'oppinion que ladite translacion ou compilacion, contenant cinq livres, fut faitte par Egesippus; et l'autre compilacion ou translacion, en laquelle le nom du compilateur ou translateur est ignoré, contient sept livres[2]. Et combien que la compilacion ou translacion qui contient cinq livres, soit qu'elle procède de la fasson monseigneur Saint Ambroise ou d'aucuns des autres dessusnommez, soit treselegante et compendieuse, et que tous leurs fais soient creables et de l'Eglise approuviez, toutesvoies, pour ce que l'autre compilacion, contenant sept livres, est ung petit plus ample et declarative, aussi[3] que lesdites deux compilacions ne sont pas opposites et repugnantes, ains conviennent en ung mesme sens aumoins en la plus part, celui qui a faicte ceste presente translacion de latin en françoiz s'est arresté principalement à poursuir le stille et le cours d'icelle translacion contenant sept livres, en prenant à la foiz ce qu'il a

1. Laquelle contient cinq livres, *ja soit*, quoique le texte grec en contienne sept.
2. Nous avons, dans notre notice, quelques mots destinés à faire comprendre ce passage de notre traducteur.
3. Et aussi parce que.

trouvé en l'autre translacion, contenant cinq livres, qui n'estoit comprins en celle contenant sept livres. Et encores, pour donner plus grant entendement et ample déclaration des fais contenus ès deux premiers livres, qui semblent estre assez sommiers et comme récitatifz d'aucunes choses declairées en aucuns des livres des Antiquitez d'icelluy Josephus, ce present translateur les reprent, selon la declaracion d'iceulx livres des Antiquitez, à commencer au VIIe chappitre du XIIe livre d'icelles Antiquités; commençant icellui VIIe chappitre : *Per idem tempus defuncto Onya, principe sacerdotum*, etc.[1], jusques en la fin des vint livres d'icelles Antiquités.

Or supplie treshumblement ledit translateur à tous ceulx qui ceste translacion verront ou orront que, se en aucune manière ilz apperçoivent qu'il ait devié ou delaissié du sens litteral de l'istoire, ilz ne l'imputent à malice, mais à la simplesse de son imbecille et petit entendement, en supplant, s'il leur plaist, aux faultes et prenant paciemment ce tant peu qu'il a peu comprendre et mettre en ceste translacion, laquelle il commença à

---

1. Coquillart indique mal. C'est bien au milieu du chapitre 7 du XIIe livre qu'il prend les Antiquités; mais c'est le 6e chapitre qui commence : *Per idem tempus..*; le 7e commence : *Constituit itaque propositos*, etc.

Reims, lieu de sa residence, le douziesme jour du mois d'octobre, l'an de grace mil quatre cens et soixante, l'an troisiesme du pontificat de nostre Saint Père le Pape Pius Second, l'an XXXVIIIe du règne de nostre souverain seigneur le roy de France, Charles septiesme de ce nom, l'an unziesme de l'archiepiscopat de Tresreverend Père en Dieu Monseigneur Jehan Juvenal des Ursins, arcevesque, duc de Reins et premier per de France, et l'an XXXIX de l'aage d'icellui translateur.

Premiers Combats

de Judas Machabée.

Cy après commence le premier chappitre du premier livre commençant : Cum potentes Judeorum *etc., et contient comment Anthiocus dit Epiphanes, pour le debat des evesques des Juidz, print et pilla la cité et le temple de Jherusalem, occit pluseurs des citoyens et fit aux Juidz delaissier leur region paternelle.*

Comme les plus grans et puissans des Juidz se debateissent entre eulx ou temps que Anthiocus Epiphanes, filz du noble roy Anthiocus, ambigeoit et contendoit de toute la seignourie de Syrrie encontre Tholomeus le VIe, et comme entre iceulx Juidz feust contencion et debat de la puissance et auctorité publicque, car à chacun des honnourez estoit chose griefve soy veoir subjuguer par son semblable, Onyas, l'un des evesques, fit tant qu'il prevalut, vainquit et bouta hors de la cité les enfants de Thobie, lesquelz humblement se retrairent devers ledit Anthiocus, requerans que soubz leur conduit il voulzist en Judée irrumpre et l'envayr. Ceste chose lui fut fort persuadée, et aussi il estoit desjà forment animez et encouragiez de ce faire : car il estoit fort eslevé en orgueil pour les incertaines prosperitez de guerre à lui advenues en Egipte, qu'il avoit desjà conquise, joincte et unye à son empire ou royaume. Celui Anthiocus doncques à tout grande coppie et multitude de gens d'armes se transporta devant la cité de Jherusalem, et, le xxxe jour du mois nommé Casleu (que les Macedoniens nomment Appelleon), en la cent et quarante troiziesme olimpiade, print Anthiocus icelle cité de Jherusalem sans conflict, deffense ne resistence de ceulx de dedens, et lui ouvrirent les portes ceulx qui à sa voulenté se consentoient. Quant Anthiocus fut ainsi dedens Jherusalem, il fist morir pluseurs de ceulx de la cité qui lui estoient contraires, et si en fist morir aucuns de ceulx qui lui avoient ouvert les portes pour mieulx avoir les richesses du Temple ; de pluseurs autres exiga pecunes, despouilla et roba le Temple jusques à prendre et transporter les vaisseaux de Dieu, les lucernes dorées, l'aire dorée, la table, le sacraire et les voilles ; aussi pilla, emporta et espuisa les tresors sans y riens laisser, dont il mist les Juidz en tresgrant dueil. Il prohiba et deffendit les immolacions quotidiannes que les Juidz selon leurs loiz offroient ; et brief, il pilla toute la cité, tua pluseurs des habitans comme dit est ; les autres emmena, eulx, leurs femmes et leurs enfans, comme captifz jusques au nombre de dix mil ; brusla les meilleurs ediffices et fist abatre les murs de la cité, fist ediffier une haulte tour ou forteresse en la basse partie de la cité, en laquelle tour il mist et loga mauvais hommes par lesquelz les citoyans souffrirent moult de maulx. Avec ce il ediffia ou sacraire une aire sur laquelle il immola pourceaulx et hosties non legitimes ne congrues selon la religion des Juidz, et iceulx Juidz contraignit à delaissier leur paternelle religion et à venerer son propre ydole. Oultre plus, en chacune cité et ville de Judée fist Anthiocus ediffier temples à ses dieux, esquelz temples il fist colloquer aires, et sur icelles immoler chascun jour pourceaulx ; et si leur intermina et deffendit sur tresgriefz tourmens que plus ne feussent eulx ne leurs enfans circunciz. Avec toutes ces choses leur depputa et constitua Anthiocus ses prevostz pour les contraindre à obeyr à ses mandemens. Entre les autres, leur depputa ung prevost nommé Bachides, qui, par sa naturelle crudelité, leur fist moult d'oppressions et iniquitez. Pluseurs des Juidz obeissoient à ses commandemens, les ungs voluntairement, les autres par force et contraincte. Les plus nobles et prouvez hommes execrans et detestans tel detestable pechié, se adheroient aux loiz paternelles, pour laquelle cause on les tourmentoit et persecutoit chascun jour de tres-amers tourmens; car de puis qu'ilz estoient tres-fort batuz et flagellez, on les fichoit en croix tous vivans; leurs femmes et leurs enfans, qui circunciz estoient contre la voulenté du roy, on les estrangloit à cordes liez aux chiefz de leurs pères et maritz, et se l'en trouvoit en l'ostel ou puissance d'un Juidz aucun livre ou volume sainct de leur loy, celui moroit de cruelle mort. Avant lesquelles persecutions et durant la prise d'icelle cité, l'evesque Onyas s'enfuyt à Tholomeus et de lui obtint certain lieu en la region Heliopolitanne, ouquel lieu il ediffia une ville à la semblance de Jherusalem, et en icelle ville ediffia un temple ainsi que plus à plain sera dit cy après.

Comment Mathathias, l'un des prebstres des Juidz, ne volt delaisser les loix paternelles, et comment il occit les gens du roy Anthiocus, et puis se mit en armes pour la deffense de leurs loix.

Au temps dessus designé habitoit en ung lieu dit Modin ung des prebstres de Jherusalem nommé Mathathias, lequel estoit filz d'un nommé Johannes, qui fut filz de Simon, le filz de Asamoneus. Ce Mathathias avoit cinq filz : l'un nommé Judas Machabeus, l'autre Johannes Gadiz, l'autre Simon Mathathias, l'autre Eleazarus Saphus, et l'autre Abraham Jonathas, ausquelz il se complaindoit souvent de l'estat des choses de Judée : de la rapine de la cité, de la nudité du temple et de la calamité du peuple; et disoit finalement que mieulx amoit morir pour les loix de son pays garder et observer que d'ainsi vivre sans gloire. Si advint que les gens du roy Anthiocus furent envoiez ou lieu de Modin où estoit Mathathias demourant, pour contraindre les Juidz illec habitans à immoler aux ydoles selon les constitucions d'icellui roy Anthiocus. Lesquelles gens du roy voldrent contraindre Mathathias tout le premier à ce faire, comme celui qui, en doctrine et renommée de gloire, precedoit les autres; mais il leur refusa plainement d'obeir à tel pechié, disant que si tous les autres, par craincte, obstemperoient au commandement du roy Anthiocus, si ne seroit jamais à lui ne à ses enfans imposé tel crime. Tost après ceste responce vit Mathathias ung Juif qui, selon le commandement du roy, immola emmy la place, dont Mathathias fut moult desplaisant, et tant, que lui et ses enfans saillirent dessus ledit Juif et de leurs glaives le occirent, et son sang espandirent sur l'aire, et avec ce mirent à mort le juge illecq envoié de par le roy, lequel juge estoit nommé Appellenus, avecques peu de ses chevalliers; et si abatirent et demolirent l'aire en clamant à haulte voix par Mathathias: « S'il est aucun qui ayme les loiz paternelles et la religion de Dieu, si m'ensuive. » Et ces paroles dictes, se departit d'illec Mathathias avec ses cinq filz dessus nommez, habandonna toute sa possession et chevance, et se retrayt en une montaingne ou desert solitaire; semblablement firent pluseurs autres Juidz qui se joindirent avec Mathathias, lequel, quant il en ot pluseurs associez et receu d'eulx le serment de fidelité, descendit d'icelle montaingne et se mist en armes et persecuta pluseurs des Juidz qui ainsi temerairement delaissoient leurs loiz.

*Comment les gens du roy Anthiocus vainquirent plu-
seurs Juidz et depuis furent vaincus par les Juidz,
et comment Mathathias enseingna aux Juidz eulx
deffendre en jour de sabbat.*

Quant ces choses furent venues à la congnoissance des juges et officiers du roy Anthiocus, ilz assemblèrent et prindrent en leur ayde les gardes de la haulte forteresse que Anthiocus avoit fait ediffier en Jherusalem, et se mirent en armes contre les Juidz repugnans au commandement du roy, et de prime face se mirent en peinne de les fleschier et reduire par parolles, dont iceulx Juidz ne tiendrent compte. Pour ceste cause, les gens d'Anthiocus en combatirent pluseurs en jour de sabbat, dont les aucuns furent bruslez et suffoquez ès fosses esquelles ilz s'estoient mussez et receptez, par ce que, pour la reverence du jour du sabbat, ilz ne osoient repugner, ne eulx deffendre, et par ainsi morurent desditz Juidz ès dictes fosses jusques au nombre de mil. Ceulx qui s'eschappèrent s'enfuirent devers Mathathias, le firent et ordonnèrent leur duc et juge, et il fut le premier qui leur enseingna combatre ès jours du sabbat, en leur remonstrant que se ainsi ne le faisoient, ilz seroient, par trop observer leurs loiz, à eulx mesmes ennemis, comme ilz ne se osassent deffendre contre leurs ennemis qui leur yroient courir sus; et par sa persuasion a depuis esté acoustumé entre les Juidz de faire guerre et bataille, se mestier estoit, en jour de sabbat. Après ces choses ainsi faictes, ledit Mathathias et ses gens se combatirent aux ducz et juges de Anthiocus, et les vainquirent et expellèrent des fins de Judée, et en especial il occit Bachides et desola les aires des ydoles et simulacres des payens, et si fist circuncir les enfans qui ne l'estoient pas.

Comment Mathathias, avant sa mort, precha ses enfans et son peuple.

Ung jour après, quant Mathathias ot ainsi gouverné sur les Juidz par l'espace d'un an, il fut sourpris et oppressé de tresgrieve maladie; si convoqua ses enfans et partie de ses citoyens et leur dit en ceste maniere : « O mes enfans, il m'en faut aller la voie et le chemin à tout le monde ordonné. Je vous recommande noz loix paternelles, en vous obtestant et requerant que d'icelles ne soiez transgresseurs, mais en soiez vrais custodes et gardiens; soiez memoratifz de l'entencion et vouloir de vostre père; gardez les rites et usages du pays, restaurez et restablissez l'ancienne coustume que vous veez perir, et ne soiez seduis de ceulx qui voluntairement ou par necessité les trayssent et delaissent. Mais comme dignes de ceste mon institucion, tollerez et surmontez toute violence et necessité, en vous preparant tellement que se besoing est vous recevez la mort agreablement pour l'observance des loiz, saichant que jà Dieu tels gens ne despitera, ainçois regardera vostre vertu, vous rendera vostre liberté et usages et loiz. Considerez que voz corps sont mortelz et temporelz, mais les merites de vos faiz suyvront ordre de immortalité, laquelle chose devez desirer, et appeter la gloire qui jamais et sans fin n'est close. Je vous admoneste aussi d'avoir concorde entre vous ; celui de vous qui est meilleur et plus vertueulx de l'autre lui soit par l'autre cedé lieu, affin que l'un à l'autre puissiez administrer vos aydes et vertus. Tenez et repputez votre frère Simon ainsi que vostre père, comme il soit le plus sage et le plus prudent, et gardez et faictes tout ce qu'il vous persuadera. Ayez pour duc en milicie et fait de guerre vostre frère Judas Machabeus, qui par sa force et vertu deffendera votre gent et voz ennemis expugnera virilement; recevez aussi hommes justes et religieulx et vous adherez en leur verité. En disant ces choses par

Mathathias et priant Dieu qu'il fust à ses enfans adjuteur et volsist ottroier que les loiz feussent au peuple conservées, il fina sa vie par le sort à tous commun et fut en Modin enseveliz.

Comment Judas Machabeus, successeur de son père Mathathias, traicta premièrement aliance avec les Rommains et puis combatit et vainquit les ducz de Samarie et delaissa Syrie.

Incontinent après la mort de Mathathias et que le peuple en eut fait luctueuse complainte et lamentacion, son filz Judas Machabeus, pardessus tous en guerre strenueux, bon en conseil et prompt en loyaulté, lui succéda en l'administracion et gouvernement de la guerre, lequel Judas estima et pensa bien que le roi Anthiocus, dont dessus est parlé, ne se déporteroit pas atant; et pour ce il assembla son armée des gens de son pays de Judée, et fut ce Judas le premier qui traicta aliance des Juidz avec les Rommains; et tantost qu'il ot l'administracion receue, il, à l'ayde de ses frères et de ses aliez, bouta hors de la province ses ennemis, et fist morir les Juidz transgresseurs des loys paternelles, et purifia sa terre de toute macule et laidure. Et comme ces choses feussent venues à la connoissance de Appolonius, duc de Samarie, tantost il assembla son armée pour courir sus à Judas Machabeus, lequel Judas lui ala au devant, bateilla contre lui et finablement le vainquit et mist à mort lui et pluseurs de ses gens, et après print et emporta la proie et butin d'icelle armée. Tost après contre Judas aussi se meut Siron, duc et recteur de la basse ou petite Sirye, pour ce qu'il oyt que desjà grande multitude de peuple l'ensuyvoit et qu'il estoit vertueux. Si sist Siron son armée et l'assembla en ung lieu dit Bethora. Judas Machabeus, tantost qu'il le sceut, lui ala audevant à peu de gens d'armes, et dit à ses gens en ceste manière : « Non pas par multitude sont souvent vaincus les ennemis, mais par pitié et vertu ; vous en avez tresevident exemple de noz predecesseurs, qui, pour justice en noz propres loiz soustenir, ont, le temps passé, au peu de gens vaincu moult de milliers de noz ennemis. C'est grande vertu non avoir aucun blecié ; pour tant ne vous esbayssez de la paucité de votre nombre, et face chascun son devoir. » Lors Judas et ses gens combatirent à leurs ennemis si virilement qu'ilz mirent à mort Siron leur duc et les Syriens en fuite, les poursuyrent aux champs et en occirent viii mille ; ceulx qui s'en eschappèrent s'en furent ès lieux maritimes.

Comment Anthiocus Epiphanes assembla grosse armée contre Judas Machabeus et puis s'en alla en Perse et delaissa recteur de son pays Lisias, auquel il ordonna dissipper toute Judée.

Les choses dessusdites oyant Anthiocus, dont il est dessus parlé, meu de tresgrande fureur, assembla toutes ses gens et pluiseurs des isles voisines de son pays qu'il print comme mercennaires, et prepara son armée pour combatre Judas au commencement du prin temps. Mais, quant il vit en la distribucion et paiement des stipendiés, gaiges et salaires de ses gens d'armes, que ses tresors lui defailloient, car, pour les sedicions de son peuple, on ne lui payoit riens de ses vectigales et tributz, et comme icelluy Anthiocus feust tant magnanime et courageux que les deniers qu'il avoit jadis cueilliz ne lui soufisoient, il delibera lors de soy en aler ou royaume de Perse en entencion de illec lever et assembler les tributz de la province, et delaissa pour recteur et chef de son armée ung nommé Lizias, qui en sa court avoit grande gloire, auctorité et renommée, auquel il bailla l'administracion et regime sur les provinces depuis le fleuve de Eufrates jusques aux fins d'Egipte et de la basse ou petite Asye, lui bailla aussi partie de son armée et pluseurs elephantz, et si lui ordonna le gouvernement de son filz, qui comme lui avoit nom Anthiocus, et que finablement il degastast et dissipast le pays de Judée, preneist et emmenast comme captifz les habitans en icelle, everteist et destruiseist la cité de Jherusalem, et meist au neant et en dispersion toute la lignye des Juidz. Ces choses ainsi commandées par Anthiocus à Lizias, il passa l'Eufrates et s'en ala en Perse.

Comment Lizias, recteur de par Antiochus, ordonna trois ducz et assembla gens pour combatre les Juidz, et comment Judas Machabeus exorta ses gens à eulx deffendre contre eulx.

Lizias adoncques esleut trois puissans hommes amis du roy, l'un nommé Ptholomeus Dorimenis, l'autre Nichanor et l'autre Gorgias, ausquelz il bailla quarante mil hommes de piet et sept mil hommes de cheval. Si tirèrent oultre ces trois ducz contre les Juidz, et se mirent en exercite et en armes, en plain champ, près d'une cité nommée Emmaus. Là survindrent en leur ayde pluseurs syriens et autres d'estranges et longtainnes regions, et aussi pluseurs Juidz fugitifz et pluseurs marchans portans grans pecunes, en esperance de acheter des Juidz captifz et prisonniers. Et quant Judas sceut l'armée et multitude de ses adversaires, il persuada à ses gens qu'ilz eussent en Dieu bon espoir de victoire; si se vestirent Judas et ses gens de sacz, selon leur loy, et firent prière et supplicacion à Dieu qu'il leur voulzist donner ayde contre leurs ennemis. Ce fait, Judas, en la manière ancienne de ses pères, disposa ses gens par millenaires et delaissa ceulx qui de nouvel s'estoient mariez et ceulx qui de nouvel avoient acquis nouvelles possessions, affin que pour le desir, les ungz de leurs femmes, les autres de leurs possessions, ilz ne se combateissent moins hardiement contre leurs ennemis; et ceux qu'il emmena il exorta en cette manière : « Mes frères et compaignons, le temps ne nous est autrement necessaire, sinon de forment contempner et non craindre les perilz; maintenant est il licite, en combatant virilement, prendre et recepvoir liberté, laquelle, tant pour ce qu'elle nous est de soy mesme chière, comme pour mieulx adhiber diligence au cultivement de Dieu, je treuve confidemment estre plus desirable; et doncques, vous estans en ce lieu, affin que vous la recevez eureuze, que vous renouvelez benoicte et saincte vie et vivez selon noz loiz accoustumées, faictes telement, mes amis, que par vostre negligence ne perisse et desfaille la semence et la gent Judaicque ; combatez en ceste entencion que vous mettez et reputez la mort pour un tresgrant gaing, et se vous estes victeurs, que avec la liberté et les loiz paternelles vous acquerez la gloire eternelle. Or vous appareillez doncques demain, tellement que de hardyz courages vous faictes guerre et bataille pour la loy et pour le pays. »

Comment Judas combatit et vainquit Gorgias, l'un des ducz des gens Anthiocus, et l'enchassa lui et toutes ses gens.

Ainsi que Judas exhortoit ses gens par la manière devant dicte, ses ennemis, estans près d'Emmaus, envoièrent l'un de leurs princes, c'est assavoir Gorgias, à tout cinq cens hommes de piet et mille hommes de cheval, pour irruer et envayr de nuyt sur Judas en son ost, et leur baillèrent pour guides aucuns des Juidz fugitifz. Judas en fut adverti, et, pour ce, à l'eure de son souper, fist faire pluseurs feux en son ost. Après se departit d'illecques et y laissa les feux, et toute la nuyt chemina tant qu'il arriva près d'Emmaus. Gorgias, quant il vint en l'ost des Juidz et il ne les y trouva pas, se pensa qu'ilz s'en estoient fuys ès montaingnes ; si se mist à les querir et serchier de toutes pars. Or advint, sur le point du jour, que Judas et son armée de trois mil hommes d'armes à cheval tant seulement, qui de nuyt avoit tant alé, qu'il estoit arrivé près d'Emmaus, fut apperceu et veu de ses ennemis. Alors Judas, regardant sesdictz ennemis tresbien enseinctz, muniz et disposez comme gens d'armes, invita ses gens en courage et hardiesse, et leur dit en ceste manière : « Et se nous estions à nudz corps, si devons nous prelier et combatre et Dieu invoquer et requerir, qui souvent nous a fait sans armes contre pluseurs bien armez acquerir victoire. » Son sermon finé, il ordonna sonner ses trompes et tubicines pour signiffier à ses gens qu'ilz envayssent leurs ennemis inopinativement et sans plus attendre. Ainsi le firent, et tellement qu'ilz occirent pluseurs des resistens, et les autres poursuyvirent jusques en Gazate et jusques aux champs de Ydumée, de Azoti et de Jannie, et y morurent illec des ennemis de Judas jusques au nombre de trois mil. Ce fait, Judas deffendit la pillerie à ses gens, comme ilz eussent encore à combatre contre Gorgias, lequel combattu, il donnoit à tous licence de pillier ; et, ainsi qu'il disoit encore à ses gens ces choses, vezcy venir Gorgias et son armée, qui virent de loin leurs gens qu'ilz avoient devant Emmaus delaissées estre vaincues, et leurs chasteaulx, tentes et logis embrasez; lors se convertirent à la fuyte. Par ceste manière, sans cop ferir et sans bataille, vainquit Judas Gorgias et ses gens. Adoncques fist prendre les despouilles de ses ennemis, où il gaingna moult d'or, d'argent, de pourpre et de jacinte; et ce fait, s'en retourne Judas en son lieu joyeusement, en loant Dieu de la victoire qu'il avoit obtenue, laquelle lui avoit conferé et donné la liberté qu'il avoit desirée.

Comment Judas se combati à Lizias, chief et prince des gens de Anthiocus, et l'en chassa jusques à Anthioche.

Riens moins et non obstant que Lizias feust ainsi confus de la perdicion de son ost et armée, rassembla incontinent autres soixante mille hommes à piet et cinq mille à cheval, toutes gens d'eslection, à tout lesquelz il s'en revint en Judée, monta les montaingnes et ficha ses tentes en une ville de Judée appelée Bethuris. Lors Judas à tout dix mille hommes lui courut sus; mais, quant icellui Judas vit la multitude de ses ennemis, il requist et postula Dieu pour son adjuteur. Après se joindit à combatre aux coureurs et premiers de ses ennemis, et en mist à mort bien cinq mille, qui donnèrent la paour aux autres, tellement que Lizias, regardant et considerant la hardiesse des Juidz, qui estoient tous appareillez de mourir ou de vivre en liberté, doubtant leur forte desesperance, rassembla le residu de son armée et s'en retourna en Antioche, où il se tint en faisant de rechief assemblée de gens estranges, en entencion de retourner en armes contre les Juidz, à plusgrant appareil.

ÉTUDE

BIBLIOGRAPHIQUE.

ÉTUDE

BIBLIOGRAPHIQUE.

I.

L'histoire bibliographique de l'œuvre de Coquillart nous a paru digne d'un travail approfondi. Les obscurités, les incertitudes, qu'on rencontre au début, offrent des difficultés dont la solution est d'un grand intérêt pour les érudits, et son développement tout entier se rattache d'une façon curieuse à l'histoire générale de notre littérature.

Résumée à grands traits et prise philosophiquement, cette bibliographie nous enseigne plus complétement qu'aucune autre le rôle que joua la littérature populaire dans les trois siècles qui suivirent la Renaissance. Elle nous permet de deviner quelques-uns des accidents de la lutte que le génie national soutint, durant cette période, contre les influences étrangères, contre le Latin et le Grec du commencement et de la fin du XVIe siècle, contre les Précieux et les Classiques du commencement et de la fin du XVIIe, contre les beaux esprits du XVIIIe ; et c'est là ce qu'il faut toujours étudier, car cette lutte est le point mystérieux, mais fondamental, de notre histoire littéraire.

Coquillart, plus qu'aucun autre des vieux poètes, a vu son génie employé dans cette lutte. On croiroit que les écrivains populaires ont cherché dans lui un chef illustre, dans sa renommée un encouragement, dans ses œuvres une protection assurée, un exemple respecté qui leur permettoit d'obéir à quelques-uns de ces instincts littéraires qu'il avoit si vaillamment représentés. Mais il est évident que la vigueur de ces instincts s'en va déclinant, et la littérature qu'ils ont produite s'alourdit et voit son horizon se rétrécir de plus en plus. Néanmoins on réimprime les œuvres du poète Rémois pendant tout le XVIe siècle. En ce temps, en effet, la raillerie domine, l'esprit est puissant entre toutes les facultés intellectuelles ; les plus illustres *Latinistes*, les plus brillants *Gregeois*, comme Rabelais, comme Montaigne, comme Ronsard, sont encore tout imprégnés du vieil esprit. En ce temps surtout les influences étrangères n'ont pas encore organisé solidement leur école, et la poésie du Moyen Age entre, ne fût-ce que par les Proverbes, les Citations et les Farces, pour une part dans l'éducation de tous. Alors la verve, la finesse, la hardiesse, l'éclat de Coquillart, sont réellement des armes puissantes que peuvent employer pour leur défense les poètes instinctivement amoureux du temps passé.

Au XVIIe siècle le combat cesse. La nouvelle invasion du Latin et du Grec est victorieuse; ces étrangers ont été naturalisés, et nous voyons définitivement fondée cette grande et puissante école qu'on appelle l'Ecole classique. Montaigne seul défend, dans l'esprit public, quelques côtés du génie national; Coquillart et tous les autres poètes du Moyen Age sont oubliés. Boileau en connoît un seul, Villon; il en a entendu parler par hasard; il en parle à son tour avec une ignorance grotesque, comme on parleroit aujourd'hui d'une inscription trouvée dans le tombeau d'un Inga sur le front de quelque dieu Péruvien. La Fontaine seul hantoit ces barbares; peut-être même avoit-il deviné le secret de leur génie sans les avoir beaucoup pratiqués; d'ailleurs il se gardoit bien de dire très haut qu'il avoit des relations avec ces âges grossiers.

Coquillart ne reparoîtra qu'à cette époque de transition et d'impuissance intellectuelle qui occupe la scène littéraire depuis la décadence classique jusqu'à la lutte philosophique de la fin du XVIIIe siècle. Alors l'affaissement de l'imagination rejetoit tout le travail du côté de la mémoire; la pauvreté de l'invention, l'absence d'œuvres nouvelles, attiroient l'attention vers les œuvres passées; et la tyrannie de l'Ecole classique étant amoindrie par la foiblesse de ses chefs, quelques savants se trouvèrent amenés à chercher au delà de ces ruines des souvenirs d'une littérature plus complétement françoise.

C'est là aussi l'histoire du moment actuel; dans des circonstances analogues, la même vitalité merveilleuse du genre national a produit les mêmes résultats. La s'arrêtera la ressemblance, nous l'espérons du moins. Coquillart, heureusement, ne reparoît pas seul, et ces tentatives de résurrection du temps passé créeront autre chose que les pastorales d'un comte de Tressan, et les caricatures d'un Le Grand d'Aussy.

Pour nous, nous n'avons pas été tenté d'imiter nos devanciers jusque dans leurs infidélités et leur inintelligence du Moyen Age. On peut croire que nous n'avons pas poussé jusque-là le respect des anciennes traditions; nous expliquerons du reste notre système à la fin de cette étude comparée des diverses éditions de Coquillart.

II.

« Dans un recueil manuscrit de plusieurs poésies du XVe siècle qui sont à Rouen entre les mains de M. L'Archeveque, médecin, on trouve le Blason des Armes et des Dames. Le titre porte qu'il a été joué à Reims à l'entrée du Roy, mais l'année n'y est point marquée. » (*Varia Selecta* de Lacourt, collection de Champagne, vol. 33, mst. de la Bib!. Imp.)

« Poesies de Guillaume Coquillart, revues et corrigées sur les différentes editions, augmentées d'un grand nombre de pièces, avec des notes historiques et critiques et un dictionnaire des anciens termes qui se trouvent dans les poesies de Coquillart. 3 vol. in-4. — Manuscrit du XVIIIe siècle, bien écrit, contenant 99 ff. Il s'y trouve des vers qui ne sont certainement pas de Coquillart. » (Catalog. La Vallière, n° 2828.)

Ces deux renseignements sont les seuls que nous ayons rencontrés sur les manuscrits des poésies de Coquillart. Le manuscrit de La Vallière n'avoit aucune importance à nos yeux. Nous sommes porté à croire que le Recueil cité par Lacourt est aussi quelque compilation du XVIIIe siècle; personne d'ailleurs n'en a parlé depuis. Toutes nos recherches nous ont amené à penser qu'il n'existe plus de manuscrit du XVe siècle des poésies du chanoine Rémois.

Coquillart se contentoit-il de lire ses œuvres dans les bonnes compagnies, sans en laisser prendre copie? S'est-il trouvé parmi ses neveux quelque sage personnage qui ait détruit, autant qu'il l'a pu, les manuscrits de ces cyniques satires? Sur quel document la veuve Trepperel composa-t-elle son édition? De quelle version, à son tour, Galiot du Pré se servit-il pour établir son texte, différent de ceux qui précédoient? On conçoit que toutes ces questions ne peuvent être résolues que par des conjectures.

Je comprends que le genre propre aux poésies de Coquillart exposoit ses manuscrits à une plus facile destruction : ils n'avoient aucun titre à entrer dans les Archives communales, dans les bibliothèques des abbayes, les seuls endroits où les manuscrits fussent complétement et à toujours conservés. L'on a pu remarquer d'ailleurs combien étoient rares les manuscrits des ouvrages imprimés du vivant des auteurs ou peu de temps après leur mort, ces documents perdant dès lors tout intérêt et les imprimeurs ne s'en servant qu'à condition de les détruire. Une fois la famille de Coquillart éteinte, au XVIIe siècle, les quelques copies de ses œuvres qui avoient pu être conservées disparoissoient presque nécessairement lorsque l'intérêt de famille ne les protégeoit plus, dans un siècle où ce genre de poésies étoit méprisé, où l'amour des autographes n'étoit pas singulièrement répandu.

La comparaison des textes m'a du reste persuadé que les copies des œuvres de notre poète n'avoient pas dû être nombreuses. Il n'est pas impossible que toute l'œuvre de Coquillart ait paru de son vivant par pièces détachées, et que la veuve Trepperel ait composé son édition en réunissant, en réimprimant ces diverses plaquettes. Il est évident que les trois imprimeurs qui la suivent ont copié cette édition, en la corrigeant presque toujours maladroitement et sans avoir sous les yeux le manuscrit primitif. Il en est à peu près de même de Galiot du Pré : ses corrections s'éloignent plus du texte de la première édition sans doute, mais elles s'éloignent plus aussi du texte du XVe siècle, davantage encore du sens probable de Coquillart. On est tenté d'affirmer qu'il n'a pas eu à sa disposition d'autre version que celle de la veuve Trepperel. Quant aux pièces qu'il a ajoutées, peut-être ne sont-elles pas de Coquillart, peut-être a-t-il découvert quelques plaquettes qui avoient échappé aux recherches du premier éditeur. En tout cas, le texte est trop mauvais, l'orthographe trop extravagante, pour que nous puissions supposer qu'il a eu sous les yeux le manuscrit primitif. Les éditeurs qui viennent ensuite se contentent de le copier, quelques-uns en le redressant, comme François Juste, les autres en le maltraitant avec une inintelligence de plus en plus prononcée.

Nous pouvons conclure de tout cela que, si les manuscrits de notre poète ont échappé à nos recherches, aucun des autres éditeurs, sauf peut-être la veuve Trepperel, n'a été plus heureux que nous.

III.

Le plus ancien texte que nous connaissions de Coquillart se trouve dans des plaquettes inconnues jusqu'ici et que nous avons rencontrées à la Bibliothèque Impériale.

1. La première a pour titre : *L'Enqueste de Cocquillart touchant le debat entre la Simple et la Rusée.* — C'est un in-4 gothique, renfermant

16 ff., non paginés, à longues lignes. A la fin nous lisons : *Cy finist l'Enqueste de Cocquillart d'entre la Simple et la Rusée.* Il ne contient aucune désignation de lieu, de date ou de nom d'imprimeur. Au dessous du titre se trouve cette marque qui attire depuis longtemps déjà l'attention des bibliographes, sans qu'ils aient pu deviner à quel imprimeur elle appartient.

Elle est disposée en carré long sur la hauteur, renferme dans chacune des quatre parties de la bordure un des membres de la devise : *Ung Dieu, Ung Roy, Ungne Loy, Ungne Foy.* Elle représente un arbre entouré de fleurs; au sommet de l'arbre se trouvent cinq branches tronquées, dont la plus basse sert à accrocher un écusson portant au chef trois fleurs de lis, en pointe une galère. Au dessus de l'arbre apparoît un autre écusson chargé de trois fleurs de lis, deux au chef, l'une en pointe ; l'écusson est surmonté d'une couronne ducale et tenu par deux anges.

On ne connoissoit jusqu'ici que deux livres qui portassent cette marque : l'un, *Le Livre de Clergie,* in-4 goth., S. L. N. D.; l'autre, *Le Mirouer d'or de l'Ame pecheresse,* in-4 goth., S. L. N. D., et à la fin de ce dernier ouvrage on trouve en acrostiche les noms de cinq imprimeurs, dont trois (Anthoine Cailleaut,

Hector Deschamps, Philippe Pygouchet) sont connus comme imprimeurs du XVe siècle, les deux autres (Lois-Martin Néau, Belarst), inconnus.

Je n'ai pas été beaucoup plus heureux que ceux de mes confrères en bibliographie qui se sont occupés de cette marque, et je n'ai que des hypothèses à apporter sur ce sujet. Il est vraisemblable pourtant que ce n'est pas une simple fantaisie qui a réuni à la fin du *Mirouer d'or* les noms de ces cinq imprimeurs; et pour tous ceux qui connoissent l'habitude qu'avoient les auteurs et les éditeurs de mettre leurs noms en acrostiches à la fin de leur livre, la première idée qui se présente à l'esprit, c'est que ces cinq acrostiches représentent le nom de ceux qui ont pris part à cette impression, ou pour le compte de qui elle a été faite. Il n'y a pas loin de là à supposer une association d'imprimeurs réunis pour l'exploitation de quelques livres, qui auront adopté cette marque comme la marque de l'association, et qui se seront séparés par la suite en prenant ou reprenant chacun leur marque particulière. C'est en effet, il me semble, l'explication la plus naturelle de ce léger mystère de bibliographie, et les détails de la marque susdite ne sont pas contraires à une telle hypothèse: pour les gens un peu experts en allégorie, la devise résume bien le but élevé que pouvoit se proposer une association d'éditeurs aux débuts de l'imprimerie, et si les cinq branches de l'arbre peuvent symboliser les cinq imprimeurs, le navire de l'écusson peut aussi fort bien indiquer une association Parisienne. Quant à l'écusson surmonté de la couronne et tenu par les anges, je ne suis pas éloigné de croire que telles pouvoient être les armes de la corporation des Imprimeurs Parisiens.

Ceux qui ne voudroient voir dans les acrostiches du *Mirouer d'or* que la fantaisie d'un imprimeur désirant se nommer en compagnie des plus illustres de ses confrères, ceux-là devront hésiter entre Neau et Belarts pour l'attribution de cette marque; celle des trois autres étant différente, et la nef (*navis*, nauf, nau) pourra faire pencher la balance en faveur de Neau.

Il n'y a, je le répète, dans ce qui précède, que des conjectures. Ce qui est certain, c'est que, pour la pureté du texte, cette plaquette est fort supérieure au reste des éditions de Coquillart, et que, comme apparence typographique, comme papier, disposition et impression, elle est évidemment du XVe siècle; les marques du papier sont de cette date et aussi les lettres.

2. La deuxième plaquette a pour titre : *Le*

Playdoyé d'entre la Simple et la Rusée, en matière de Saisine et de Nouvelleté, fait par Coquillart. Elle est du même imprimeur que la précédente, présente les mêmes caractères, porte la même marque, mais renversée et mise le haut en bas par un hasard de l'impression. — La première plaquette offroit au verso du titre le portrait d'un homme aux cheveux longs, portant coiffe et chapeau, manteau ouvert recouvrant une tunique serrée par une ceinture à laquelle est suspendue une dague. La seconde plaquette présente, au verso du titre, le portrait d'une sorte de prêtre à la barbe pointue, aux cheveux longs, coiffé d'une espèce de mitre ; la robe, qui descend jusqu'à terre, est recouverte par un manteau fermé jusqu'à la poitrine ; les manches de ce manteau sont ouvertes, larges, longues, tombant jusqu'à la bordure du vêtement supérieur. Le personnage tient à la main droite un carnet, à la gauche un vase d'où paroît s'échapper la fumée, sans doute, de quelque encens. Dans la partie haute du verso du second feuillet se trouve le portrait de la Simple, se promenant les bras croisés et paroissant réfléchir. La tête, qui semble rasée, est coiffée d'une couronne semblable à un tortil de baron. Elle a les manches serrées, le corsage collé au corps, la jupe ample et longue, recouverte d'une robe de dessus descendant jusqu'à mi-jambe. Au bas du recto du dixième feuillet, on retrouve le personnage du verso du titre ; au bas du recto du onzième feuillet est dessinée une chambre dans laquelle causent la Simple et le Mignon. Ils sont debout tous deux, rien n'est changé dans l'apparence de la Simple que sa coiffure. Le Mignon porte une robe descendant jusqu'à la cheville, une cornette lui enveloppe la tête, et l'un des bouts vient par-dessus son épaule droite tomber jusqu'en bas du ventre. Au bas du recto du quinzième feuillet se trouve répété le bois que nous avons signalé au verso du titre de la première plaquette ; la pièce se termine au seizième feuillet, par ces mots : *Explicit le Plaidoié Cocquillart, touchant la Simple et la Rusée. De la Motte.* — Que signifient ces derniers mots ? Faut-il voir là un nom d'imprimeur, ou les premiers mots du titre de quelque pièce imprimée à la suite de cette plaquette dans un recueil dont ladite plaquette faisoit partie ? Est-ce quelque sale allusion au débat qui précède, allusion négligée par les éditeurs subséquents, qui ne l'ont pas comprise ? Nous nous sommes en vain tourmenté à chercher l'explication de ces trois mots.

3. Après ces deux plaquettes vient, en ordre de date, l'édition de la veuve Trepperel, in-4 goth., S. D., avec ce titre : *S'ensuyvent*

les *Droitz Nouveaulx, avec le débat des Dames et des Armes, l'Enqueste entre la Simple et la Rusée avec son Playdoyé et le Monologue Coquillart, avec plusieurs autres choses fort joyeuses;* composé par maistre Guillaume Coquillart, official de Reims lez Champaigne. XXII.

Au dessous se trouvent deux écussons dont nous parlerons tout à l'heure; puis: *On les vend à Paris, en la rue neufve Nostre-Dame, à l'Escu de France, et au Palays, en la gallerie comme on va en la Chancellerie. Cum Privilegio.*

Au verso du titre nous lisons: *S'ensuyvent les rubriches de ce present livre: Et premièrement, De Jure Naturali, De Presumptionibus, De Pactis, De Statu Hominum, de Dolo.* Après quoi vient l'Ecu aux trois fleurs de lys surmonté de la couronne, puis: *S'ensuyt la table de ce présent livre: Et premièrement.* La page suivante donne cette table, plus développée que la précédente et contenant le titre de la plupart des questions grotesques que Coquillart résout dans ses *Droitz*. Les poésies commencent en tête du verso suivant.

A la fin du livre nous trouvons: *Cy finissent les Droitz Nouveaulx avec le Debat des Dames et des Armes, imprimé nouvellement à Paris par la veufve feu Jehan Trepperel, demourant en la rue neufve Nostre Dame, à l'enseigne de l'Escu de France.*

Le chiffre XXII placé à la fin du titre indique, non la date de 1522, comme le croit M. Tarbé, mais 22 cahiers. Le volume les contient en effet, soit 196 pages, en belle impression, à longues lignes, en lettres de moyenne grosseur, mais nettes et assez neuves. La date peut se placer selon toute vraisemblance entre 1512 et 1515. Cette édition comprend toutes les poésies de Coquillart, sauf l'acrostiche et les deux derniers Monologues.

Nous n'avons voulu négliger aucuns des détails qui pouvoient apporter quelque lumière dans les questions fort obscures concernant la bibliographie de notre poète ; nous avons cherché quelle pouvoit être la signification des deux écussons dont nous avons parlé plus haut. Après plusieurs recherches inutiles, nous avons pensé à interroger M. Loriquet, le savant bibliothécaire de Reims. Voici ce qu'il nous a répondu : « Ces armoiries ne sont pas des armoiries de fantaisie. Ce ne sont pas non plus celles de Coquillart. Il s'étoit donné des armes parlantes qu'indique M. Tarbé dans sa Notice : d'azur au chevron d'or à trois coquilles de même, deux en chef, une en pointe. Je suis parvenu à savoir de qui est l'un des deux écus, celui qu'accompagne un insigne ecclésiastique : c'est le blason de Jean Godart, chanoine, grand chantre. Ce Jean Godart, entre autres bienfaits en faveur du chapitre de Notre-Dame de Reims, lui laissa une maison, sise près du jardin du chapitre, aujourd'hui rue des Capucins. Dans cette maison est encore un puits dont l'orifice est surmonté d'un édicule en pierre ; et au fronton de cet édicule sont, d'une part, les armes du chapitre, de l'autre les armoiries en question. L'édicule porte ailleurs les initiales J. G. en forme de chiffre. Enfin la porte même de la maison, qui est du commencement du XVIe siècle, a le même chiffre deux fois répété. Il me paraît clair, non seulement que la maison est celle qui provient de Jean Godart, mais que les armoiries du puits, comme celles du livre, sont les armoiries du même Jean Godart. La crosse est l'insigne du grand chantre, lequel insigne a été modifié depuis dans sa partie supérieure. — Pourquoi, maintenant, les armes de Jean Godart au frontispice de notre livre ? Evidemment parce que Jean Godart auroit aidé à l'édition, probablement de ses deniers. Le personnage auquel appartient l'autre écu s'étoit associé à l'œuvre. Jean Godart n'a pris possession de la dignité cantorale qu'en 1512 ; j'en ai la preuve écrite de sa propre main en tête d'un mémoire concernant les priviléges, revenus et charges de sa dignité : *In primo* est notandum quod ego fui receptus ad cantoriam ejusdem Ecclesie die Conceptionis Beate Marie Virginis, que fuit octava decembris anni 1512. Si donc, comme je le crois, ces armoiries sont bien celles de Jean Godart, la date de notre volume ne peut être antérieure à 1512. »

Je m'associe aux conclusions de cette lettre, qui apporte, comme on voit, des renseignements précieux, et pour lesquels je me tiens fort obligé à M. Loriquet. Je le remercie d'ailleurs vivement et cordialement pour l'intérêt qu'il a pris à cette nouvelle édition des œuvres du poëte Rémois, et pour la rare obligeance avec laquelle il a bien voulu montrer cet intérêt.

4. Après la veuve Trepperel, son associé, Jehan Janot, donna une édition sous ce titre : *S'ensuyvent les Droitz Nouveaulx avec le Debat des Dames et des Armes; l'Enqueste entre la Simple et la Rusée, avec son Playdoyé; la Complaincte de Echo à Narcisus, et le reffus qu'il luy fist, avec la mort d'icelluy Narcisus, et le Monologue Coquillart, avec plusieurs aultres choses fort joyeuses, composé par maistre Guillaume Coquillart, official de Reims lez Champaigne.* IX. C.

Au-dessous se trouvent les deux écussons; puis : *On les vend à l'enseigne St Jehan Baptiste, en la rue neufve Nostre Dame, près saincte Geneviefve des Ardans.*

Au verso nous voyons un bois représentant une salle d'étude au milieu de laquelle un homme en long manteau, assis dans une chaise à dais sculpté, feuillette un livre placé sur un pupitre. Au dessous de ce bois commence une table des matières, table exactement la même que celle de la veuve Trepperel, et qui se termine au milieu de la seconde colonne du recto de la page suivante. Les poésies viennent immédiatement après.

L'édition, comme l'indique ce chiffre : X. C., contient neuf cahiers, soit 72 pages. C'est un in-4 gothique à deux colonnes, médiocrement imprimé, avec des lettres un peu différentes de celles de la veuve Trepperel, moins nettes et moins neuves. Au bas du recto de la 71e page, nous lisons : *Cy finissent les Droitz Nouveaulx avec le Debat des Dames et des Armes, imprimé nouvellement à Paris en la rue Neufve près Nostre Dame à l'enseigne Sainct Jehan Baptiste, Saincte Geneviefve des Ardans.* Au verso on voit la marque et le nom de Jehan Janot (Voy., pour cette marque, *Manuel du libraire*, tome 3, page 503.). On peut placer cette édition entre 1515 et 1520. Elle contient les mêmes poésies que la précédente.

5. — Vient ensuite l'édition d'Alain Lotrian, successeur de la veuve Trepperel et de Jehan Janot. Le titre est le même que celui de cette

dernière ; nous y trouvons l'indication IX. C., les deux écussons, etc. Il n'y a de changé que l'S orné, l'encadrement et l'indication de la demeure de l'imprimeur, qui est telle dans le livre de Lotrian : *On les vend à Paris en la rue Neufve Nostre Dame à l'enseigne de l'Escu de France.* Au verso, un petit bois représente un homme en manteau qui écrit sur une table, tandis qu'au fond de la pièce deux autres personnages, aussi en manteau, paroissent s'occuper de lui.

Tout le reste suit la disposition de l'édition précédente. Comme elle, elle est in-4, contient 9 cahiers, 72 pages à deux colonnes ; elle la suit page pour page ; l'impression est moins soignée encore, les lettres moins nettes.

A la fin de la 71e page nous trouvons : *Cy finissent les Droitz Nouveaulx, avec le Debat des Dames et des Armes, imprimé nouvellement à Paris par Alain Lotrian demourant en la rue Neufve Nostre Dame, à l'enseigne de l'Escu de France.* Le verso est blanc.

Cette édition doit se placer entre 1520 et 1530. Elle ne contient rien de plus que les précédentes.

6. Nous arrivons maintenant à l'édition qui porte la marque de Jehan Trepperel (Voy., pour cette marque, *Manuel du libraire*, tome 3, page 27). Elle est la copie à peu près

fidèle de celle d'Alain Lotrian. Les lettres sont un peu plus usées ; le bois du verso du titre représente un homme réfléchissant, le bras appuyé sur sa chaise ; le nom d'Alain Lotrian est retranché au bas de la 71e page ; la marque de Trepperel occupe le verso de la 72e. A part cela, les deux éditions sont identiques. Elles se suivent page par page, lignes pour lignes, renvois pour renvois ; la disposition des grandes lettres, des petites lettres, est la même. On voit clairement que le dernier imprimeur n'a eu d'autre but que de suivre aveuglément l'autre ; il a, autant qu'il a pu, commis les mêmes fautes d'impression, imité son in-intelligence. Enfin, n'étoit une légère différence dans la forme des lettres, on pourroit croire que cette édition est un fond de l'édition précédente, dont on auroit légèrement changé la première et la dernière page.

Nous touchons ici à la plus importantes des questions qui concernent la bibliographie des œuvres de Coquillart. Cette édition, en effet, que nous plaçons, comme la précédente, entre 1520 et 1530, est celle à qui M. Tarbé attribue la date de 1491, ou tout au moins une date antérieure à la mort de l'auteur.

Notre ingénieux prédécesseur apporte trois arguments à l'appui de cette hypothèse : 1º le chiffre IX. C. qui se trouve après le titre, et qui, en supposant que les chiffres M. C. C. C. C. aient été omis, peut donner 1491 ; 2º la marque de Jehan Trepperel placée au verso du dernier feuillet : or, comme Jean Trepperel est mort en 1511, comme notre poëte est mort en 1510, on arrive à conclure que cette édition fut donnée du vivant de l'auteur ; 3º les mots « *en son vivant* official de Reims » qui ne se trouvent pas dans le titre de cette édition et qu'on rencontre dans les autres.

Ces trois argumens sont de nulle valeur.

Je ne sais si le chiffre IX. C. a jamais pu signifier 1491, c'est une question qui me paroît rentrer dans l'art de deviner les rébus en société ; mais il est évident que cela est inadmissible dans le cas présent, puisque les éditions de Jehan Janot et d'Alain Lotrian portent ce même chiffre, et que l'un et l'autre n'ont commencé à imprimer qu'au XVIe siècle : le premier en 1508, le second en 1518. Ce chiffre indique, comme nous le disions plus haut, les 9 cahiers que les trois éditions contiennent en effet, comme le chiffre XXII, dans l'édition veuve Trepperel, indique les 22 cahiers que celle-ci renferme. Ces notions sont élémentaires en bibliographie. L'un de nos érudits les plus experts en cette matière m'assure que, si, d'une part, il pourroit citer un fort grand nombre d'éditions où l'on retrouve en chiffre cette indication du nombre des cahiers, d'autre part il n'a jamais vu un seul livre françois, imprimé au XVe siècle ou au commencement du XVIe, qui porte une date abrégée par omission de chiffres, à moins que ce ne soit par rébus [1].

Le second argument montre le même dédain pour les plus simples notions de bibliographie. Le premier Jehan Trepperel est bien certainement mort en 1511 ; mais M. Tarbé ne sauroit ignorer qu'on a trouvé jusqu'en l'année 1531, au moins, des livres avec la marque de Jehan Trepperel. Nous nous contenterons de lui citer le Chevalier Bayart, de Champier, qui porte 1525 pour date de sa composition, et le livre des Trois Fils de Roi, qui est daté 1531. Les érudits ont été par là forcés d'admettre l'existence d'un deuxième Jehan Trepperel, et nous en pouvons conclure que Coquillart, portant une marque qu'on retrouve jusqu'en 1531, n'a pas été nécessairement imprimé avant 1511.

La troisième preuve de M. Tarbé repose sur une assertion erronée. Jusqu'à Galiot du Pré, aucune des éditions ne porte les mots

[1]. Nous devons ce renseignement à M. Coppinger ; et nous le prions ici d'accepter l'assurance de notre gratitude pour l'aide qu'il a bien voulu nous donner dans la discussion de ces détails bibliographiques.

« *en son vivant*, official de Reims ». L'éditeur Rémois n'en veut pas conclure, j'espère, que toutes ces éditions furent données du vivant de Coquillart, et que la femme de Trepperel étoit veuve du vivant de son mari.

Il ne reste rien, on le voit, des allégations de notre prédécesseur. La lettre de M. Loriquet prouve clairement d'ailleurs qu'aucune édition portant les écussons indiqués plus haut ne peut être antérieure à 1512, puisque c'est à cette époque seulement que l'un de ces deux écussons a pu exister avec les attributs que nous lui voyons.

A partir ce cette date, nous n'avons nous-même que des hypothèses pour justifier l'ordre que nous avons établi entre les diverses éditions; mais le degré d'ancienneté des éditeurs, l'apparence des livres, et surtout la composition des textes, rendent, selon nous, nécessaire, l'adoption de cet ordre.

Nous voyons, en effet, la veuve Trepperel succéder à son mari, s'associer avec Jehan Janot, tous deux avoir pour successeur Alain Lotrian, qui prit sans doute à son tour pour associé le fils de Jehan Trepperel, ou qui, du moins, imprimoit dans le même temps que lui.

Les éditions de luxe, à longues lignes, en beaux et gros caractères, ont logiquement précédé les éditions à deux colonnes, dont les caractères fins permettoient une notable économie. Il en a été du moins presque toujours ainsi dans le Ier siècle de l'imprimerie, et l'on comprend facilement, en effet, que pour la reproduction de livres dont la réputation étoit faite, dont la première édition s'étoit rapidement écoulée, et là où l'éditeur étoit sûr de la vente de son texte, quel qu'il fût, on comprend que le soin ait dû être moins grand, l'économie plus tentante, que là où le succès du livre devoit être aidé par toutes les tentations de l'art typographique. Dans l'espèce qui nous occupe, on sent facilement encore qu'une impression faite en grande partie, sans doute, aux frais des riches citoyens Rémois, a pu se présenter avec des apparences de luxe qui durent disparoître lorsque cette impression ne fut plus pour le libraire qu'une affaire de spéculation.

Nous avions donc peu de raison d'hésiter à considérer l'édition de la veuve Trepperel comme la première en date, et la comparaison des textes ne nous a pas laissé le moindre doute là-dessus.

C'est cette comparaison, nous l'avons déjà indiqué, qui nous a le plus aidé à établir l'ordre que nous avons suivi, et nous avouons qu'elle nous eût suffi, en dehors de toute autre considération, pour nous faire regarder comme inadmissible le système de M. Tarbé. L'ancienneté de l'orthographe, la bonté du texte, le soin de l'impression, suivent une ligne décroissante, depuis l'édition du XVe siècle jusqu'à celle de J. Trepperel II, de telle sorte que le texte excellent et évidemment pur des plaquettes se trouve bon encore, quoique légèrement changé, dans l'édition veuve Trepperel; que le texte produit par ces changements est ensuite maladroitement modifié dans la version de Jehan Janot, qui subit à son tour, entre les mains d'Alain Lotrian et de Jehan Trepperel II, toute espèce de mauvais traitements. L'orthographe suit les mêmes degrés de décadence. Ainsi partout on retrouve l'orthographe primitive, mais de plus en plus *modernisée*; également aussi on reconnoît toujours le même texte, mais qui a passé dans diverses mains, sur lequel chacune de ces mains a laissé son empreinte, et qui, à chaque changement, perd de plus en plus les traces de sa pureté primitive.

Prenons pour exemple deux vers qui ne présentent guère de difficulté cependant. Nous donnons, page 111 de notre tome Ier, ces deux vers :

> Mignonne de haulte entreprise
> Qui porte des devises à tas.

Le second de ces vers, on le voit, n'est pas régulier ; il faut supposer une de ces élisions qui sont fréquentes dans Coquillart, mais auxquelles les éditeurs du XVIe siècle postérieurs à la veuve Trepperel paroissent n'avoir jamais pu s'habituer. Nous lisons en effet :

Ve Trepperel :   Qui porte des devises à tas.
Jehan Janot :   Qui porte diverses à tas.
Alain Lotrian :   Qui porte diverses atas.
Jehan Trepperel II : Qui porte diverses atas.

On a en ces quatre vers l'histoire des quatre textes dont nous nous occupons : un bon, un second qui le copie sans intelligence, et deux autres qui se ressemblent complétement en copiant le second et en renchérissant sur les fautes.

Ces observations nous paroissent suffire pour justifier la classification que nous avons suivie. Il est en effet logique de croire que deux éditions exactement semblables et identiquement mauvaises se suivent, plutôt que de supposer qu'elles sont séparées par deux éditions différentes et meilleures que chacune d'elles. Dans ce cas, Alain Lotrian nous eût présenté l'étrange spectacle d'un libraire ayant dans son fonds deux bonnes éditions d'un ouvrage et en faisant copier une autre évidemment mauvaise. Il est évident encore, pour qui connoît les changements fréquents intervenus dans l'orthographe du XVIe siècle, que, si l'édition à la marque J. T. avoit été de 1491, elle se rapprocheroit, quant à son orthographe, des plaquettes, qui sont du XVe siècle, de l'édition veuve Trepperel, qui est de 1512, et non de celle d'Alain Lotrian, qui est de 1530, et qui a, de même que l'édition J. T., tous les caractères orthographiques de cette date.

Nous maintenons donc que cette édition à la marque J. T. doit être attribuée à Jehan Trepperel II, et qu'elle est contemporaine de celle de Lotrian. Nous pensons, nous, qu'elle lui est postérieure; mais nous croyons qu'on prouvera un jour l'existence d'un troisième J. Trepperel. Il pourra y avoir alors quelque raison de supposer que Jehan Trepperel II a imprimé avant Lotrian; peut-être pourra-t-on alors aussi mettre son édition de Coquillart avant celle de ce Lotrian, mais sans qu'elle puisse jamais être placée avant celle de J. Janot.

La majorité des lecteurs trouvera peut-être que nous avons bien minutieusement étudié cette question de bibliographie. Nous avons à répondre que cette question étoit de la plus grande importance pour l'établissement du texte de Coquillart; que la bibliographie est une science naturellement minutieuse; qu'enfin, c'est aux bibliographes que nous prétendons adresser cette partie de notre travail, et que ceux-ci nous eussent, à bon droit, regardé comme un homme à mettre au ban de l'érudition, si, dans de telles questions, nous n'avions pas montré le plus profond respect pour les vétilles, si nous avions quitté, sans les avoir examinées jusque dans leurs plus secrets détails, de si précieuses éditions. Elles sont, en effet, d'une extrême rareté. Je les ai toutes rencontrées à la Bibliothèque impériale de Paris. Les deux plaquettes du XVe siècle peuvent être considérées comme uniques. J'ai vu dans le cabinet de M. Coppinger un autre exemplaire de l'édition veuve Trepperel. Il a passé, il y a quelques années, en vente un exemplaire de l'édition J. Janot, exemplaire qu'on prétendoit unique; je ne sais en quelles mains il est actuellement. La Bibliothèque de Reims possède un autre exemplaire de l'édition Jehan Trepperel II. Quant à celle d'Alain Lotrian, les catalogues de vente nous prouvent qu'il doit en exister encore plusieurs exemplaires; pour moi, je ne connois que celui de la Bibliothèque impériale.

7. *Les Œuvres maistre Guillaume Coquillart, en son vivant official de Reims, nouvellement reveues et imprimées à Paris,* 1532... *On les vend à Paris, pour Galiot du Pré, en la grant*

salle du palays. (A la fin :) *Fin des Œuvres feu maistre Guillaume Coquillart, official de Reims, nouvellement reveues, corrigées et imprimées à Paris, pour Galliot du Pré,* 1532. Petit in-8, en lettres rondes, signé A-U. 158 ff. chiffrés. Le texte de cette édition a été fort travaillé, avec une certaine intelligence, mais sans aucun respect pour le style, pour la forme propre de Coquillart, et avec la préoccupation de donner un ouvrage intelligible, plutôt que de donner l'œuvre du poëte Rémois. On n'y trouve pas les petites pièces politiques, mais on y voit paroître, pour la première fois, le monologue du Puis et le monologue du Gendarme cassé. Nous nous sommes déjà occupé de ces pièces. Ajoutons que Galiot du Pré paroît avoir eu la manie d'inventer des pièces et des passages nouveaux, de découvrir des lambeaux échappés à l'attention des premiers éditeurs, d'attribuer des pièces anonymes aux auteurs qu'il réimprimoit. Ce qu'il a fait pour Coquillart, il l'a fait pour Villon, un peu pour Gringore; et je pense qu'il ne faut pas toujours l'en croire sur parole. Cette spécialité de découvertes tourne souvent à la spéculation, et dans beaucoup des attributions de Galiot du Pré il y a plus de commerce que de zèle pour la littérature; il y a surtout le discrédit jeté par ses prédécesseurs sur les éditions gothiques des Trepperel et d'Alain Lotrian. En somme, on a beaucoup exagéré la valeur de cette édition. Comme apparence, comme beauté typographique, nous lui préférons, et de beaucoup, les plaquettes du XVe siècle et le volume de veuve Trepperel; elle n'a d'autre qualité que d'être en lettres rondes, et parmi les éditions, aussi en lettres rondes, qui viennent après elle, plusieurs nous ont paru plus jolies; comme texte, elle commence le massacre, j'entends le massacre de sang-froid, de l'œuvre de Coquillart; elle ouvre la voie à ce déplorable système qui continue et se perfectionne jusqu'à Coustelier, et qui consiste à sacrifier la phrase et la pensée du poëte du XVe siècle, au profit des lecteurs du XVIe, du XVIIe et du XVIIIe siècle.

Cette édition est moins rare que les précédentes. Nous en connoissons pour notre part cinq exemplaires, parmi lesquels nous noterons celui qui se trouve dans le riche cabinet de M. Cigongne, et qui, pour son parfait état de conservation, pour la grandeur de ses marges et le travail artistique de sa reliure, est fort digne assurément de faire battre le cœur d'un bibliophile. J'indiquerai, pour ne rien négliger, une particularité de nulle importance, c'est que, dans les exemplaires que j'ai pu consulter, la pagination saute de 48 à 51.

8. Le *Manuel du Libraire* signale une autre édition Parisienne faite la même année que celle de Galiot du Pré, chez Antoine Bonnemère, in-16.

9. Nous trouvons dans le catalogue Nodier, dans le *Manuel du Libraire*, dans l'édition de Reims, la mention d'une édition sous ce titre : *Les Œuvres maistre Guillaume Coquillart, en son vivant official de Reims, nouvellement revues, corrigées et imprimées à Paris*, 1533. *On les vent à la rue Neufve Nostre Dame, à l'enseigne Saint Nicolas*. (A la fin :) *Fin des Œuvres feu maistre Guillaume Coquillart, official de Reims, nouvellement revues, corrigées et imprimées à Paris par Pierre Leber, demeurant au coing du pavé, près la place Maubert*. Petit in-8 de 316 pages.

10. Le *Manuel du Libraire* annonce une autre édition de Paris, 1534. Il faut comprendre, sans doute, que c'est une édition également imprimée par le précédent.

11. Nodier indique dans son catalogue une édition que nous n'avons pu retrouver : Coquillart, *Œuvres où sont contenues plusieurs joyeusetés, comme vous pourrez veoir en la table de ce présent livre*, 1534. *On les vend en la rue Neufve Nostre Dame à l'enseigne Sainct Jehan*

Baptiste, prés Saincte Geneviefve des Ardans. Pet. in-12.

12. L'édition de François Juste, quoique inspirée évidemment par l'édition Galiot du Pré, paroît faite cependant avec un plus grand désir de donner l'œuvre de Coquillart; elle présente çà et là quelques modifications heureuses, et elle offre, pour les deux derniers monologues, un texte beaucoup plus soigné et plus intelligent. Son titre est encadré d'une façon ridicule dans une espèce de porte qui veut peut-être jouer le portique de Temple et qui n'est qu'une porte de bahut. Au dessus de cet encadrement on lit : *Coquillart;* le fronton porte : ΑΓΑΘΗ ΤΥΧΗ (la Bonne Fortune). Le blanc qui se trouve entre les deux montans de cette sorte de portail renferme l'annonce suivante : *Les Œuvres maistre Guillaume Coquillart, en son vivant official de Reims, nouvellement reveues et corrigées,* 1535. *On les vend à Lyon en la maison de François Juste, demeurant devant Nostre Dame de Confort.* Pet. in-8 gothique de 96 ff. chiffrés, signé A-M. La table, au verso du titre, annonce, comme l'éd. Galiot du Pré, les petites œuvres de Coquillart, et le volume ne les contient pas.

13. L'édition dont le titre suit n'a pas été signalée jusqu'ici; nous en avons rencontré un exemplaire dans le cabinet de M. Coppin-

ger. Coquillart. *Les Œuvres de maistre Guillaume Coquillart, en son vivant official de Reims, nouvellement reveues et corrigées*, 1540. *On les vend à Lyon, chez François Juste, devant Nostre Dame de Confort.* Au milieu de la page nous voyons un vieillard qui paroît être le symbole du Temps; un poids tire son bras droit vers la terre, des ailes semblent forcer son bras gauche à s'élever vers le ciel; une écharpe est enroulée autour de son corps, nu d'ailleurs. Petit in-16 de 122 ff., chiffrés. La Table des matières, qui se trouve au verso du titre, est absolument la même que dans l'édition de 1535; c'est aussi à peu près le même texte, avec de légères intentions de correction. En général ces corrections sont malheureuses; l'édition est du reste inférieure à tous égards à celle de 1535 : le papier est gris, les lettres un peu usées, le tirage peu soigné.

(A la fin :) *Imprimé nouvellement pour Françoys Juste, demeurant devant Nostre Dame de Confort, à Lyon, 20 d'aoust 1540.*

14. *Les Œuvres de maistre Guillaume Coquillart, en son vivant official de Reims, à Paris, chez Jehan Longis, libraire*, in-16 de 143 ff. chiffrés.

(A la fin :) *Imprimé à Paris par Denys Jannot pour Pierre Sergent et Jehan Longis, libraires.* Cette édition est charmante comme exécution typographique, plus jolie à coup sûr que celle de Galiot du Pré; le texte, par compensation, est fort mauvais, copié sur celui de 1532, sans soin et sans intelligence.

15. Les *Œuvres de maistre Guillaume Coquillart, en son vivant official de Reims, nouvellement reveues et corrigées. Le contenu d'icelles est en la page suivante.*

A Paris, 1546, *de l'imprimerie de Jeanne de Marnef, demeurant en la rue Neufve Nostre Dame, à l'enseigne Saint Jean Baptiste.* In-16, 112 ff. non chiffrés, signés A.-O.

Cette édition contient, comme les précédentes, toutes les poésies de Coquillart, sauf les petites œuvres, et en outre, par un arrangement singulier de l'éditeur, les trois blasons de Pierre Danche. L'exemplaire que j'ai vu a appartenu à la reine Anne d'Autriche; il appartient maintenant à M. Brunet.

16. Nous avons entendu maintes fois citer une édition dont nous n'avons pas rencontré d'exemplaire, une édition in-16, à Lyon, chez Benoist Rigault, 1579. Nous savons seulement sur elle, et par une note écrite sur la garde de notre exemplaire veuve Trepperel, qu'elle ne contient pas les pièces politiques.

17. Le *Manuel du Libraire* et l'édition de Reims citent une édition sous ce titre : *Les Œuvres de maistre Guillaume Coquillart, en son vivant official de Reims. A Paris, par Jean Bon-*

fons, libraire, demeurant en la rue Neufve Nostre Dame, à l'enseigne de Saint Nicolas. Petit in-8, s. d., non paginé, en lettres rondes.

Je n'ai pas rencontré cette édition, mais j'ai trouvé à la Bibliothèque Mazarine un exemplaire dont le titre manque, et qui, j'en suis presque sûr, est un exemplaire de l'édition Bonfons. J'en vais donner en tous cas une désignation suffisamment caractérisée pour que le propriétaire de ce Bonfons, dont parle M. Tarbé, puisse reconnoître si j'ai rencontré juste. Le volume contient : 1º les Droits Nouveaux (96 pages non numérotées); titre courant : au verso, *Les Droits Nouveaulx*; au recto, le titre des diverses rubriches ; 2º *Le Playdoyer de Coquillart entre la Simple et la Rusée* (36 pages); titre courant : *Le Playdoyer — de Coquillart*; 3º *l'Enqueste d'entre la Simple et la Rusée* (40 pages); 4º *le Blason des Armes et des Dames* (22 pages); titre courant : *Blason des Armes — et des Dames*; 5º *Le Monologue de la botte de foing* (20 pages). L'exemplaire s'arrête sur ces mots : *Fin du Monologue de la botte de foing*. Il est très probablement incomplet.

J'ajouterai, à titre de signe particulier dans le signalement de ce volume, que dans le deux cent trente-sixième vers de la rubriche *de Presumptionibus*, « N'avez vous point honte, etc. » le *v* du mot *vous* est renversé.

19. *Les Presomptions des Femmes, à Rouen, chez Abraham Cousturier, près le Palais, au Sacrifice d'Abraham*, in-8, s. d. (fin du XVIe siècle), de 8 ff. signés A.-B. Mauvaise réimpression de la rubrique *de Presumptionibus*. On en trouve à la Bibliothèque Impériale un exemplaire, catalogué, avec plusieurs autres poésies imprimées par ledit Cousturier, sous le n° Y 4796.

19. *Les Poesies de Guillaume Coquillart, official de l'eglise de Reims. A Paris, de l'imprimerie d'Antoine Urbain Coustelier, imprimeur-libraire de S. A. R. monseigneur le duc d'Orléans*, 1723. In-8 de 184 pages numérotées, plus un privilége de 2 pages daté du 18 septembre 1722, puis une lettre de 4 pages adressée par l'éditeur à M. Tartel, conseillier du Roy. Cette lettre, qui a l'intention de donner une notice bibliographique sur Coquillart, est fort médiocre ; c'est incontestablement pourtant ce qu'il y a de meilleur dans l'édition. Le texte y est traité, la ponctuation y est disposée, avec une inintelligence du sens de Coquillart et de la langue générale du Moyen Age qui est parfois étonnante, même pour le XVIIIe siècle. On peut affirmer que l'éditeur n'a com-

pris aucun des passages difficiles de notre poète, qu'il n'a saisi ni sa méthode, ni son génie, et qu'il ne s'est douté ni de sa valeur ni de sa position historiques. Il a vu dans ces poésies un mélange confus et barbare, d'où sortoit çà et là quelque lueur, perceptible uniquement pour un homme à la vue puissante, comme il s'imaginoit l'être lui-même, et l'on se persuade facilement que, s'il n'a pas éclairci, c'est-à-dire remanié et maltraité davantage le texte du XVe siècle, c'est par prudence, non par intelligence ou respect. Il s'est senti ignorant, il a craint de tomber dans de grossières erreurs. Il avoit bonne envie de tailler, d'élaguer, d'approprier; il ne voyoit guère là que des broussailles, et il se seroit trouvé bien heureux s'il avoit pu mettre adroitement ces poésies du XVe siècle dans une langue mi-partie du XVIe, mi-partie du XVIIe siècle. Il a essayé, en effet, de gratter et de contourner les plus flexibles d'entre les branches; mais, quand le fourré est devenu trop épais, il l'a respecté, en se plaignant amèrement de ce *désordre* et de ces *irrégularités*, de ces difficultés, de ces obstacles, qui ne permettoient pas au pauvre savant de donner facilement une tournure classique à cette œuvre du Moyen Age. Pourquoi Marot, qui avoit fait une si habile caricature de Villon, n'en avoit-il pas fait de même pour

Coquillart ? Cela étoit peu explicable, mais en tous cas fort triste, et c'étoit un mauvais procédé que Marot avoit commis vis-à-vis de ce pauvre savant : il s'en plaint naïvement ; il lui eût été facile en effet de revêtir d'un habit de fantaisie, un peu selon la mode du XVIIIe siècle, un Coquillart que Marot eût déjà affublé d'une tunique Renaissance ; mais ce barbare, ce sauvage, ce hérissé du Moyen Age, il ne savoit par quel bout le prendre. Il se contenta donc de lui jeter à la tête quelques rubans, quelques mouches, quelques grains de poudre, qui tombèrent et s'accrochèrent où ils purent, à la grâce de Dieu.

On attribue cette édition à La Monnoye ; je n'en crois rien. La Monnoye, qui aimoit tant les annotations grivoises et les commentaires obscènes, n'auroit pas manqué une telle occasion d'annoter et de commenter. D'ailleurs, si elle est de La Monnoye, tant pis pour La Monnoye ; je le crois fort capable d'avoir fait une aussi mauvaise édition. Je respecte profondément ces savans du siècle dernier, mais uniquement à titre d'ancêtres. J'aime en eux ceci, qu'ils n'ont pas laissé complétement oublier le temps passé ; je reconnois aussi qu'ils savoient bien des choses que nous ne savons plus : ils étoient versés dans la littérature Italienne, dans la littérature Latine moderne, et ils portoient un amour sincère aux premiers poètes de la Renaissance. Pour tout ce qui précède cette époque, ils étoient d'une rare ignorance : le plus petit compagnon littéraire de ce temps-ci, le plus mince élève de l'école des Chartes, l'emporte sur le plus illustre d'entre eux en connoissance sur le Moyen Age, et j'avoue que je ne saurois leur pardonner la partialité, l'injustice de leurs jugemens, et la sottise, la pauvreté de leur érudition, au sujet de la France d'avant la Renaissance.

Que cette édition ait été faite ou non par La Monnoye, elle n'en est pas moins mauvaise ; elle est la plus répandue cependant, et ce n'est guère que d'après elle que Coquillart a été connu jusqu'à ces derniers temps. J'en ai rencontré à la Bibliothèque Impériale un fort beau volume sur vélin, et dans le catalogue de cette même bibliothèque j'ai vu l'annonce d'une édition de Coustelier, in-12, 1724, qui m'a fort intrigué. Il me paroissoit fort difficile de croire que la première édition de Coquillart eût été épuisée dès la première année de sa publication, au point de rendre si tôt nécessaire la publication d'une seconde édition. En remontant à la source de cette indication, j'ai vu qu'elle avoit été prise sur les anciens catalogues, sur les catalogues contemporains de l'édition. A partir de 1720, en effet, la

Bibliothèque posséda des registres qui constatent l'entrée des livres année par année, et l'on peut conclure, ce semble, de cette inscription à l'année 1724, que l'édition de Coustelier, tout en portant la date de 1723, n'a réellement paru qu'en 1724.

20. *Les Œuvres de Guillaume Coquillart.* Paris, 1597, in-8. Recueil qui contient, outre les œuvres de Coquillart, la farce de *maistre Pierre Pathelin,* le *Monologue du Franc Archier,* le *Recueil des Repues Franches;* puis, sous le titre de *Recueil de poesies recreatives,* le *Monologue du Resolu,* le *Sermon Joyeulx pour une nopce* (de Roger de Collerye), les sermons du *Depuceleur de Nourices, de l'Endouille, de saint Frappecul, des Friponniers,* le *Caquet des quatre Chambrières aux Estuves,* la *Patience des Femmes,* les *Menues pensées d'Amour,* les *Remèdes pour tous maux,* le *Valet à louer qui sçait tout faire,* la *Chambrière à louer à tout faire,* les *Dits joyeulx des Pays,* les *Balades des Dames du temps jadis;* des *Seigneurs du temps jadis,* les *Regrets de la Belle Heaulmière,* la *Balade de la doctrine que baille la Belle Heaulmière aux filles de joye, Balade de feu maistre Jean Cotart, procureur en Court d'Eglise; Balade contre les Mesdisans; Contredits du Franc Gontier; Balade des Femmes de Paris,* et autres œuvres de Villon; *Description du Temple d'amour, par Marot;*

Dialogue à deux personnages, par Marot; *Epitaphe de Frère Jean, évêque d'Orléans*, et autres épitaphes; *Balade des Enfans sans souci*, et une série d'épigrammes de Marot; *Lettre du beau fils de Pazy à son amie*; un recueil de nombreuses ballades, dont quelques-unes sont fort curieuses; j'en dirai autant pour le recueil de Rondeaux qui suit les Ballades; *Receptes certaines et infaillibles pour n'avoir pauvreté*, etc.

Ce volume porte à la fin la date de 1599; ses feuillets sont cotés jusqu'à 285, mais la pagination saute de 162 à 165. Les bibliographes sont d'accord pour voir dans ce recueil une compilation du XVIIIe siècle (Voy. ce qu'en disent le *Manuel du Libraire*, t. 1er, pag. 770, édit. de 1842, et la Bibliothèque Dramatique de M. de Soleinne, Paris, 1843, t. 1, pag. 139). On ne connoît de cette édition qu'un seul exemplaire, et je ne pense pas qu'on en ait jamais connu d'autre. Il se trouve actuellement dans le riche cabinet de M. Dutuit, à Rouen, où je l'ai vu. Je partage, sur ce livre, l'opinion de mes prédécesseurs en bibliographie, et j'ajouterai qu'il m'a paru plus mauvais encore comme texte que comme typographie. A côté de lui l'édition de Coustelier est un monument d'intelligence, de connoissance et de soin; je ne sais rien de plus triste à en dire.

Coquillart. — II.

21. *Le Blason des Armes et des Dames de Guillaume Coquillart* (Blazons, poésies anciennes, recueillies par Méon. Paris, Guillemot, 1807, in-8).

22. Rappelons ces quelques vers de Coquillart, accompagnant plusieurs lignes d'une notice grotesque, et cités pag. 64, 65, dans ce ridicule *Choix de poesies de Clement Marot et de ses devanciers,* publié par Werdet, 1825.

23. *Les Œuvres de Guillaume Coquillart,* 1847, Reims, Brissart-Binet; Paris, Techener; 2 vol. in-8, tirés à 375 exemplaires.

Cette édition, donnée par M. P. Tarbé, contient une préface écrite dans le ton solennel et remplie de renseignements précieux, un texte médiocre, des notes nombreuses et pleines d'érudition. L'éditeur Rémois a, nous dit-il, « pris pour corps de texte celui de Coustelier »; pourquoi, lorsqu'il croyoit avoir entre les mains une édition contemporaine de Coquillart, lorsqu'il étoit sûr de posséder des éditions faites presque immédiatement après la mort du poète, et très vraisemblablement sur son manuscrit, pourquoi a-t-il été prendre pour corps de texte une édition du XVIIIe siècle, édition déplorable, qui n'étoit elle-même que le produit d'un travail inintelligent, fait sur un remaniement déjà fort maladroit? Je n'ai pu le comprendre. M. Tarbé nous assure qu'il n'importe pas « à l'archer que son arc soit d'ivoire et sa corde de soie, si son trait vole, siffle, touche au but. » Je le veux bien; je suis même prêt à avouer naïvement que la corde de soie me semble inférieure à un simple nerf; je reconnois d'ailleurs que je ne suis pas versé dans la science du noble jeu de l'arbalète, et qu'il m'est impossible de dire si Coquillart, archer, eût été bien heureux de s'en aller en guerre avec un arc d'ivoire et une corde de soie. Quant à Coquillart poète, on pourroit affirmer, ce semble, qu'il s'est servi de la forme et de l'orthographe de son époque. M. Tarbé cependant à l'air de n'en rien croire, tant il traite ces deux choses dédaigneusement: « Quant à la forme, à l'orthographe des mots, je n'ai rien voulu faire; ce n'est pas un grammairien dont je publie les œuvres (*Fort bien, mais c'est un poète du XVe siècle, et ce siècle n'avoit pas la forme qu'il a plu à Coustelier de lui donner*); le Dictionnaire de l'Académie n'a rien à y voir. (*Je l'espère, mais le XVe siècle n'est pas le dictionnaire de l'Académie, et il a beaucoup à y voir, ne fût-ce justement que pour enlever cette forme académique et cette orthographe classique dont Coustelier n'a pu repousser l'influence.*) Que ceux qui aiment à éplucher des virgules et des accents n'ouvrent pas ce volume. (*M. Tarbé est* à coup sûr trop sévère pour les nombreux écrivains qui se sont laissé persuader que la place des virgules a quelque intérêt dans la langue françoise, et qu'un accent n'est pas à dédaigner, ne fût-ce que quand il vient changer pâte en pâté.) M. Tarbé conclut : « Ce ne sont pas des mots que je publie, ce sont des idées.» (Je le désire pour lui ; mais, hélas ! si l'on voit souvent beaucoup de mots sans idées, on ne voit guère d'idées où les mots ne jouent pas quelque rôle.)

En résumé, s'il étoit possible de traiter sérieusement de telles théories, on seroit tenté de se demander pourquoi l'éditeur Rémois s'est mis à publier les œuvres de Coquillart. Une simple traduction eût bien mieux fait l'affaire de qui ne veut que les idées et méprise tant les mots.

Heureusement l'édition est meilleure que la théorie. M. Tarbé a corrigé fréquemment et ingénieusement les plus lourdes fautes de Coustelier ; il a relevé avec une grande patience les variantes de quelques-unes des premières éditions ; mais l'influence de l'éditeur du XVIIIe siècle n'a pu être constamment évitée, et, ainsi que je le disois plus haut, le texte est resté médiocre.

Les notes indiquent un travail long, consciencieux, une grande lecture, des recherches persévérantes, une érudition ingénieuse et étendue.

On a pu voir, à la manière dont nous avons mentionné si souvent cette édition, le grand cas que nous en faisons, malgré ses défauts. Nous n'avons pas cherché à la critiquer; nous y avons été plusieurs fois forcé, mais fréquemment aussi nous lui avons donné les éloges qu'elle mérite. Nous reprochons nettement à M. Tarbé d'avoir poussé à l'extrême le défaut de ses qualités, de ne pas s'être défié suffisamment d'un esprit vif et d'une imagination active, d'avoir ainsi souvent *deviné* au lieu de *savoir*, de s'être laissé aller à l'affirmation d'hypothèses, de théories, d'explications ingénieuses souvent, bien rencontrées parfois, possibles enfin, mais dont le caractère hypothétique n'a pas été suffisamment conservé. Il montre des défauts dangereux en érudition; il est aventureux sans modération, inventeur sans sobriété, hardi sans tact et jusqu'à la légèreté. J'apprécie néanmoins tout ce qu'il a fallu de qualités pour mener à bonne fin l'œuvre qu'il avoit entreprise, et je veux dire ici que ces deux volumes, publiés en 1847, étoient à coup sûr la meilleure édition qui eût été donnée jusque-là des poésies du Moyen Age. J'ajouterai, car nul n'est sûr de conserver la balance exacte entre la louange

et la critique, et les moralistes nous enseignent
qu'on verse aisément de ce dernier côté,
j'ajouterai, pour donner la mesure de mon
appréciation, que je ne demande pas pour
mon travail plus d'estime que je n'en accorde
à celui de M. Tarbé. Nul autre qu'un éditeur
consciencieux de Coquillart ne peut commettre
le long et pénible labeur que demande une
telle édition; celle-ci ne sera point la dernière,
et je désire que celui qui me succédera dans
une telle œuvre prenne autant d'estime pour
mon soin, pour mon érudition, pour ma conscience d'éditeur, que j'en ai pris moi-même
pour toutes ces qualités de mon honorable
prédécesseur.

26. *Les Présomptions des Femmes* (une des
Rubriches des *Droits nouveaux*), édit. par M. de
Montaiglon dans le *Recueil des anciennes Poésies françoises*, Paris, P. Jannet, 1856. T. III,
p. 232.

27. Nous avons déjà indiqué ce qui nous
a engagé à donner une nouvelle édition de
Coquillart, et comment nous avons vu dans
son œuvre un document historique d'une importance de premier ordre, un monument littéraire d'un mérite rare, d'un caractère singulier. Nous avons, dans notre préface, essayé
de faire ressortir et de mettre à profit la donnée historique; nous avons compté un peu

sur les notes pour faire plus aisément comprendre la valeur littéraire. Une idée nous a préoccupé, entre toutes, dans la préparation de cette édition, nous voulons dire la renommée d'obscurité dont Coquillart est en possession publique, continue et immémoriale. La longueur et les difficultés de notre travail nous ont prouvé que l'opinion publique ne se trompoit pas. Notre estime pour le vieux poète Rémois pouvoit nous porter à vouloir discuter la sévérité de ce jugement, à en atténuer la rigueur; nous avons préféré faire nos efforts pour qu'il ne se renouvelât plus. Nous ne nous sommes caché ni la hardiesse de ce projet, ni les difficultés de cette tâche. Nous savions qu'on ne pouvoit l'entreprendre dans les conditions ordinaires de l'érudition, et que la connoissance générale de la langue, de la littérature, des idées du Moyen Age, ne suffisoit pas ici, comme elle suffit dans presque toute autre publication des textes de ce temps.

Il falloit une étude approfondie des Archives de Reims pour porter quelque lumière au milieu de tous ces commérages; une étude approfondie aussi des Chroniques et des Mémoires du XVe siècle pour saisir quelques traits de ces allusions; une étude approfondie encore des auteurs contemporains pour comprendre toutes les finesses de ces proverbes, de ces locutions vulgaires, pour retrouver au moins les traces lointaines de ces mots inconnus et de ces tournures inouies. Il falloit surtout une étude sérieuse du Droit romain et des connoissances particulières sur quelques branches du Droit du XVe siècle pour expliquer la portée de ces brocards, axiomes et jeux de mots juridiques. Il étoit nécessaire, en résumé, de s'absorber dans le XVe siècle, de forcer son imagination à y vivre de la vie du populaire et de la bourgeoisie, pour comprendre tous ces usages, ces préjugés, ces instincts, toutes ces nuances d'idées et de sentimens auxquels il est fait constamment allusion dans ces poésies. On a vu en effet que leur grand mérite est d'attirer l'attention sur la vie vulgaire de cette époque. J'indique ici, le lecteur le comprend sans peine, les études que j'ai dû faire; c'est à lui de décider si j'en ai tiré bon parti. Je puis dire seulement que j'ai fait ces études attentivement et longuement.

Là n'a pas été pourtant la part la plus délicate de mon travail. Ce qui distingue le style de Coquillart, ce qui en fait un style unique, c'est une qualité qu'on ne retrouve guère qu'au XVIIIe siècle, et qui jamais, même là, n'a atteint un semblable développement : je veux parler de ce génie de l'allusion, de ce don du jeu de mots, de cet agencement parfait des arrière-pensées, qui font que chaque phrase a constamment plusieurs sens, et qu'elle les présente instantanément à l'esprit, où, sans se nuire, ils se mêlent l'un à l'autre, ou se détachent l'un de l'autre avec la même facilité. Ce genre de phrase est ainsi bâti que chaque mot convient à la pensée principale, où il est le mot propre, le mot joli, le mot expressif, et que cependant il convient aussi à une première allusion, cachée sous cette pensée principale, puis à une seconde, parfois à une troisième.

Ainsi marche le style de Coquillart. On peut le comparer à une série de lames de cristal superposées, fort transparentes, différemment nuancées, et toutes éclairées par un même rayon de lumière, mais qui, tombant sur chacune de ces nuances, produit des effets distincts. L'esprit du lecteur saisit donc d'une même vue, dans une même phrase, plusieurs idées différentes exprimées par les mêmes mots, et ces idées s'unissent non-seulement entre elles, mais aussi avec ce qui précède et ce qui suit, de sorte que ces séries de pensées, toujours enchaînées, toujours distinctes pourtant, se développent chacune logiquement, sans que le développement de l'une arrête le développement de l'autre, sans que l'une soit guère sacrifiée à l'autre. Il est toujours possible de les suivre toutes à la fois ou de n'en analyser qu'une seule, avec la certitude de trouver un sens suivi, dans l'ensemble comme dans chacune des séries.

C'est là, nous venons de le dire, le côté curieux et original du poète Rémois; c'est là aussi son côté difficile à deviner, à étudier, à exposer. C'est donc là que nous avons dû porter tous nos efforts. Nous avons essayé de détacher de cette trame le fil principal, de le dérouler devant l'esprit du lecteur, de le distinguer soigneusement des fils accessoires, de le suivre, de le retrouver, de le montrer là même où il se cachoit derrière ces derniers. Nous n'avons pas voulu négliger ces fils accessoires, c'est-à-dire les allusions, les arrière-pensées, les jeux de mots, les réflexions en sourdine, toutes ces nuances qui jouent dans la phrase de notre poète le rôle que les haussements d'épaules, les sourires malins, les clignements d'yeux, les grimaces ironiques, les *a parte*, les gestes narquois, les froncements de sourcils, jouent dans la conversation. Nous les avons montrés chaque fois qu'il y a eu intérêt à le faire, lorsqu'ils jetoient une sorte de reflet sur la pensée principale, ou lorsqu'ils présentoient par eux-mêmes quelque chose d'utile, d'ingénieux ou d'énergique. On comprend d'ailleurs que nous avons dû être sobre à ce sujet, sous peine d'augmenter à l'excès ces notes, déjà bien étendues.

Telles qu'elles sont, ces notes prouveront, je l'espère, que l'idée principale, dans tout l'ouvrage, non-seulement peut se détacher des pensées accessoires, mais aussi qu'elle doit être presque constamment interprétée dans un sens honnête. C'est la certitude à laquelle m'a amené une étude consciencieuse, et mon travail, je le reconnois, doit se ressentir de cette conviction. Je ne puis faire le même compliment aux allusions, qui sont souvent libertines, et je ne puis nier que les jeux de mots ne soient parfois cyniques. Ces gaîtés cyniques et libertines, je les ai, comme c'étoit mon devoir, laissées dans leur obscurité; je l'ai fait de parti pris, complétement, absolument; et je m'expose fort volontiers à l'accusation de n'avoir pas compris ce côté du vieux poète. Mon travail, cependant, en a été rendu plus difficile : ce n'est pas sans peine que j'ai pu détacher le trait historique, satyrique, ingénieux, de ces calembours grossiers qui grimaçoient dans son ombre. Mais j'ai vu là, comme je viens de le dire, un devoir imprescriptible. Nos obligations d'éditeurs ne sauroient aller jusqu'à l'analyse de ces ordures. Le seul contact en est déjà suffisamment pénible ; j'ai voulu le faire éviter à ceux de nos lecteurs qui ne devinent pas facilement les jeux de mots grossiers ; ceux d'entre eux qui sont versés dans la littérature conteuse du XVe siècle n'avoient pas besoin de mon aide. Quant à ceux qui ne devinent pas facilement et qui ignorent tout, mais qui sont animés d'une sincère bienveillance pour l'obscénité, pour le *Gaulois*, comme ils disent, ceux-là ne sont pas mon fait, et je les renvoie au passage où Coquillart traite des *Controleurs de belitres* : il parle là d'eux et des gens qui travaillent pour eux.

A part ces allusions, je n'ai rien négligé pour que mon travail fût aussi complet que possible. J'y ai mis tout mon soin, je pourrois presque dire tout mon amour.

J'avois été longtemps intrigué par le mystère de cette existence du vieux poète Rémois, j'avois été émerveillé par le grand nombre de questions importantes que soulevoit une telle vie ; le XVe siècle tout entier se dérouloit devant mes yeux en compagnie de Coquillart, et ce siècle, de tout temps, lui aussi, m'avoit semblé étrange. Cet esprit vif, hardi, mêlé à une telle autorité, cette profondeur cachée sous le rire, avoient piqué mon attention. Depuis longtemps encore la vie bourgeoise du Moyen Age séduisoit mon imagination : cette gravité dans la vie ordinaire et cette désinvolture dans les fêtes du corps ou de l'esprit; cette puissance d'organisation, ce respect profond de la loi, de la hiérarchie, et ce développement continuellement progressif; cette foi simple, énergique, et cette curiosité, ce développement d'imagination; cette hardiesse de théories; ce calme de tous les jours, et cette violence aux temps de la lutte; cette unité, cette généralisation, et ces excentricités qui sautent au-dessus du niveau général et bondissent du milieu de la masse, si paisible, si méthodiquement rangée, tout cela — et je laisse bien des points de côté — tout cela si coloré, si accentué, si mystérieux parfois, toujours agaçant pour l'intelligence, rendu plus singulier par sa distance, et si différent des scènes de ce temps-ci, tout cela m'avoit entraîné à étudier soigneusement la cité du Moyen Age. Entre toutes, la ville de Reims m'avoit séduit. C'étoit la cité noble, illustre et religieuse par excellence, la tête sacrée de la patrie, la première ville dans l'histoire de la monarchie chrétienne de la France; elle avoit vu passer dans ses murailles les splendeurs de tous les siècles; elle avoit produit plus de grands hommes que nulle autre ville; ses annales étoient pleines de faits glorieux, de périls imminents, de menaces de ruine, d'aventures héroïques; c'étoit à chaque page un nouveau développement d'énergie morale, de sagesse de conduite, de prudence politique, de prouesse guerrière; et son aristocratie grave et sensée, sa bourgeoisie industrieuse, habile, intelligente, son peuple vif et malin, tout en elle avoit un caractère particulier, curieux, touchant et sympathique.

On comprend qu'ainsi excité par les difficultés de mon travail, et entraîné par l'amour de ce travail, je ne me sois trouvé satisfait qu'en m'absorbant tout entier dans la cité Rémoise du XVe siècle, vivant de la vie de Coquillart et de ses contemporains, fréquentant son *monde* et cherchant à penser ses pensées. Ai-je pu parvenir à retrouver quelques uns des vestiges de cette existence d'autrefois? Je ne sais. Ce que je sais bien, c'est que je ne quitte pas sans regret les bourgeois de Reims du Moyen Age, mes vieux amis. Bien souvent, sans doute, le souvenir de quelque grande maxime, de quelque vive poésie, de quelques sages ou malicieuses pensées, me reviendra à l'esprit; je serai bien tenté de dire comme le chevalier-poète Gace, l'exilé, parlant des oiselets qu'il entendoit au lieu de son exil :

> A lor chant m'est il bien advis
> Qu'en la doulce Champaigne
> Les ouiz jadis.

En tout cas, le travail est fini, la vieille ville a disparu, mes amis du temps passé se sont évanouis : A Dieu, te dis, noble cité de Reims.

comme le chevalier-poëte Wace, l'exilé, parlant des ciselets qu'il envoyait au lieu de son
exil :

> A toi cheut, c'est li mes avoir
> Qu'ofre la douice Champaigne
> Les puis près

En tout cas, le travail est fini, la vieille ville
s'ignore, mes amis du temps passé se sont
évanouis : « Chers, il est noble nuit de
Melun. »

INDEX

DES LOCUTIONS VULGAIRES, PROVERBES, MAXIMES, ETC.

Abbateur du prime huche. II, 106.
Abillée en villaige. I, 189.
Aboyer. II, 69.
.........A cheval donné
On ne doit point la gueulle ouvrir
Pour regarder s'il est aagé.
I, 80.
A gueulle bée. II, 87.
A l'aide du boing. I, 61.
A ma poste. II, 224.
A tel brouet, telle sauce. II, 289.
A telle purée, telz pois. II, 278.
A tel pot, tel cuillier. II, 20.
Atrapper martirs. I, 156.
Attours. II, 214.
Au moyen de la triolaine. I, 145.
Aussi estoie bon chrestien. II, 258.
Aussi lait q'ung marmot. I, 145.

Aussy tost que la beste est saoule
On y pert la paille et le grain.
II, 39.
Autant d'escuz que de festuz. II, 275.
Aux veaulx! II, 25.
Avecq les folz il faut foller. II, 43.
Avoir couleur. I, 150.
Avoir cours. II, 94.
Avoir en ses abois. II, 268.
Avoir Gaultier. II, 187.
Avoir habondance quelque part. II, 206.
Avoir la verve. I, 132.
Avoir le bruit. II, 97.
Avoir part au benoistier. I, 107.
Avoir quelque advertin. II, 113.
Avoir une femme toute soupée. I, 144.
Avoir son olivier courant. II, 119.

Coquillart. — II.

Avoir tout cuit et moulu. II, 225.

Bague au gibier. I, 165.
Bailler lourde marelle. I, 166.
Bailler quelque aubade. II, 215.
Benedicite! II, 59.
Besongner en terre molle. II, 93.
Bien assailly, bien soustenu. II, 160.
Blason de Court. II, 54.
Bon gré ma vois. II, 259.
Bon gré sainct Pol. II, 255.
Bouches à baiser sont communes à gens de bien. I, 108.
Brouer le terrien. II, 13.
Brouller le parchemin. I, 45.

Cahy, caha. II, 121.
Car on parle souvent de cuire, Mais le fourier n'y veult entendre. I, 44.
Ce n'est que glose. I, 194.
C'est bien congneu qui se congnoist soy mesme. I, 8.
C'est faict, c'est mon. I, 222.
C'estoit blasme. II, 226.
. . . . . C'est mal filé De prendre fuseau sans peson. II, 165.
C'est ung chesne abatu. I, 111.
Chassemarées de nuyt. I, 104.
Chasser les loups garous. I, 104.
Chasteaulx en Espaigne. II, 230.
Chevaucher en clerc. II, 213.
Chevaucher l'asne. I, 51.
Cheveulx d'Absalon. II, 274.
Chose ronde. I, 96.

Combattre les neuf preux. I, 136.
Congnoistre mousches en laict. I, 112.
Conséquences cornues. II, 59.
Conversations à faulx et à manches d'estrilles. I, 180.
Cordée comme une lamproye. II, 96.
Coucher de dez. I, 94.
Courir à cry et à cors. II, 211.
Courir l'esguillette. I, 163.
Craindre le grant vent de la byze. I, 15.
Cuyde l'on du cul la pance. I, 190.

Dame Mincerie. I, 64.
Damoiseller. I, 83.
De grant randon. II, 109.
Demander la courtoisie. I, 110.
De mouton à courte laine On n'aura jà bonne toison. I, 79.
Desgueuller. II, 46.
Desjenner comme les escuyers de Beauce. II, 289.
Desir d'aymer passe tous aultres maulx. I, 7.
Dieu et Nature sans cause riens ne font. I, 9.
Dire sa ratellée. II, 107.
Dire un gorgon. I, 184.
Dire un tatin. II, 272.
Ditz d'ouvriers. II, 161.
Dolus cum dolo se compence. I, 164.
Donner l'eschantillon. II, 98.
Donner sa part. I, 163.
Dresser ung mestier. I, 161.
Durette comme une prunelle. II, 96.

Du stille. II, 217.

Escarrir. II, 120.
Escorner. I, 193.
Empescher langues et dents. I, 188.
Encherir la bassière. I, 96.
Entendre la boucherie. I, 61.
Entendre le latin. II, 212.
Entre deux vertes une meure Ainsi que on ferre les jumens. II, 21.
En ung coup tout n'est pas empraint. I, 196.
Escuyer sans sequelle. I, 87.
Escumer le latin. I, 43.
Esmerillonnées. II, 122.
Espelucher des chardons. II, 280.
Espris pour tout comprendre, II, 269.
Estre abusé de quelque chose. II, 212.
Estre eschauffé touchant quelque chose. II, 73.
Estre escornées. I, 126.
Estre maistre du mestier. I, 150.
Estre mis en la kyrielle. II, 99.
Estre ung petit paradis. II, 232.
Exposer les escriptures. I, 188.

Façonnée comme une chandelle. II, 96.
Faire bransler couvrechiefz. II, 213.
Faire du gros. I, 38.
Faire du merveilleux hoste. I, 116.
Faire la galle. II, 250.
Faire la maille bonne. II, 192.
Faire la queue de pie. II, 274.
Faire l'arquemie aux dens. I, 172.

Faire la saffée. II, 211.
Faire le contrepoint. II, 290.
Faire le vereux. II, 53.
Faire ralias. II, 18.
Faire sa fredaine. I, 175.
Faire sa traignée. II, 232.
Faire sa traînée. II, 29.
Faire ses choux gras de quelqu'un. II, 25.
Faire suer des souches d'or. II, 18.
Faire un chef d'euvre. I, 81.
Faiseur du sage. I, 168.
Femmes succrées. II, 49, 52.
Fendre sa tête. I, 33.
Fin jobelin. II, 292.
Floury comme ung eschampeignon. II, 100.
Forge latin. II, 81.
Fort comme ung Herode. II, 123.
Fortune tourna ses roues. II, 229.
Franc comme ung osier. II, 15.
Frasé comme ung ongnon. II, 253.
Fringant à journée. II, 245.
Fringans du bois levez. II, 290.
Fuir de bic ou de bec. I, 124.

Galoper plus dru que mouche. II, 18.
Garand à femme forfaicte. I, 61.
Gaudeamus. II, 25.
Gens, houppegay. II, 216.
Getter de la neisge. II, 229.
Gloser le psaultier. I, 150.
Gloser sur le gros saultier. II, 187.
Gorgée comme ung oyseau de proye. II, 96.
Goute prenant. II, 273.
Grans maistres Jehans. I, 30.

Grant audivi. I, 152.
Grant preu vous face. I, 152.
Grant privaulté engendre vilité. I, 7.
Gros grain. I, 166.
Gros grain. I, 168.

Habiter ce n'est pas péché. I, 55.
Haria caria. II, 102.
Honneste cueur ne peult mentir. I, 36.
Humer. II, 53.
Humer de l'eaue beneite. II, 188.
Huron saulvaige. I, 145.

Il fault dire du bien le bien. II, 14.
Il me la bailla belle. II, 254.
Il n'y a pas plus belle drugme. I, 113.
Il quiert escumer sans chaleur. II, 189.

Jenin dada. II, 283.
Jennin turelurette. I, 53.
Joannes. II, 245.
Joques sus. II, 285.
Jouer du plat. II, 129.
Jouer mieulx que maistre Mouche. II, 290.
Jousteries. II, 62.
Juge de grasses matinées. II, 132.

Labourer quelqu'un comme terre. II, 13.
Lasche comme soule.
Lascher une bauffrée. II, 103.
Le chien en grant collier. II, 284.
Legende dorée. I, 181.

Le mortier sent tousjours les aulx. I, 106.
Le Puis d'Enfer. I, 13.
Le refrain de la balade. II, 270.
Le temps Boniface. I, 182.
L'ung à la boue, l'aultre au plastre. II, 12.
L'ung a les dez, l'autre la chance. I, 164.
L'ung eschelatre, l'autre tonne. I, 175.
L'ung est celuy qui sème avoine, Et l'autre est celuy qui moissonne.
L'ung est tondu, l'autre a la laine. I, 175.

Macé Goguelu. I, 192.
Mache sens. II, 83.
Maillotins. I, 192.
Maistre Jehans. I, 102.
Maistre locu. II, 279.
Marmousemens. II, 182.
Mascher du sens. II, 285.
Mercerie. I, 179.
Mettre gaige avant la main. II, 229.
Mettre au sainct. I, 54.
Mettre motz en coche. II, 100.
Mince de caire. I, 145.
Mince de caire. I, 172.
Mon cousin le Guet. II, 12.
Monstrer le chemin à Romme. II, 218.
Mordre en la grappe. I, 102.
Mornes comme gens sauvaiges. II, 183.
Motz dorez. II, 54.

On connoist femme à sa cornette. I, 101.
On faict d'un sainct grant memoire quant on en porte les reliques. I, 113.

INDEX.

On ne peult faire que en faisant. I, 195.
Orgueilleux cueur soy mesme se deçoipt. I, 8.
Ouir le mistère. II, 225.
Ouir une droicte Bible. II, 92.

Paindre et avoir couleur. II, 189.
Parler par escot. II, 58.
Par mon sacrement. II, 39.
Passer par hic et par hec. II, 176.
Passion d'Antioche. II, 220.
Pas un pec. II, 245.
Patic, patac, II, 37.
Perdre les piedz. I, 159.
Pescher quelque chose en sa cornette. I, 72.
Petit à petit on est maistre. I, 195.
Peu à peu fault ronger ou paistre. I, 195.
Peupler ung porche. I, 106.
Pier de la pie. II, 274.
Piteux comme ung beau crucefis. II, 27.
Planter ung rozier. II, 274.
Playes sur playes, traces sur traces, Font une probacion plaine. I, 117.
Plumer l'oison. I, 15.
Plus viste que le pas. I, 18.
Poser. II, 34.
Pot aux roses descouvert. I, 186.
Pour le juste compas. I, 18.
Pour parler ne se mue plaisance. I, 194.
Pour tous potaiges. II, 223.
Pour tout potaige. II, 18.
Prendre chatz sans mitaines. II, 22.

Prendre quelqu'un au caillé. II, 98.
Prouver par haulte gamme. II, 45.
Puis de Gaultier, puis de Jacquette. II, 225.

Quant bise vente. I, 50.
Qui n'a point d'argent rien ne paye. II, 269.
Qui se course si s'appaise. I, 193.
Qui sera morveux, si se mouche. II, 290.
Qui trop embrasse mal estraint. I, 196.

Ralias de gueulle. II, 25.
Reculler de tire. II, 228.
Refaicte comme une groselle. II, 96.
Rencontrer bec à bec. II, 258.
Rendre moussu. II, 168.
Repaistre les gens du bec. I, 124.
Resolu comme Bertholle.
Respondre à coup la quille. II, 56.
Revenons à noz moutons, II, 214.
Ridée comme une marmote. II, 116.
Riens du monde. II, 9.
Riens n'est si dur en amours que reffus. I, 8.
Rire des grosses dens. II, 228.
Ronger les crucifix. I, 105.
Ruer sur un pas. I, 149.

Saffre de chière. I, 110.
Sans blason. II, 256.
Sans ourdir on ne peut tiltre. I, 62.

Sauf mes bons droitz. II, 259.
Sault Michelet. I, 105.
Sçavoir son entregent. I, 185.
Se bender. II, 38.
Secourre gantel et mitaine. II, 271.
Se desbaucher. II, 88.
Se fumer. I, 43.
S'en passer tout beau. I, 71.
Sentir la graine de morillon. I, 190.
Sentir l'ombre des brotz. I, 189.
Sequin, sequet. II, 205.
Servir de sel au benoistier. II, 187.
Se tenir au pec. I, 124.
Se tenir sur les rencz. I, 103.
Se vanter c'est mal rendu. I, 191.
Se verser. II, 48.
Songer creux. II, 182.
Sonner cas. I, 35.
Soubz manche fourrée longue chappe. II, 278.
Soufflant à la grosse alaine. I, 117.
Souldart. I, 164.
Sourcil de vive painture. I, 97.
Sous couleur de. II, 129.
Sucrées. I, 126.
Sy ou mès. I, 190.

Tarin, tara. II, 216.
Telle embouclure. II, 164.
Tel ty, tel my. II, 23.
Tendu comme arc à jaletz. I, 59.
Tenir à chaulx et à sablon. II, 59.
Tenir de la lune. I, 102.
Tenir manière. I, 109.
Tenir pied à boulle. II, 38.
Tenir sur fons. I, 191.

Tirer avant. I, 18.
Topicquer. I, 176.
Tout batant. I. 145.
Tourner la main, un aultre mot. II, 224.
Tout n'en vaut pas trois nicques. II, 161.
Trainegaînant. II, 210.
Trancher des lardons. II, 280.
Traverseurs de chemin. I, 45.
Trencher de l'espousée. II, 7.
Trencher du caresme prenant. II, 273.
Trencher du vaudelucque. II, 287.
Tricquedondaines. II, 101.

Trop d'avancer
Pour un coup à demy pecune.
II, 36.

Trousser ses panneaulx. II, 228.

Une droicte frenaisie. II, 260.
Une deschirée. I, 165.
Une doulce lance. I, 103.

Une drasme prinse à l'eslite
En valoit bien livre et demie.
II, 94.

Ung angelot. II, 207.
Ung bon mesnager ne pert rien. I, 70.
Ung cueur piteux en lermes se delite. I, 8.
Ung macé. I, 117.
Ung millourt. II, 282.
Ung monsieur d'un prunier fleury. I, 87.
Ung povre Jennin. I, 117.
Ung saige cocquart. II, 64.
Ung vent de la chemise. I, 81.
User de rhetorique. I, 150.
Usité de son babil. II, 186.

Valoir les gages d'ung archer cassé. II, 97.
Valoir porté. I, 128.
Valoir un demy croissant. I, 102.
Varletz dymancherés. II, 246.
Velà ung bon pas. I, 35.
Vent de la chemise. II, 284.

Verdelet comme une espinoche. II, 100.
Vestu ainsi que l'Esplangant. II, 220.
Visaige de marmotz. I, 189.
Vivre de la menne du ciel. I, 102.

INDEX HISTORIQUE.

Abruvoir Popin. I, 105.
Affiquet. I, 40.
Aller à Rome pour chercher dispence. I, 136.
Aller en Angleterre pour le commerce. I, 136.
Amours (chanson). I, 133.
Anneaux en imitation. II, 247.
Aplicant. I 130.
Arbres et fourches. I, 18, 19.
Assesseur qui se couvre. II, 65.
Assistens. II, 64.
Atours. I, 157.
Atour porté par les damoyselles. I, 84.
Aubade. I, 47.
Aubades. II, 21.
Aubades. II, 205.
Aubades. II, 243.
Avocat qui se couvre devant le juge. II, 32.

Bacuz doré. II, 276.
Bague. I, 112.
Baillifz. I, 33.
Bardes (chevaux). II, 174.

Baron d'Anjou. I, 92.
Basse dance. II, 260.
Batu au cul d'une charrette, I, 169.
Batons bescuz. II, 175.
Baudrier, I, 165.
Baudriers qui ont beaux tricois.
Bauldriers. I, 132.
Becs d'oustarde. I, 32.
Bedon. I, 142.
Bedons, I, 100.
Benoistier. I, 181.
Berbiers. I, 177.
Bicoquet, I, 138.
Billettes. I, 163.
Bondir comme les oz d'ung estourjon. II, 170.
Bonnes oreilles. I, 102.
Bonnet renversé. II, 221.
Bonnet renversé. II, 274.
Bonnet rond de docteur. I, 35.
Bourdon. I, 47.
Bourgeoise. I, 82.
Bourgeoise qui parle gravement en termes nouveaux. I, 94.
Brodequins. II, 248.

Capeline. I, 138.
Cappes couppées. II, 246.
Carreaux. I, 180.
Ceint de bandiers de velours couvers. I, 69.
Ce que en oste c'est bon regnon (chanson), I, 177.
Chaînes. II, 289.
Chaîne d'argent portée par les tabourins. I, 142.
Chaînes d'or. I, 77.
Chambres des acouchées. I, 180-181.
Chambres nattées. I, 100.
Chanson, I, 47.
Chanter à contrepoint. II, 270.
Chappe d'honneur. I, 35.
Chapperons, I, 144.
Chapperons. I, 156.
Chapperon avalé. I, 105.
Chapperons de migraynes. II, 21.
Chapperon de Ponthoise. I, 45.
Chapperons d'oyseaux. I, 156.
Chapperon fourré. I, 35.
Chapperon porté par les bourgeoises. I, 84.
Chapperon rouge. I, 165.
Chariots branlans. II, 165.
Charlemaigne. II, 178.
Charles le Chauves. II, 178.
Charles le Simple. II, 178.
Chastellains de Poitou. I, 92.
Chaudeau flament. II, 272.
Chausses. II, 270.
Chemise de lin. II, 273.
Cheveulx jaunes. II, 286.
Cheveulx tressez. II, 288.
Chiches faces. I, 58.
Clameurs de bataille. II, 173.
Clic (jeu). I, 155.
Clefs de Reims. I, 23, 24.
Clou. I, 41.

Colet de pourpoint. II, 212.
Colin le Suysse. I, 47.
Collations ordinaires. I, 129.
Collet. I, 48.
Collet à la Suysse. I, 114.
Collet evasé. I, 98.
Collets de pourpoint. I, 70.
Colletz de velours. II, 21.
Commissaires d'après-disnée. II, 89.
Condamnade (jeu). I, 85.
Cordelier de l'Observance. I, 161.
Cornette. I, 74.
Cornette de velours. I, 158.
Cornette de velours. II, 244.
Cornette fourrée. II, 273.
Corset. I, 174.
Corset de damas. II, 183.
Corset de soye. I, 165.
Cotte. I, 174.
Coulevrines. II, 171.
Coussin soubz la fesse. II, 277.
Coustume de Champagne. I, 107.
Crocq. II, 176.
Cul troussé de Paris. II, 183.
Culz de cartes. I, 154.
Custode. I, 157.

Daguette. II, 100.
Damoiselle. I, 82.
Degradacion. I, 176-177.
Demy pantouffles becques. I, 68.
Don de rubis, diamans, turquoises. II, 50.
Double. I, 141.
Doucines. II, 243.
Dragées après disner. I, 86.
Drap figuré. II, 288.
Drapiers. I, 153.

INDEX.

Draps bacinez. II, 271.
Drap, toile, portés par les bourgeoises. I, 83.
Drap tondu et rez. I, 132.
Drogues pour se farder. I, 154.
Droit de la porte Baudet. II, 26.
Droits de la porte Baudais. I, 37.
Droits feriaux. I, 37.

Eaue blanche pour se laver les yeux. I, 154.
Eau roze à laver les mains. II, 273.
Endroits où se debitent les injures. I, 179.
Entresains. II, 55.
Escarlate, velours portés par les damoyselles. I, 83.
Escolle. (Lectures, juremens, bedeaux, notaire, conservateur ordinaire, messagier, chancelier.) I, 74-5-6.
Escrevisces de veloux. I, 153.
Esguillettes. I, 46.
Esguillettes. I, 114.
Espices. II, 67.
Espinglier de velours. I, 174.
Estandart à la blanche croix. II, 175.
Estrainés. II, 21.
Evangelistes. I, 99.

Faire balades et rondeaux. II, 244.
Faire la couverture. II, 256.
Faire sa barbe à demy. I, 66.
Filles à marier (chanson). I, 140.
Flandres. I, 21, 22.
Fleurs tapissant les salles. II, 184, 251.

Fluter. II, 204.
Fourriers. II, 163.
France. I, 17, 21, 22.
Frère mineur. I, 162.
Frise. I, 136.

Gaier ses chevaulx. II, 257.
Gaîne d'un organiste. I, 115.
Galvardine. I, 67.
Gans. II, 211.
Gans. II, 245.
Gascons. II, 171.
Gavardine. I, 138.
Gavardine. I, 139.
Gecter goulées. I, 178.
Generaulx. I, 32.
Genêt d'Espagne. II, 169.
Gens yssus d'Angleterre. I, 92.
Gentilz hommes. I, 67.
Gibessières. I, 132.
Glic (jeu). I, 85.
Gorgias. I, 98.
Grandes joncheresses. I, 157.
Grans bastons. I, 32.
Grans getz. I, 77.
Grant chapperon. II, 210.
Grobis esmaillé. II, 98.
Gros bois. II, 174.
Guet. II, 12.

Harpes lombardes. I, 32.
Haulberjon. II, 170.
Haulte atournée. II, 95.
Haulte pièce d'une armure. II, 182.
Haulx chappeaux. I, 77.
Hocqueton. II, 218.
Hocqueton de Suysse. I, 184.
Hocquetons. I, 153.
Houseau de Biscain. I, 189.
Hucques. I, 47.
Hypocras. II, 271.

Jacque d'Anglois. I, 115.

La Bergière (chanson). I, 133.
La Carrière, petit rouen (chanson). I, 133.
Lacetz bigarrez. I, 132.
La Dédicace. I, 182.
La Gorgiase (chanson). I, 133.
Lanterne de liseur. I, 36.
La Paix. I, 20, 21, 22.
La Passion. II, 293.
La pièce à la poictrine. II, 209.
Larges manches. I, 77.
Le Bien inique. I, 17.
Le Bien publicque. I, 16, 17.
Le Bon cordelier. I, 161.
Le Dit de l'empereur. II, 194.
Le Grant diable de Vauvert. I, 186.
Le Grant conseil. I, 14.
Le Grand Tourin (chanson). I, 133.
Le Jour Saint-Arnoul. II, 285.
Les Estatz. I, 14, 17.
Les Princes. I, 12, 13.
Les Trois Estatz. I, 134.
Le Train (chanson, danse). II, 252.
Lettre en bague ou en affiquet. I, 112.
Lingeret. II, 37.
Longue cotte. II, 274.
Longue robe fourrée. II, 211.

Ma dame, ma damoyselle. II, 254.
Maistre Denis. I, 14.
Ma Maistresse (chanson). I, 140.
Manche coupée. I, 139.
Manches à la mode. II, 212.
Manière élégante de parler. II, 14.

May planté. I, 65.
Mentonnières. II, 175.
Messire. II, 169.
Monnoie forgée à double coing. I, 87.
Morisques. II, 172.
Morte paye. II, 269.
Mortepayes. II, 171.
Mortiers. I, 46.
Motes argenteuzes. II, 243.
Mouchoir. II, 218.
Mouchoir de lin sur l'estomac. II, 291.

Noble. I, 165.
Nominations aux bénéfices. I, 131.

Oblacions. I, 135.
Oeullades. II, 243.
Ouvrer de soye. I, 151.
Ouvrouer d'ung apoticaire. I, 158.

Panthoufle haulte. II, 273.
Panthoufles haultes. I, 157.
Parc (échaffaud). II, 167.
Parc pour danser. I, 160.
Parisienne. II, 98.
Parpignolles. I, 146.
Parquetz d'herbe verd. II, 184.
Pas double. I, 141.
Pasté de coing. II, 271.
Pasté de veau. II, 272.
Patrons de bénéfices. I, 129.
Pélerinage à Saint-Mor-des-Fossez. II, 284.
Perucques. I, 154.
Perucques. I, 154.
Perrucque. II, 292.
Perrucques boursoufflées. I, 71.
Perrucques de laine. II, 293.
Perruques. I, 48.

INDEX.

Perruques teintes. I, 101.
Perruquians. I, 45.
Petit touret. I, 174.
Philippe Auguste. II, 178.
Pillectes. I, 46.
Plumes vermeilles. II, 288.
Poche. II, 100.
Pomme en la manche. II, 218.
Porches secretz. I, 166.
Porter des loriots. I, 66.
Porter devises, lettres, couleurs. I, 111.
Porter un touret. I, 155.
Pourpoint. I, 114.
Pourpoint. II, 270.
Pourpoint de chamois. I, 115.
Pourpoins de drap d'or. II, 288.
Pourpoint de velours. II, 288.
Pragmatique. I, 131.
Prestres Martin. I, 137.
Prevencions. I, 131.
Publier à la sonnette. II, 52.
Pulpitre. I, 35.

Quartier des Billettes. I, 46.
Quinquernelles. II, 20.

Rebecz. II, 243.
Registre. II, 33.
Reims. I, 20, 23, 24.
Reliquaire à haultes veilles. I, 98.
Rentes seigneuriales. I, 50.
Reveille matin. II, 205.
Robes. II, 15.
Robe à grans manches. II, 213.
Robes à quinze tuyaux. I, 76.
Robes de camelos. II, 243.
Robe de fin gris. II, 209.
Robe de migraine. I, 79.
Robbe doublée de taffetas. II, 289.
Robbes fendues. II, 55.

Robe fendue. II, 280.
Robe fendue, fermée à crochet. I, 107.
Robbes fourrées I, 145.
Robbes fourrées. I, 144.
Robbes fourrées. I, 156.
Robe fourrée. II, 248.
Robbe fourrée de gris. I, 174.
Robes fourrez de martres. I, 153.
Robe fourrée de putois. II, 277.
Robe longue. II, 287.
Robe portée par les marchands. I, 139.
Rassotez couvers. I, 17.
Royalle maison. I, 18.
Roynette (jeu). I, 155.
Roy tres chrestien. I, 23.
Ruban. I, 112.
Rubans. I, 46.

Sac. I, 41.
Sacre de Charles VIII. I, 23.
Sains ouverts. II, 55.
Saint Briol des Vaulx. II, 291.
Saint Godegran. II, 114.
Saintures. II, 21.
Salades. II, 183.
Sallades. II, 175.
Satin. I, 36.
Satin. I, 114.
Satin camelot. II, 207.
Satin sendré. I, 174.
Satin de Fleurence. I, 174.
Seneschaulx d'Auxerre. I, 92.
Seins ouvers. II, 55.
Sercot ouvert. II, 280.
Sergent. II, 29.
Serpentines. II, 170.
S'habiller à la mode de Carpentras. I, 137.
Signes, demonstrances, games (représentations populaires).

Separer (des epoux). I, 193.
Soulliers à poulaines. II, 22.
Soupper de nopces franches. I, 65.

Tabourin. I, 47.
Tabourin. I, 85.
Tabourins. II, 243.
Testes paintes. I, 154.
Tirer le vin. II, 227.
Tourdion. I, 47.
Tradogon. I, 24.
Trainacer le patin. I, 36.
Train d'une bourgeoise galante. I, 84.
Trancher le bouquet pour l'a‐ mour de quelqu'un. I, 95.
Troussoire. I, 174.
Troussoire. I, 130.
Turbe. II, 60.

Un docteur fort nouveau. I, 71.
User son cerveau. I, 114.

Vacquant. I, 130.
Valet portant torche. II, 250.
Velours. II, 208.
Verre de feuchières. I, 79.
Vers manteaulx. I, 13, 14, 15, 16, 17.
Verte hucque. II, 287.
Vieux pourpoint. II, 269.
Virade. I, 58.
Virades. II, 205.
Visaige enluminé de vermillon. I, 189.
Vouges. II, 175.

Ymaige sur l'oreille. II, 221.
Ypocratistes. I, 32.

ERRATA.

Tome I, page 87, note 5, au lieu de : *acquereur*... lisez : *acquerir*.

Tome II, page 56, ligne 9, au lieu de : *de la cheville*..., lisez : *la cheville*.

— page 104, ligne 8, au lieu de : *nuit*..., lisez : *la nuit*.

— page 108, ligne 4, au lieu de *gares*..., lisez : *gaires*.

— page 185, ligne 1, au lieu de : *marriz*..., lisez : *aux marriz*.

TABLE DES MATIÈRES

CONTENUES DANS CE VOLUME.

Le Playdoyé d'entre la Simple et la Rusée. 7
L'Enqueste d'entre la Simple et la Rusée 73

Le Blason des Armes et des Dames.

Notice sur le Blason. 147
Blason des Armes et des Dames 161

Le Monologue Coquillart.

Notice sur le Monologue. 199
Monologue Coquillart. 204

Poésies attribuées à Coquillart.

Notice sur les poésies attribuées à Coquillart. 237
Monologue du Puys. 243
Notice sur le Monologue des Perruques. 263
Monologue des Perruques. 268

Traduction de l'Histoire de la guerre des Juifs.

Notice. 297
Préface de Coquillart. 303
Premiers combats de Judas Macchabée. 309

Étude bibliographique 329
Index des locutions vulgaires, proverbes, maximes . . 385
Index historique 393

www.ingramcontent.com/pod-product-compliance
Lightning Source LLC
Chambersburg PA
CBHW052046230426
43671CB00011B/1802